课堂革命·智

走向智能时代的因材施教

刘邦奇　聂小林 / 编著

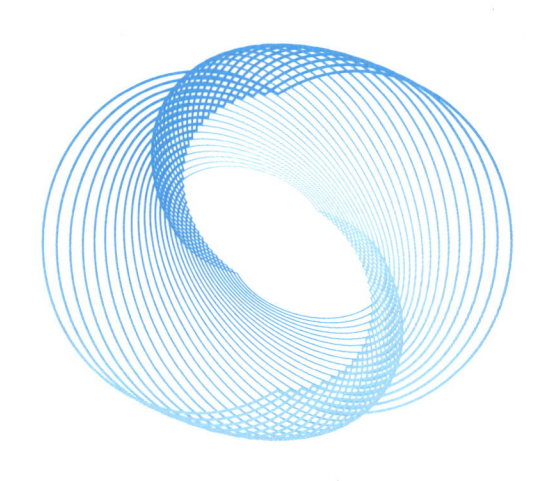

ZOUXIANG ZHINENG SHIDAI DE
YINCAISHIJIAO

北京师范大学出版集团
BEIJING NORMAL UNIVERSITY PUBLISHING GROUP
北京师范大学出版社

图书在版编目（CIP）数据

走向智能时代的因材施教/刘邦奇，聂小林编著. —北京：北京师范大学出版社，2021.5（2023.6重印）
（课堂革命·智慧课堂丛书）
ISBN 978-7-303-26943-3

Ⅰ.①走… Ⅱ.①刘… ②聂… Ⅲ.①信息技术－应用－课堂教学－教学研究－中小学 Ⅳ.①G632.421-39

中国版本图书馆 CIP 数据核字（2021）第 052856 号

图书意见反馈　　gaozhifk@bnupg.com　　010-58805079
营销中心电话　　010-58802755　　58800035
北京师范大学出版社教师教育分社微信公众号　　京师教师教育

ZOUXIANG ZHINENG SHIDAI DE YINCAISHIJIAO

出版发行：北京师范大学出版社　www.bnup.com
　　　　　北京市西城区新街口外大街 12-3 号
　　　　　邮政编码：100088
印　　刷：天津旭非印刷有限公司
经　　销：全国新华书店
开　　本：710 mm×1000 mm　1/16
印　　张：19.25
字　　数：300 千字
版　　次：2021 年 5 月第 1 版
印　　次：2023 年 6 月第 2 次印刷
定　　价：68.00 元

策划编辑：郭　翔　　　　　责任编辑：李锋娟
美术编辑：焦　丽　　　　　装帧设计：焦　丽
责任校对：康　悦　　　　　责任印制：马　洁

版权所有　侵权必究
反盗版、侵权举报电话：010-58800697
北京读者服务部电话：010-58808104
外埠邮购电话：010-58808083
本书如有印装质量问题，请与印制管理部联系调换。
印制管理部电话：010-58805079

智慧课堂丛书
编委会

顾　问：何克抗

主　任：吴晓如

主　编：刘邦奇

编　委：（按姓氏笔画排序）

丁　鹏　王士进　王　政　孙　波

李有毅　李新义　汪张龙　宋述强

张　海　贾积有　顾小清　郭绍青

黎加厚

总　序
ZONGXU

教育关系国计民生，是国家发展的基础性、先导性工程。党的十九大报告强调，"必须把教育事业放在优先位置，深化教育改革，加快教育现代化，办好人民满意的教育"。而实现这个宏伟目标，在当前全球已进入信息时代的背景下，以互联网、大数据、人工智能为代表的信息科技是关键支撑。为抢抓新一轮技术机遇，我国相继出台了《关于积极推进"互联网＋"行动的指导意见》《新一代人工智能发展规划》等，以期通过"互联网＋""人工智能"打造经济社会发展的新动能、新引擎。就教育领域，特别是基础教育领域而言，这些部署不仅为深化教育改革提供了新的视域，也引发了各界对"互联网＋教育"和"智能教育"等教育新形态的广泛探讨。

但是，就目前来看，学界、业界对"互联网＋教育"和"智能教育"的认知存在一定偏差，忽略了对概念所代表的实质性事实的辨析，相关概念被过度使用或混淆含义的情况时有发生，从而对政策制定和公众认知造成了一定的困扰。我们认为，问题主要集中在以下两个方面。

一是对"互联网＋教育"和"教育＋互联网"的认知偏差。"互联网＋教育"本质上是对传统教育运行逻辑的突破和创新，是通过解构、重构形成的全新的有别于传统的教育新生态。具体来说，就是在认识并尊重教育本质和规律的基础上，运用互联网的技术和思维，打破时空限制，以学习者为中心，重塑和再造教育教学的内容、工具、方法、模式、体系，为广大学习者提供优质、个性教育的新型教育服务模式。当前，"互联网＋教育"的案例并不多，2013年创办的密涅瓦大学（Minerva Schools）可以算是个典型。该校借助互联网系统以及其他一些资源，初步实现了沉浸式的全球化体验、现代化课程、终身成就支持和真正无地域限制、无歧视的招生等办学目标。而"教育＋互联网"则是指在原有的教育系统中加上互联网的技术，理顺、增强、优化既有的教育模式和教育逻辑的一种方式，教育在其中起到强势主导作用。显然，"教育＋互联网"并未跳脱传统应试教育的范畴，技术依旧是在原有的"教育跑道"中发挥助推作用，以提升应试教育体制下教、学、管、评等各个方面的效率为旨归。目前，在各级教育行政部门、各类教育机构中普遍采用的各种学习系统、管理系统，以及围绕二者所开展的一系列教育教学行为，都可以认为是"教育＋互联网"。

二是对"人工智能＋教育"与"教育＋人工智能"的认知偏差。目前，人工智能技术整体处于初级水平，尚未具备足够强大的"＋"的能力。各界对"人工智能＋教育"和"教育＋人工智能"的讨论，也是设想大于实践，且并未有成型的定义。参照"互联网＋教育"和"教育＋互联网"的分析框架，我们认为，所谓"人工智能＋教育"是指将人工智能技术视为教育领域的基础和核心工具，在教育领域通过全面、系统、深入地运用人工智能的思想、理论、技术、方法和工具等，使学习者在知识、技能、素养、品德等各个方面全面成长、全面发展的一种新型教育模式。在这种模式下，学习者的个性特点被充分尊重、身心智能得到充分发掘；教师的定位也会发生很大变化，优秀教师的定义也会被重新诠释。与之相应，所谓"教育＋人工智能"指的是以现有的教育模式、教育逻辑为依归，依托人工智能技术辅助教师、学生与教育管理者个体，辅助各级教育行政部门和各类教育机构优化教育教学过程，提升教育教学效能，从而更好地达到各类教育教学目标的过程。

当前，还鲜有典型的人工智能技术与教育融合的成功案例，既谈不上"教育＋人工智能"，更谈不上"人工智能＋教育"。大多关于智能教育、智慧教育的实践探索，实际上还是在做"教育＋互联网"的事情，对此我们要有清晰的认识。但值得肯定的是，这些探索是必要的、合理的。一方面其为解决已有教育问题提供了新的方式方法；另一方面也为实现教育深层变革奠定了技术、理论基础。课堂是人才培养的主阵地，技术赋能的探索尤为关键。

值得高兴的是，在越来越多的教育互联网企业蓬勃发展的同时，大约从2015年开始，我国多家杰出的互联网企业开始高度关注基础教育，形成了各自特点鲜明的教育事业部门，并依托自身技术优势，与教育主管部门、其他企业、学校，教师、学生、家长等频繁互动，大力度、大范围地介入基础教育的核心业务。虽然这样的探索还有很长的路要走，也总是有得有失，但这个势头对教育信息化的发展产生了巨大的推动作用，也使我国的教育信息化2.0战略从一开始就有了政府、企业和社会力量多方合作的新态势。

在此背景下，由讯飞教育技术研究院策划和撰写的"智慧课堂丛书"陆续出版了。该丛书是作者围绕信息化背景下课堂教学变革这一热点问题，对近几年智慧课堂技术创新、理论探索和实验研究进行系列化研究的成果。丛书既包括智慧课堂的背景动因、宏观依据、体系构建、教学模式等理论，又包括智慧课堂教学设计与实施策略，以及在实践中形成的学科智慧教学典型案例，还包括大数据、人工智能等智能信息技术支持下智慧课堂的创新发展内容。该丛书对于各类学校正在开展的信息化教学实践具有较好的针对性、指导性和实用性。

教育部于2018年4月颁布的《教育信息化2.0行动计划》正式宣告了教育信息化从1.0到2.0的转段升级，智能信息技术对人才培养模式和教学方式的变革产生了积极的影响。借此，希望广大一线教师和研究工作者积极投入信息化教学变革的大潮，勇于探索实践，加强协作分享，共同创造学校教育信息化的美好未来。

是为序！

任友群

2018年8月于丽娃河畔

序

当前，教育领域的变革正处在一个关键时期，技术驱动教育形态发生深刻变化。从人类历史发展的角度看，受生产力变化影响，人类教育主要经历了三次革命性的变化：从原始的个别教育到个性化的农耕教育，再到班级授课式的规模化、标准化教育，进而向灵活、多样、开放、终身的教育转变。从目前的教育实践来看，第三次教育变革的号角已经吹响，以人工智能、大数据、虚拟现实等为代表的智能技术正在加速推进新一轮教育变革创新发展。国家主席习近平在致 2019 年首届国际人工智能与教育大会的贺信中指出，人工智能是引领新一轮科技革命和产业变革的重要驱动力，正深刻改变着人们的生产、生活、学习方式，推动人类社会迎来人机协同、跨界融合、共创分享的智能时代。《中国教育现代化 2035》提出要利用现代技术加快推动人才培养模式改革，实现规模化教育与个性化培养的有机结合，推进教育治理方式变革。智能时代的来临将为教育变革创新注入新动力，给现有的课程体系、教学模式、教师角色等方面带来系统性变革，推动教育信息化发展进入新阶段。

智能技术在教育中的深度广泛应用，有望彻底改变教育的时空场景和供给方式，使规模化前提下的个性化和多元化教育成为可能，进而构建出一种新的灵活、开放、终身的个性化教育生态体系。为了实现以上目的，智能技术支持的教育变革，必须以学生的个性化和多样化发展为前提，以因材施教理念为支撑，关注学生的核心素养培养和终身学习需求满足。随着教育实践的发展，"智能技术助力因材施教"这一命题逐渐进入人们的视野。无论是教育管理者，还是技术的开发者、服务者，或者是广大一线教师，都特别关注智能技术背景下的因材施教新理念、新模式、新实践。人们普遍认识到智能技术在助力个性化教育、因材施教方面，具有传统信息技术所没有的潜能和优势，有望赋予"因材施教"这一古老教育思想新的时代活力。然而，要对"智能技术助力因材施教"这一时代命题进行深入研究并不简单，我认为至少有三个问题要予以明确。

一是"材"的问题。因材施教首先要了解和把握学生的学习特征和个性差异，据此才能实施有针对性的教学。目前，国家的许多教育改革，包括中高考的改革，以及后疫情时代OMO教学模式的改革，其实给了教师、学生和家长很多教育选择的机会。但是，如何进行科学的"识材"，并在此基础上选择适合自己的教育方式，大家其实并不是十分清楚。而智能技术的快速发展为精准化学情分析带来了可能，可以帮助教师从多维度全面、实时地了解学生的学习特征，从而为因材施教提供科学依据。

二是"教"的问题。因材施教强调满足不同学生学习需要的差异化教学和精准教学，在对"材"识别之后，"怎么教"就成为摆在教师面前的一个现实问题。长期以来，由于教学手段和工具的单一，教师难以在班级授课模式下开展规模化的因材施教。智能技术对因材施教的支持，绝对不是简单的刷题，实质上蕴含着通过教学方式变革来促进个性化人才培养方式变革的内在逻辑。怎样借助智能技术，在教学资源匹配、课堂实时测评、作业智能批改等关键场景中进行精准"施教"，这也是一个值得我们深思的问题。

三是"发展"的问题。学生全面而有个性的发展是因材施教的核心目标。学生经过"施教"之后学到了什么，需要按一定方式把学习结果呈现出来加以评判。学生可以借助智能技术，清晰地了解自身的学习轨迹和成长过程，这种纵向的自我发展性评价，比单纯的"比分数""排名次"更有价值和意义。教师对学生的评价也必须是全面、多样化的，立足于学生的综合素质发展，全面了解学生的发展情况。学生的发展情况又是下一轮"识材"的基础，从而形成一个持续的因材施教迭代循环。

以上三个问题不仅事关怎么理解"因材施教"的理论分析，还对政策制定、技术探索、产品研发、实践应用、价值理念等都提出了要求。因此，如何真正将"智能技术助力因材施教"这一时代命题落到实处，还需要政府、学校、企业等多元主体的共同参与和努力。

在此背景下，由刘邦奇教授等研究和撰写的《走向智能时代的因材施教》

一书出版了。该书围绕"智能技术助力因材施教"这一时代命题展开研究，系统梳理了智能技术助力因材施教相关的政策、理论、技术、应用、行业发展等内容，并结合近年来基于智慧课堂等平台开展个性化教育和精准教学的实践探索，详细阐述了因材施教的科学识材、精准施教、多元评价等实践场景。可以说，该书兼顾理论性和操作性，从"因材施教"到"可因材施教"，给出了一套完整的智能技术赋能的"因材施教解决方案"。该书结构合理，观点新颖，论述严谨，包括智能时代因材施教发展的背景和意义、相关政策与理论、技术框架与教学模式、实践案例、相关产品与行业趋势等部分，对于各级教育主管部门和各类学校正在开展的智能技术助力规模化因材施教的教育实践，具有针对性、指导性和实用性。

教育的本质是"育人"，无论时代如何发展，我们的坚守始终如一。今天的中国教育事业已经站在新的历史起点，面对智能时代的新要求、新挑战，应充分利用智能技术优势，推进智能技术与教育教学的深度融合，创新教育和学习方式，加快发展面向每个人、适合每个人、更加开放灵活的教育体系，实现大规模个性化教育和因材施教真正落地应用。借此，希望广大教师和相关领域研究人员能投身智能技术助力因材施教、推动教育变革的大潮，积极探索，勇于实践，加强协作，共同推进智能教育创新发展，为建设教育强国、科技强国，实现中华民族伟大复兴的中国梦做出贡献！

2021 年 2 月于北京师范大学

前 言
QIANYAN

当今社会正走向智能化的新时代，教育领域转型发展进入关键时期，智能时代迫切需要培养大批多样化创新人才，这客观要求教育教学模式加快变革创新。2019 年 5 月，习近平主席在致国际人工智能与教育大会的贺信中指出，要积极推动人工智能和教育的深度融合，促进教育变革创新，充分发挥人工智能优势，加快发展伴随每个人一生的教育、平等面向每个人的教育、适合每个人的教育、更加开放灵活的教育。利用智能技术助力因材施教、破解大规模个性化教育难题，成为新时代教育发展的重要使命。一方面，世界各国早已意识到个性化教育、因材施教的重要性。但由于"因材施教"属性理解复杂多样，缺乏可操作性，加上现代学校应试升学要求高、班级人数规模大、学生课业负担重，"因材施教"往往停留在学校和教师的理想中，在实践中难以真正展开。另一方面，智能技术的快速发展及其在学情分析、精准教学、智能评测等方面的应用，为因材施教的实施提供了新的发展机遇。在 2020 年国际人工智能与教育大会上，教育部部长陈宝生提出，要运用新技术创造更加智能化、个性化的新型学习环境，使不同性格禀赋、不同兴趣特长、不同素质潜力的学生都能接受符合自己成长需要的教育。因此，当前应充分利用智能技术赋能教育，推进标准化、规模化的工业化教育向个性化、多样化的智能化教育全面转型，促进智能技术与教育教学深度融合，创新教育和学习方式，真正实现因材施教和个性化学习。

基于以上背景，结合近年来国内外开展智能教育探索和因材施教的实践，我们对智能时代的因材施教问题进行专题研究，撰写了《2020 智能教育发展蓝皮书——人工智能助力因材施教》，并于 2020 年 12 月 11 日在北京国家会议中心发布，得到了国内教育信息化专家和一线教师的肯定和欢迎。在此基础上，我们进一步深化研究和拓展完善，撰写形成了《走向智能时代的因材施教》一书。本书基于技术与教育融合的视角，结合我国教育信息化发展实际，系统探讨了智能时代因材施教的发展背景、理论基础、相关技术、教学模式、应用案例、相关产品及行业趋势等。本书面向广大一线教师、各类学校和各级教育主管部门，立足于从"因材施教"到"可因材施教"，提出了一套完整的智能技术赋能的因材施教解决方案。全书共7章，分为政策与理论、技术与教学模式、应用案例与产品案例三大部分。

第一部分为因材施教相关政策与理论，包括第1章至第3章。阐述了智能时代因材施教的发展背景，探讨了时代变革和教育转型对因材施教的要求；分析了因材施教相关政策要求，梳理了相关会议和政策文件对因材施教的论述；讨论了因材施教的提出与发展历程、因材施教属性的多样化理解、因材施教的理论基础和实践价值，分析并提出了智能时代因材施教的新内涵。

第二部分为因材施教的相关技术与教学模式，包括第4章和第5章。提出和构建了助力因材施教的智能技术框架；讨论了与因材施教场景进行不同程度结合的智能技术（融合的智能技术和定制的智能技术）；阐述了智能技术支持的因材施教教学模式的概念与内涵；分别从教学视角、学习视角和综合视角，重点讨论了基于大数据精准教学系统的因材施教、基于自适应学习系统的因材施教和基于智慧课堂信息化平台的因材施教三种典型模式。

第三部分为因材施教典型应用案例与产品案例，包括第6章和第7章。研究分析了基于智慧课堂的因材施教应用案例，包括精准化学情分析、弹性化教学预设、智能化课堂实施、个性化作业辅导与多元化学习评价五个方面的22个典型案例；深入分析了智能教育领域与因材施教紧密相关的企业和产品情况，包括相关企业图谱梳理、产品现状统计分析、典型产品案例分析，并阐述了行业发展趋势。

本书的研究和撰写由刘邦奇、聂小林主持，他们负责全书的总体策划、框架设计和统稿工作，王亚飞、刘俊生、袁婷婷协助主持全书的撰写工作。讯飞教育技术研究院/认知智能国家重点实验室智能教育研究中心的老师张金霞、马丹丹、胡婷婷、纪玉超、凌婧婧、许佳慧、刘碧莹、邬诗韵、唐家慧、朱广袤参加了本书的研究与撰写工作，贺胜、董晶晶、王冰洁、崔东泽、李岭老师参与了部分工作。

本书的撰写和出版得到了多位专家的指导帮助。教育部教育信息化中长期发展规划专家组副组长、北京师范大学副校长陈丽教授对本书的研究和撰写给予了指导，并为本书作序。北京大学汪琼、贾积有，清华大学钟晓流，北京师范大学孙波，华东师范大学顾小清，上海师范大学黎加厚，西北师范大学郭绍青，东北师范大学张海，华中师范大学吴砥，华南师范大学胡小勇，首都师范大学方海光，江苏师范大学杨现民等知名教授和科大讯飞总裁吴晓如博士组成的专家组，科大讯飞教育事业群总裁王政等，对本书的撰写给予了指导和评审。在此表示衷心的感谢！

本书第 6 章等章节介绍了有关因材施教的实践案例，其中大多数是在 2019 年第二届智能教育论坛期间获奖的智慧课堂应用实践优秀案例的基础上提炼形成的，我们在书中分别进行了说明和标注。在此，对组织和参加案例评审的中国电化教育杂志社许林、宋灵青，北京师范大学出版社姚贵平、郭翔，海淀区教师进修学校马涛等老师，对提供案例的一线教师和教研点评专家，表示衷心的感谢！在案例收集与修改过程中，张羽、郭红杰、鲍潜巢、朱迁踏、张雷、王迪、孙梦如、夏晓欣、罗宇德、杜佳萱、张振燕、陈银玲、张红阳、李永宾等老师给予了支持帮助，张宇、王砚香、申海龙、喻彦琨、符雅茹、李满、王雪松、金叶等参与了部分内容的资料收集整理工作，在此一并表示感谢！

本书在撰写过程中参考引用了国内外多方面的研究成果和文献资料，在此谨表诚挚的谢意！由于撰写时间仓促，掌握的数据资料还不够完备，加之作者水平所限，书中难免存在不足之处，敬请广大读者批评指正。

刘邦奇　聂小林

2020 年 10 月

目录

▶ 第 1 章 智能时代因材施教发展的背景和意义 / 1
    1.1 大规模多样化创新人才培养的必然选择 / 1
    1.2 教育公平和质量提升的重要路径 / 4
    1.3 课堂变革深化发展的必然要求 / 6
    1.4 智能技术赋能与应用的必然结果 / 7

▶ 第 2 章 因材施教的相关政策要求 / 11
    2.1 关于因材施教的指导思想 / 11
    2.2 重要会议中关于因材施教的阐述 / 14
    2.3 政策文件中关于因材施教的要求 / 25

▶ 第 3 章 因材施教的理论发展 / 44
    3.1 因材施教的提出与发展 / 44
    3.2 因材施教的多元理解 / 50
    3.3 因材施教的理论基础 / 55
    3.4 因材施教的价值意义 / 61
    3.5 智能时代对因材施教的重新审视 / 66

▶ 第 4 章 助力因材施教的智能技术 / 76
    4.1 助力因材施教的智能技术框架 / 76
    4.2 与教育融合并助力因材施教的智能技术 / 80
    4.3 结合因材施教应用场景定制的智能技术 / 91

▶ 第 5 章 基于智能技术的因材施教教学模式 / 109
    5.1 因材施教教学模式的构建 / 109
    5.2 基于大数据精准教学系统的因材施教教学模式 / 118
    5.3 基于自适应学习系统的因材施教教学模式 / 123
    5.4 基于智慧课堂信息化平台的因材施教教学模式 / 130

- 第 6 章　智慧课堂环境下因材施教实践案例　／138
  - 6.1　精准化学情分析　／138
  - 6.2　弹性化教学预设　／149
  - 6.3　智能化课堂实施　／174
  - 6.4　个性化作业辅导　／231
  - 6.5　多元化学习评价　／247
- 第 7 章　因材施教相关产品及行业趋势　／259
  - 7.1　因材施教相关企业图谱　／259
  - 7.2　因材施教相关教育 APP 现状分析　／261
  - 7.3　因材施教相关产品类型分析　／270
  - 7.4　行业发展趋势及启示　／276
- 附录　因材施教相关政策文件　／283

第1章 智能时代因材施教发展的背景和意义

DI 1 ZHANG ZHINENG SHIDAI YINCAISHIJIAO FAZHAN DE BEIJING HE YIYI

当前社会处于教育领域转型发展的关键时期，在走向智能时代的背景下，迫切需要培养大批多样化创新人才，这客观要求教育教学模式加快变革。利用智能技术助力因材施教落地，破解大规模个性化教育难题，促进教育均衡和高质量发展，成为新时代教育发展的重要使命。本章主要从大规模多样化创新人才培养的必然选择、教育公平和质量提升的重要路径、课堂变革深化发展的必然要求、智能技术赋能与应用的必然结果四个方面，阐述智能时代因材施教发展的背景和意义。

▶ 1.1 大规模多样化创新人才培养的必然选择

1.1.1 智能时代经济社会发展迫切需要培养大批多样化创新人才

2019年5月，国家主席习近平在致首届国际人工智能与教育大会的贺信中指出，人工智能是引领新一轮科技革命和产业变革的重要驱动力，正深刻改变着人们的生产、生活、学习方式，推动人类社会迎来人机协同、跨界融合、共创分享的智能时代。[①] 智能时代将催生智能制造、人机交互、区块链、物联网、大数据、高度数字化个性化定制等一系列新产业、新技术、新业态，迫切需要大量多元化、个性化的新技术人才。据世界经济论坛《2020年未来就业报告》数据，新冠疫情导致的经济衰退和不断加速的自动化将促使就业市场的变革速度远超预期，未来五年内将有8500万个工作岗位被取代，与此同时机器

[①]《习近平向国际人工智能与教育大会致贺信》，http://www.xinhuanet.com/politics/leaders/2019-05/16/c_1124502111.htm，2020-09-11。

人革命将创造 9700 万个新岗位。智能技术的发展改变了各行业对人力资源知识、能力、素养的要求，创新思维成为智能时代人才的重要素养。全球范围内的 21 世纪核心素养框架及内涵呈现广谱、多元、全面的特点，创新素养得到越来越多人的重视。经济合作与发展组织（OECD）发布的《学习罗盘 2030》中的 OECD 关键能力框架（OECD Key Competencies）特别强调"变革能力"（Transformative Competencies）是当前核心素养的重中之重。[①]《中国学生发展核心素养》总体框架以培养"全面发展的人"为核心，涵盖人文底蕴、科学精神、学会学习、健康生活、责任担当、实践创新 6 大素养。具体如表 1-1 所示。

表 1-1 《学习罗盘 2030》和《中国学生发展核心素养》

名称	《学习罗盘 2030》		《中国学生发展核心素养》	
发展目标	幸福 2030 个人和社会		培养"全面发展的人"	
能力维度	变革能力	核心能力	核心素养	基本要点
		知识	学科的、跨学科的、经验的、程序的	文化基础	人文底蕴	人文积淀、人文情怀、审美情趣
	勇于担责任、学会破难题、创造新价值			科学精神	理性思维、批判质疑、勇于探究
		技能	认知和元认知的、社会的和情感的、身体和实践的	自主发展	学会学习	乐学善学、勤于反思、信息意识
					健康生活	珍爱生命、健全人格、自我管理
		态度和价值观	个人的、地方的、社会的、全球的	社会参与	责任担当	社会责任、国家认同、国际理解
					实践创新	劳动意识、问题解决、技术应用

由此可见，在走向智能时代的背景下，智能技术既为经济社会发展注入了新的动能，也对当代人力资源发展提出了更高、更新的要求。与工业时代规模化、机械化和程序化的生产模式下教育培养出的严格服从和高度专业化、标准化的人才相比，智能时代大规模、个性化、自动化的智能制造模式需要

---

① 唐科莉：《指引学习迈向 2030 OECD 发布〈学习罗盘 2030〉》，载《上海教育》，2019(32)。

教育培养的是有创新能力、有个性特长的多元人才。[①]

1.1.2 人才需求的变化客观要求加速推进大规模个性化教育

智能时代人才培养需求的变化，迫切要求教育教学模式加快变革创新，全面推动信息技术与教育深度融合，加速推进大规模个性化教育，构建人本、开放、平等、可持续的教育新生态。个性化教育是围绕个性化创新人才培养推进教育创新发展的目标愿景，是 21 世纪世界各国教育改革的重点任务。美国、英国等西方国家纷纷制订面向 21 世纪的教育愿景，提出推进个性化学习的目标。[②③] 我国的《国家中长期教育改革和发展规划纲要（2010—2020 年）》明确提出，要深化教育教学改革，注重因材施教，把全面发展与个性发展统一起来。以学习者为中心的个性化教育，在本质上就是要去除标准化、程序化、批量化，普及个性化、定制化，实现因材施教。个性化教育是教育适应智能时代科技进步和大数据发展的大趋势。[④] 2020 年 12 月，教育部部长陈宝生在国际人工智能与教育会议上指出，"人工智能＋教育"下的教育目标，始终定位于确保每个学习者都能得到有质量且个性化的教育。

在当前的教育改革实践中，"学校规模化教学"与"学生个性化需求"之间的矛盾依然突出。古代教育采取"一对一"、个别化的教学方式，容易实施因材施教，满足个性化学习需要。现代学校教育由于应试升学要求高、班级人数规模大、学生课业负担重等因素，难以准确把握每个学生的个性特征和学生之间的差异，难以做到为不同的学生提供真正个性化的教育。《中国教育现代化 2035》提出，要更加注重因材施教，利用现代技术加快推动人才培养模式改革，实现规模化教育与个性化培养的有机结合。因此，用技术破解难题、助力因材施教落地和大规模个性化教育，是当前教育改革的一项紧迫任务。

---

① 刘邦奇、吴晓如：《中国智能教育发展报告》，2 页，北京，人民教育出版社，2019。
② 杨宗凯：《个性化学习的挑战与应对》，载《科学通报》，2019(5-6)。
③ Mote C. D., Dowling D. A. and Zhou J., The Power of an Idea: The International Impacts of the Grand Challenges for Engineering, *Engineering*, 2016(2), 4-7.
④ 刁生富、张斯仪：《教育的革命：大数据与个性化教育探讨》，载《山东科技大学学报（社会科学版）》，2019(2)。

▶ 1.2 教育公平和质量提升的重要路径

1.2.1 "公平""质量"问题是当今世界教育发展共同关注的问题

"公平"和"质量"问题是教育变革时期世界各国普遍关注的问题。[1] 推进教育公平和教育质量提升是当前及今后相当长一段时期内世界教育发展的重点。2015年，联合国教科文组织（UNESCO）发布了《教育2030行动框架》，明确指出2030年全球教育的总体目标是"确保包容和公平的优质教育，让全民终身享有学习机会"，为未来15年的全球教育发展指明了方向。美国在第二次世界大战后的教育目标强调公平和"追求卓越"，并颁布了多个相关教育法案。[2][3] 我国多年来一直将教育"公平"和"质量"作为《政府工作报告》的重点，始终强调要发展公平而有质量的教育，具体如表1-2所示。

表1-2 2016—2020年《政府工作报告》中与教育"公平"和"质量"相关的内容

时间	《政府工作报告》中与教育"公平"和"质量"相关的内容
2016年	发展更高质量更加公平的教育。公共教育投入要加大向中西部和边远、贫困地区倾斜力度。统一城乡义务教育经费保障机制，改善薄弱学校和寄宿制学校办学条件。加快推进远程教育，扩大优质教育资源覆盖面。
2017年	办好公平优质教育。统一城乡义务教育学生"两免一补"政策，加快实现城镇义务教育公共服务常住人口全覆盖，持续改善薄弱学校办学条件，扩大优质教育资源覆盖面，不断缩小城乡、区域、校际办学差距。
2018年	发展公平而有质量的教育。推动城乡义务教育一体化发展，教育投入继续向困难地区和薄弱环节倾斜。切实降低农村学生辍学率，抓紧消除城镇"大班额"，着力解决中小学生课外负担重问题。
2019年	发展更加公平更有质量的教育。深化教育教学改革。推进城乡义务教育一体化发展，加快改善乡村学校办学条件，加强乡村教师队伍建设，抓紧解决城镇学校"大班额"问题，发展"互联网+教育"，促进优质资源共享。

---

[1] 程红艳：《教育公平与教育质量关系之辨》，载《南京社会科学》，2014(11)。
[2] 谭春芳：《二战后美国基础教育公平政策的演进》，载《教育评论》，2015(7)。
[3] 陈玥：《"基于公平，追求卓越"——美国奥巴马政府基础教育〈改革蓝图〉述评》，载《基础教育》，2011(4)。

续表

时间	《政府工作报告》中与教育"公平"和"质量"相关的内容
2020年	推动教育公平发展和质量提升。坚持立德树人。加强乡镇寄宿制学校、乡村小规模学校和县城学校建设。完善随迁子女义务教育入学政策。推进教育信息化。要稳定教育投入，优化投入结构，缩小城乡、区域、校际差距。

在迈向人工智能时代的关键时期，联合国教科文组织于2019年5月在中国北京举办了首届国际人工智能与教育大会，并形成成果文件《北京共识——人工智能与教育》，认为人工智能将助力可持续发展目标4（SDG4）的实现，为所有人提供终身学习的机会。寻找新的有效方式和手段实现教育机会公平，改善教育过程，促进教育均衡，提高教育质量，已成为人类的共同任务。[1]

1.2.2　因材施教为"教育公平发展和质量提升"提供了重要路径

因材施教是实现教育公平发展和质量提升，通往教育强国的必由之路。[2] 具体来说，促进"教育质量"提升，主要是要公平地促进学生的全面发展和个性发展，全面发展彰显学生发展的广度，个性发展彰显学生发展的深度。[3] 2020年10月，党的十九届五中全会审议通过《中共中央关于制定国民经济和社会发展第十四个五年规划和二〇三五年远景目标的建议》，确定"十四五"时期教育事业的主要目标是"建设高质量教育体系"，强调"坚持教育公益性原则，深化教育改革，促进教育公平"，对步入高质量发展阶段的基础教育新格局提出了更高的要求。顾明远先生认为，教育公平有入学机会公平、教育过程公平、教育结果公平三层内容。因为人的天赋有差异，环境有差异，学生努力的程度有差异，会造成教育有差异；所以今天我们讲教育公平主要是为每个人提供入学机会的公平，给予教育过程的公平（办学条件和师资配置上要均衡），并不能保证教育结果的公平。在实施教育公平时要注意因材施教。[4]

---

[1] 张慧、黄荣怀、李冀红等：《规划人工智能时代的教育：引领与跨越——解读国际人工智能与教育大会成果文件〈北京共识〉》，载《现代远程教育研究》，2019(3)。
[2] 陈如平：《"因材施教"是教育的最高境界》，载《中小学管理》，2020(1)。
[3] 程红艳：《教育公平与教育质量关系之辩》，载《南京社会科学》，2014(11)。
[4] 顾明远：《因材施教与教育公平》，载《现代大学教育》，2007(6)。

在新的时代背景下，实施智能技术赋能下的因材施教，驱动教育教学更加关注学习者的个性化需求，推动优质的教育服务和资源均衡配置，为老师和学生减负增效，提高教育教学质量，对于实现教育公平发展和质量提升都具有深远而全新的意义。

▶ 1.3 课堂变革深化发展的必然要求

1.3.1 课堂始终是学校育人和课程教学改革的主阵地

课堂作为对学生进行全面教育的场所，是知识传授和构建，思想认知、能力和素质培养的主要阵地和舞台，对学生的知识和技能学习、核心素养培养起到关键的作用。顾明远曾说，教育的本质是培养思维，培养思维的最好场所是课堂。面向智能时代的课堂建设与发展，要积极响应高素质创新人才的培养需求，促进课堂教学转型、升级。课堂是实施课程改革、提升教学质量的主战场，历来的教育改革最终都要看在课堂层面上是否得到落实。2001年教育部颁布《基础教育课程改革纲要（试行）》标志着我国正式启动新课程改革，各地中小学开始了课堂教学转型之路。2019年6月，国务院办公厅在《关于新时代推进普通高中育人方式改革的指导意见》中指出，"深化课堂教学改革……培养学生学习能力，促进学生系统掌握各学科基础知识、基本技能、基本方法，培养适应终身发展和社会发展需要的正确价值观念、必备品格和关键能力"。

总体看来，以学习者为中心的育人方式改革更加注重培养学生的创造性思维，必然要求构建与之相适应的新型课堂。因此，基础教育阶段应始终关注课堂建设，基于课堂落实课程改革任务，提高教学质量。

1.3.2 新时代课堂变革聚焦于因材施教和个性化发展

新的时代背景下，以"班级授课制"为主的传统课堂教学模式，已经不能满足学习者高质量、个性化、多样化的学习需求。比如，传统教学按照"工厂化"生产模式，把学生当作"产品"进行批量生产，按照统一的计划、统一的标准、统一的流程、统一的进度进行生产加工。① 这种统一模式下的教与学是机械的、刻板的，严重忽视了每个学生都是差异化的个体，不能真正促进学生的个性发展。如何消除这些弊端和不足，需要我们从理念、技术等多个视角进行反思和剖析，对传统课堂教学进行解构与重构，探索建立适应新时代新技术要求的新型教学模式。2019年6月，中共中央、国务院印发的《关于深化教育教学改革全面提高义务教育质量的意见》中提出，"强化课堂主阵地作用，切实提高课堂教学质量""注重启发式、互动式、探究式教学""融合运用传统与现代技术手段，重视情境教学""精准分析学情，重视差异化教学和个别化指导"。课堂变革的方向应从"教师中心、知识中心、书本中心"转为"个性化学习中心"，充分发挥学习者的主动性、创造性，不再把学生看作接受知识的容器，而是看作知识的主动建构者和生成者②，为每一个学生提供适合的教育，挖掘每一个学生的学习和创造潜能。

因此，新时代课堂变革应遵循因材施教的理念，致力于发展适合每个人的教育，大力推进课程内容、教学方式和教学手段的改革创新，通过智能技术对课堂教学赋能，着力解决传统课堂在培养个性化、创新人才方面存在的不足，使教师从"为教而教"转换为"为学而教""以学定教"，实现个性化学习，在真正意义上促进因材施教、个性化发展。

1.4 智能技术赋能与应用的必然结果

1.4.1 在智能时代背景下因材施教的发展进入新阶段

因材施教是一个随着社会的前进而前进，随着教育的发展而发展的动态的教育命题。③ 因材施教思想自提出以来一直备受尊崇，历经两千多年而

---

① 刘邦奇、吴晓如：《智慧课堂：新理念 新模式 新实践》，24页，北京，北京师范大学出版社，2019。
② 王继新：《师范院校如何探索出师范教育培养新路径》，https://mp.weixin.qq.com/s/VhNNf-BUVFJb2_-MeK9nJyg，2020-06-24。
③ 张如珍：《"因材施教"的历史演进及其现代化》，载《教育研究》，1997(9)。

不衰,其内涵随着时代的发展而不断被修正和拓展。因材施教的发展,总体上经历了早期实践、概括提炼、丰富发展和规模化实施四个阶段。在早期实践阶段(先秦、秦汉等时期),孔子最早将因材施教的思想运用于教学实践,墨子、孟子、荀子等对其做了进一步的探索和发展,因材施教的思想原型初步形成。其后为概括提炼阶段(宋、明、清时期),经过数百年的封建社会教育实践,因材施教不断被概括和提炼,逐步成为教育领域中的一个专有名词。民国时期、中华人民共和国成立初期,随着新型教育思想的引入和学校教育的广泛实践,因材施教从为培养"封建士大夫"服务转变成为培养"全面发展的人"服务,并不断被赋予更现代化的内涵和特征,因材施教进入丰富发展阶段。[①] 20世纪90年代至今,信息技术的快速发展和技术与教育的深度融合,推进了教育教学改革与创新的纵深发展,为因材施教的规模化实施提供了有力支撑,因材施教进入规模化实施阶段,具体如图1-1所示。

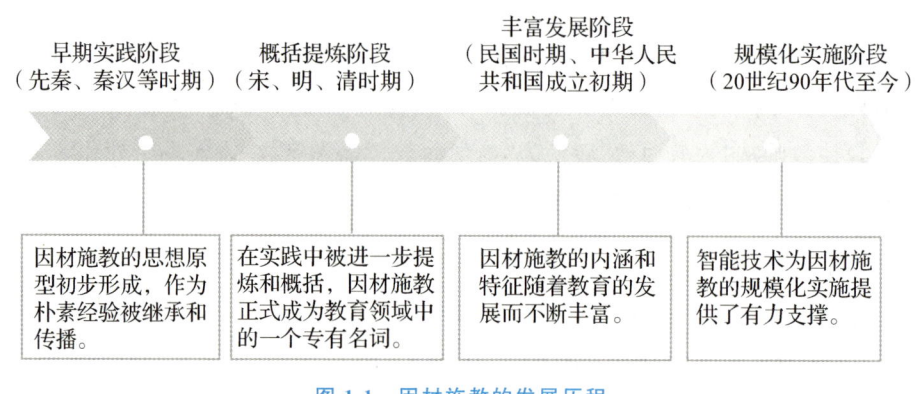

图1-1 因材施教的发展历程

智能技术为因材施教的实现提供了新动能,可促进因材施教的落实。智能技术的介入,使得教学活动监测、数据获取与分析变得便捷、高效。根据数据分析结果可精准制定教学决策,使学习者真正实现个性化学习。[②] 在人工智能、5G、区块链等新技术的支持下,未来学校的办学空间将越来越智能化,

---

① 张琼、张广君:《"因材施教"发展性概念的解读与批判——兼及基于生成论教学哲学立场的本体辩护》,载《高等教育研究》,2013(8)。
② 祝智庭、彭红超:《智慧学习生态:培育智慧人才的系统方法论》,载《电化教育研究》,2017(4)。

教师将越来越社会化，人才培养模式将越来越强调能力发展，教育评价将越来越重视数据，教育管理将越来越依靠人机联合决策，教育公共服务将越来越关注促进学生个性发展，实现"因材施教，个性发展"的教育理想。①

1.4.2　智能技术赋能的因材施教将呈现新样态

2020年全国教育工作会议强调，要推动教育改革开放实现新突破，促进教育信息化与因材施教深度融合。智能时代，新一代信息技术的发展及其在教学中的应用不断深化，为因材施教创新发展提供了土壤与基础。利用新兴技术为学生提供智能化、个性化、泛在化的新型教与学环境，助力实现学习主体可理解、学习服务可定制、教学情境可计算的因材施教的智能化教学。②在智能技术的增能、使能和赋能下，因材施教必将呈现新样式、新形态。在"识材"方面，通过对知识水平、学习风格、认知特点、学习动机等数据的智能感知与采集，利用数据挖掘技术与机器学习技术对学生动态建模，形成学生画像，助力教师分析学生差异和个性特征，实现学情分析、科学识材。在"施教"方面，基于学科知识图谱与个性化推荐等智能技术，为学生构建个性化学习路径，推送个性化学习资源，实时测评和反馈学生学习过程情况，帮助教师调整教学策略，提供智能化答疑和个性化辅导，实现以学定教、精准施教。在"发展"方面，基于全员、全过程动态学习数据分析，提供面向每个学生的个性化学习与成长评价，对学生的学业和综合素质发展进行个性化诊断预测，推荐适合每个学生的发展规划建议，助力学生实现全面而有个性的发展。

从总体上看，在新的时代背景下智能技术具有前所未有的优势，引发人们从思想理念、教学模式、方法手段等方面重新审视因材施教的内涵和实践方式，用技术赋能实现"识材""施教""发展"诸方面的变革创新。因此，当前推进规模化因材施教的基本路线是：紧紧围绕智能时代大规模多样化创新人才培养的需要，着眼整体科学谋划，从政策、理论、技术和应用多个层面进行系统、深入的探讨与实践，构建与实施智能技术支持的因材施

---

① 余胜泉：《在线教育与未来学校新生态》，载《中小学数字化教学》，2020(4)。
② 杨宗凯、吴砥、陈敏：《新兴技术助力教育生态重构》，载《中国电化教育》，2019(2)。

教新模式、新样态，使两千多年前的教育梦想成为现实。走向智能时代的因材施教研究与发展总体路线如图 1-2 所示。

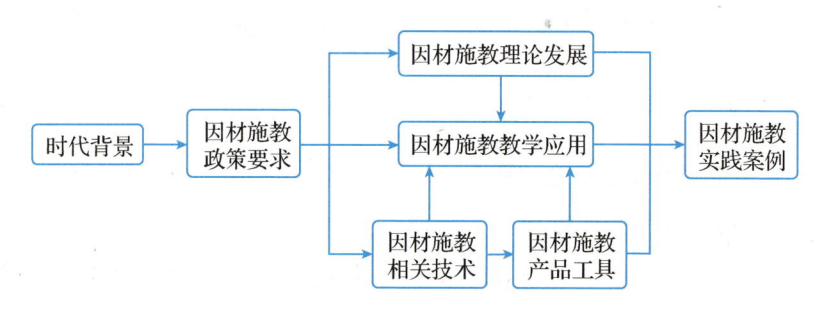

图 1-2　走向智能时代的因材施教研究与发展总体路线

第2章 因材施教的相关政策要求

DI2ZHANG YINCAISHIJIAO DE XIANGGUAN ZHENGCE YAOQIU

因材施教作为我国传统教育教学思想，从古至今，一直备受关注。不仅众多专家学者广泛研究与实践，党和政府也很重视。在走向智能时代的背景下，应该如何认识、理解和推动因材施教？结合当前教育发展趋势，本章从关于因材施教的指导思想、重要会议中关于因材施教的阐述、政策文件中关于因材施教的要求三个角度深入分析我国对因材施教的相关政策要求。

▶ 2.1 关于因材施教的指导思想

党和国家在不同时期提出了不同的与因材施教相关的指导思想，本节仅选择一部分进行分析梳理。

2.1.1 党发展早期的相关论述

1921年8月，由毛泽东等创立的湖南自修大学，是中国共产党创办的最早的一所干部学校。湖南自修大学注重培养学员的自学能力，反对教员使用填鸭式的教学方法，学校采用"特别授课""函授指导""特别讲座"等多种教学方式，发挥学生的主动性。[1] 毛泽东在《湖南自修大学创立宣言》中指出了传统学校的坏处："学校的第二坏处，是用一种划一的机械的教授法和管理法去戕贼人性。人的资性各不相同，高才低能，悟解迥别，学校则全不管这些，只晓得用一种同样的东西去灌给你吃。"[2]

---

[1] 周超：《毛泽东早期教育思想研究》，博士学位论文，西北大学，2013。
[2] 毛泽东：《湖南自修大学创立宣言（一九二一年八月）》，载《党的文献》，2011(1)。

1929年12月底，中国共产党红军第四军第九次代表大会(古田会议)在福建上杭县古田召开，会议通过了毛泽东起草的《中国共产党红军第四军第九次代表大会决议案》(以下简称《决议案》)。《决议案》就红军部队开展思想政治教育问题提出了详尽细致、操作性强的教育内容和教育方法，特别是提出了要区分教育对象层次，设置不同的教育内容，并总结了"十大教授法"，即启发式(废止注入式)、由近及远、由浅入深、说话通俗化(新名词要释俗)、说话要明白、说话要有趣味、以姿势助说话、后次复习前次的概念、要提纲、干部班要用讨论式。[①]

在1944年3月22日关于陕甘宁边区文化教育问题的讲话中，毛泽东提出了学校要遵循"三七"制度，他认为："在教学方法上，教员要根据学生的情况来讲课。教员不根据学生要求学什么东西，全凭自己教，这个方法是不行的。教员也要跟学生学，不能光教学生。现在我看要有一个制度，叫做三七开。就是教员先向学生学七分，了解学生的历史、个性和需要，然后再拿三分去教学生。这个方法听起来好像很新，其实早就有了，孔夫子就是这样教学的。"[②]

2.1.2 改革开放初期的相关论述

20世纪70年代末，党和国家发展进入拨乱反正、快速恢复时期，教育领域也进入全面恢复时期。邓小平在《尊重知识，尊重人才》讲话中提到"办教育要两条腿走路，既注意普及，又注意提高。要办重点小学、重点中学、重点大学。要经过严格考试，把最优秀的人集中在重点中学和大学"。[③]

1978年4月22日，邓小平在全国教育工作会议开幕式的讲话中指出，教育事业必须和国民经济发展的要求相适应，学校要造就具有社会主义觉悟的一代新人，要在全社会形成尊师重教的风气，他明确指出："我们在鼓励帮助每个人勤奋努力的同时，仍然不能不承认各个人在成长过程中所表现出来的才能和品德的差异，并且按照这种差异给以区别对待，尽可能使每个人按不

---

① 《毛泽东文集》第1卷，104～105页，北京，人民出版社，1993。
② 毛泽东：《关于陕甘宁边区的文化教育问题(一九四四年三月二十二日)》，载《党的文献》，1994(5)。
③ 《邓小平文选》第2卷，40页，北京，人民出版社，1994。

同的条件向社会主义和共产主义的总目标前进。"①同时，他指出："我们要在科学技术上赶超世界先进水平，不但要提高高等教育的质量，而且首先要提高中小学教育的质量，按照中小学生所能接受的程度，用先进的科学知识来充实中小学的教育内容。"②

党和国家非常注重我国的思想政治教育，1980年8月18日，邓小平在中央政治局扩大会议上发表的《党和国家领导制度的改革》的讲话中提出"要把思想政治工作放在非常重要的地位，切实认真做好，不能放松。要做得有针对性、细致深入和为群众所乐于接受"。③

2.1.3　新时代的相关论述

2014年9月9日，在第三十个教师节来临之际，习近平同北京师范大学师生代表座谈时做了"做党和人民满意的好老师"的重要讲话。习近平强调，教师要具有尊重学生、理解学生、宽容学生的品质。"学而不厌、诲人不倦"，有教无类，因材施教，教也多术，就是要求老师具有尊重、理解、宽容的品质。好老师应该懂得既尊重学生，使学生充满自信、昂首挺胸，又通过尊重学生的言传身教教育学生尊重他人。好老师一定要平等对待每一个学生，尊重学生的个性，理解学生的情感，包容学生的缺点和不足，善于发现每一个学生的长处和闪光点，让所有学生都成长为有用之才。④

2016年9月9日，习近平在北京市八一学校考察时强调基础教育在国民教育体系中处于基础性、先导性地位，必须把握好定位，全面贯彻落实党的教育方针，从多方面采取措施，努力把我国基础教育越办越好。习近平指出，素质教育是教育的核心，教育要注重以人为本、因材施教，注重学用相长、知行合一，着力培养学生的创新精神和实践能力，促进学生德智体美全面发展。⑤

---

① 《邓小平文选》第2卷，106页，北京，人民出版社，1994。
② 《邓小平文选》第2卷，104页，北京，人民出版社，1994。
③ 《邓小平文选》第2卷，342页，北京，人民出版社，1994。
④ 习近平：《做党和人民满意的好老师——同北京师范大学师生代表座谈时的讲话》，http://jhsjk.people.cn/article/25629946，2020-05-26。
⑤ 习近平：《全面贯彻落实党的教育方针 努力把我国基础教育越办越好》，http://jhsjk.people.cn/article/28705697，2020-05-26。

2019年3月18日，习近平主持召开学校思想政治理论课教师座谈会并发表重要讲话，他强调，思想政治理论课是落实立德树人根本任务的关键课程。推动思想政治理论课改革创新，要不断增强思政课的思想性、理论性和亲和力、针对性。要坚持统一性和多样性相统一，落实教学目标、课程设置、教材使用、教学管理等方面的统一要求，又因地制宜、因时制宜、因材施教。①

2019年5月16日，习近平在致国际人工智能与教育大会的贺信中指出，把握全球人工智能发展态势，找准突破口和主攻方向，培养大批具有创新能力和合作精神的人工智能高端人才，是教育的重要使命。他强调要积极推动人工智能和教育的深度融合，促进教育变革创新，充分发挥人工智能优势，加快发展伴随每个人一生的教育、平等面向每个人的教育、适合每个人的教育、更加开放灵活的教育。②

▶ 2.2 重要会议中关于因材施教的阐述

改革开放以来，我国政府十分重视个性化人才培养和因材施教，多个教育重要会议就推动因材施教进行了阐述，包括全国教育大会、全国教育工作会议、全国教育信息化工作会议和基础教育工作相关会议等。本节按以上类型总结了相关会议关于因材施教的阐述。

2.2.1 全国教育大会

全国教育大会由党中央、国务院召开，党和国家领导人出席会议并讲话，每一次全国教育大会都会对我国教育事业发展做出重大决策和重要部署，使我国教育事业跨上一个新的台阶。改革开放后，我国先后召开了五次全国教育大会，具体召开时间及核心内容如表2-1所示。

---

① 习近平：《用新时代中国特色社会主义思想铸魂育人 贯彻党的教育方针落实立德树人根本任务》，http：//jhsjk.people.cn/article/30982234，2020-05-26。
② 《习近平向国际人工智能与教育大会致贺信》，http：//www.xinhuanet.com/politics/leaders/2019-05/16/c_1124502111.htm，2020-09-11。

表 2-1 改革开放后召开的五次全国教育大会

时间	会议名称	核心内容
1985 年 5 月	第一次全国教育大会	把教育搞上去，提高我国的科学技术水平，培养出数以亿计的各级各类人才。
1994 年 6 月	第二次全国教育大会	把经济建设转到依靠科技进步和提高劳动者素质的轨道上来。
1999 年 6 月	第三次全国教育大会	教育与社会实践相结合，以提高国民素质为根本宗旨，以培养学生实践能力为重点。
2010 年 7 月	第四次全国教育大会	加快从教育大国向教育强国、从人力资源大国向人力资源强国迈进。
2018 年 9 月	第五次全国教育大会	培养德智体美劳全面发展的社会主义建设者和接班人，加快推进教育现代化，建设教育强国，办好人民满意的教育。

在五次全国教育大会中，第一次、第二次全国教育大会主要聚焦于改革教育体制、教育优先发展、提高我国的科学技术水平，这两次全国教育大会并未明确提到因材施教；第三次、第五次全国教育大会主要聚焦于推进素质教育、培养德智体美劳全面发展的社会主义建设者和接班人，这两次全国教育大会对因材施教进行了相关阐述；第四次全国教育大会主要聚焦于迈向教育强国，创新人才培养模式，对因材施教进行了直接阐述。

(1)第三次全国教育大会：转变教育观念、教育模式，关注人才成长规律

在 1999 年 6 月召开的第三次全国教育大会上，江泽民指出，教育在培育民族创新精神和培养创造性人才方面，肩负着特殊的使命，必须转变那种妨碍学生创新精神和创新能力发展的教育观念、教育模式，特别是由教师单向灌输知识，以考试分数作为衡量教育成果的唯一标准，以及过于划一呆板的教育教学制度。在出人才的问题上，要鼓励和支持冒尖，鼓励和支持当领头雁，鼓励和支持一马当先，这不是提倡搞个人突出、个人英雄主义，而是合乎人才成长规律的必然要求。[1] 江泽民的讲话体现了因材施教的理念。会议期

---

[1] 江泽民：《国运兴衰系于教育 教育振兴全民有责》，载《人民日报》，1999-06-16。

间正式发布的《关于深化教育改革全面推进素质教育的决定》,也突出强调教师应尊重学生人格,注重因材施教。

(2)第四次全国教育大会:遵循教育规律和人才成长规律,创新人才培养模式

在2010年7月召开的第四次全国教育大会上,胡锦涛指出,要创新人才培养模式,适应国家和社会发展需要,遵循教育规律和人才成长规律,注重学思结合、知行统一、因材施教,创新教育教学方法,倡导启发式、探究式、讨论式、参与式教学,激发学生好奇心,发挥学生主动精神,鼓励学生进行创造性思维,改变单纯灌输式的教育方法。[①] 温家宝在会议上讲到,新时期教育改革发展的主要任务是全面贯彻党的教育方针,创新人才培养模式,提高人才培养水平,做到因材施教,鼓励个性发展,促进人人成才,形成人才辈出、拔尖创新人才不断涌现的局面。[②] 会后发布的《国家中长期教育改革和发展规划纲要(2010—2020年)》正式将因材施教对创新人才培养模式的重要作用写入文件。

(3)第五次全国教育大会:构建德智体美劳全面培养的教育体系,增强人才培养的针对性

2018年9月召开的第五次全国教育大会,用"九个坚持"梳理概括了党的十八大以来习近平关于教育的重要论述。孙春兰在深入学习贯彻大会精神时,针对"坚持扎根中国大地办教育",提出要深刻理解扎根中国大地办教育的坚定自信,我国教育必须坚定不移走自己的路,我国千年的文明史,孕育了学无止境、有教无类、因材施教等深厚的教育思想,必须加以坚持;针对"坚持把服务中华民族伟大复兴作为教育的重要使命",认为要深刻理解服务中华民族伟大复兴的使命担当,要把教育同国家发展的目标和需求紧密结合起来,一起谋划、部署、检查,增强人才培养的针对性、适应性。

2.2.2 教育部年度工作会议及全国教育工作会议

教育部年度工作会议及全国教育工作会议的主要任务是全面贯彻落实党

---

① 胡锦涛:《在全国教育工作会议上的讲话》,http://www.gov.cn/ldhd/2010-09/08/content_1698579.htm,2020-06-08。
② 温家宝:《强国必强教 强国先强教》,载《人民日报》,2020-09-01。

中央的要求，深入学习治国理政新理念新思想新战略，回顾过去一年的教育工作，分析、研判当前教育形势，研究部署下一年的教育工作。[①] 至今有 6 次教育部年度工作会议和全国教育工作会议对因材施教进行了直接阐述，会议相关信息如表 2-2 所示。

表 2-2　直接提及因材施教的教育部年度工作会议和全国教育工作会议

会议时间	会议名称	会议总体要求
2007 年 12 月	教育部 2008 年度工作会议	认真学习贯彻党的十七大精神，高举中国特色社会主义伟大旗帜，以邓小平理论和"三个代表"重要思想为指导，深入贯彻落实科学发展观，全面贯彻党的教育方针，提高教育质量，促进教育公平，办好人民满意的教育，努力建设人力资源强国。
2010 年 1 月	教育部 2010 年度工作会议	教育系统要深入落实科学发展观，以提高质量、促进公平为重点，以解放思想、改革创新为动力，以服务社会、造福人民为使命，着力夯实基础，调整结构，优化布局，提升内涵，不断提高教育事业现代化水平。
2012 年 1 月	2012 年全国教育工作会议	继续贯彻落实教育规划纲要的部署，推进学前教育三年行动计划，深化基础教育课程改革，继续加强中小学和幼儿园教师队伍建设，努力解决人民群众关注的热点难点问题，突出重点，完善机制，狠抓落实，扎实推进基础教育的改革发展。
2016 年 1 月	2016 年全国教育工作会议	全面贯彻党的十八大精神，以邓小平理论、"三个代表"重要思想、科学发展观为指导，深入贯彻习近平总书记系列重要讲话精神，全面贯彻党的教育方针，紧紧围绕提高教育质量这一战略主题，加快推进教育现代化。

---

① 2010 年之前，教育部每年举办教育部年度工作会议，自 2011 年起，每年举办全国教育工作会议。

续表

会议时间	会议名称	会议总体要求
2017年1月	2017年全国教育工作会议	深入学习贯彻习近平总书记系列重要讲话精神和治国理政新理念新思想新战略,全面贯彻党的教育方针,坚持稳中求进工作总基调,注重内涵发展,坚定不移沿着中国特色社会主义教育道路前进,加快推进教育现代化。
2020年1月	2020年全国教育工作会议	高举中国特色社会主义伟大旗帜,以习近平新时代中国特色社会主义思想为指导,深入贯彻党的十九大和十九届二中、三中、四中全会精神,认真落实习近平总书记关于教育的重要论述,坚持和加强党对教育工作的全面领导,全面贯彻党的教育方针,提高教育治理水平,加快教育现代化、建设教育强国、办好人民满意的教育。

(1)教育部2008年度工作会议:深化人才培养模式改革,推动教学方法变革,全面实施因材施教

周济在会议上发表《推进教育事业科学发展 为建设人力资源强国而奋斗》的讲话,指出要深化人才培养模式改革,加强学生创新精神和实践能力培养;推进课程体系、教学内容和教学方法改革,加强学生科学文化基础知识,使学生具备较强的学习能力和良好的学习习惯;倡导启发式教学和探究式学习,因材施教,鼓励学生独立思考、积极探索,充分开发学生的发展潜能,培养学生的创新思维。

(2)教育部2010年度工作会议:坚持以人为本,牢固树立全面发展、人人成才的观念

袁贵仁在会议上发表《继续解放思想 坚持改革创新 努力开创教育事业科学发展新局面》的讲话,指出必须始终坚持以人为本,牢固树立全面发展、人人成才的观念,终身学习、系统培养的观念,注重学思结合、知行统一、因材施教,努力改变单纯以升学率、发展规模和发展速度衡量发展成效和工作成绩的观念和做法,努力改变简单以学历文凭衡量人才质量和水平的观念和做法。

(3)2012年全国教育工作会议:深化基础教育课程改革,注重学思结合、知行统一、因材施教

刘延东在会议上发表《坚定信心 乘势而上 奋力开创教育改革发展新局面》

的讲话,指出《国家中长期教育改革和发展规划纲要(2010—2020年)》明确"育人为本"的根本要求,所有的改革和努力都要服务这个根本;要把促进人的全面发展、适应社会需要作为衡量教育质量的根本标准,把促进学生健康成长作为学校一切工作的出发点和落脚点;要强化能力培养,注重学思结合、知行统一、因材施教,不仅教会学生知识,更要提高学生运用知识、解决问题的能力。[①]

(4) 2016年全国教育工作会议:创新教育观念,倡导有教无类、因材施教

袁贵仁在会议上发表《以新的发展理念为引领全面提高教育质量 加快推进教育现代化》的讲话,指出要以创新发展激发教育活力,创新发展注重的是解决发展动力问题;要创新教育观念,倡导有教无类、因材施教、终身学习、人人成才,促进学生文化知识学习与思想品德修养相统一、理论学习与社会实践相统一、全面发展与个性发展相统一;要创新教育内容方式,深入掌握不同阶段学生必须具备的基本知识和能力、必须形成的核心素养,深化教育改革,提高教学水平,掀起一场"课堂革命",为大众创业、万众创新提供有力支撑。

(5) 2017年全国教育工作会议:创新人才培养模式,因材施教,发展学生潜能

陈宝生在会议上作题为"办好中国特色社会主义教育 以优异成绩迎接党的十九大胜利召开"的工作报告,指出要加快建立以学习者为中心的人才培养模式。现代教育的重要特征,就是要面向学习者个性化、多样化的学习和发展需求,因材施教,促进学习者释放潜能。按照"自主、合作、探究"学习方式的要求,深化基础教育教学改革,改变被动传授、机械训练、简单重复的课堂教学,积极探索新课改理念多样化、行之有效的实现形式。通过小班化教学、选修走班等方式,创造条件和机会,让拔尖创新人才脱颖而出。"真正的教育公平不排斥卓越。"英才教育对于国家发展具有重要战略意义,要建立早期发现、跟踪培养特殊通道,完善跳级、转学等具体管理制度,通过因材施教发展每一个学生的优势潜能。

[①] 刘延东:《坚定信心 乘势而上 奋力开创教育改革发展新局面——在2012年全国教育工作会议上的讲话》,http://www.moe.gov.cn/jyb_xwfb/moe_176/201202/t20120220_130631.html,2020-08-11。

(6) 2020年全国教育工作会议：促进教育信息化与因材施教深度融合，加快教育现代化

会议强调，2020年是一个具有标志性、转折性意义的年份，十分关键特殊。教育系统必须牢牢树立起"收官"的强烈意识，在此基础上开好局、开新局。展望2020年，会议共提出七项工作，如图2-1所示。其中，五是推动教育改革开放实现新突破，实质性推进评价体系改革，规范发展民办教育，促进教育信息化与因材施教深度融合，积极稳妥深化对外开放。①

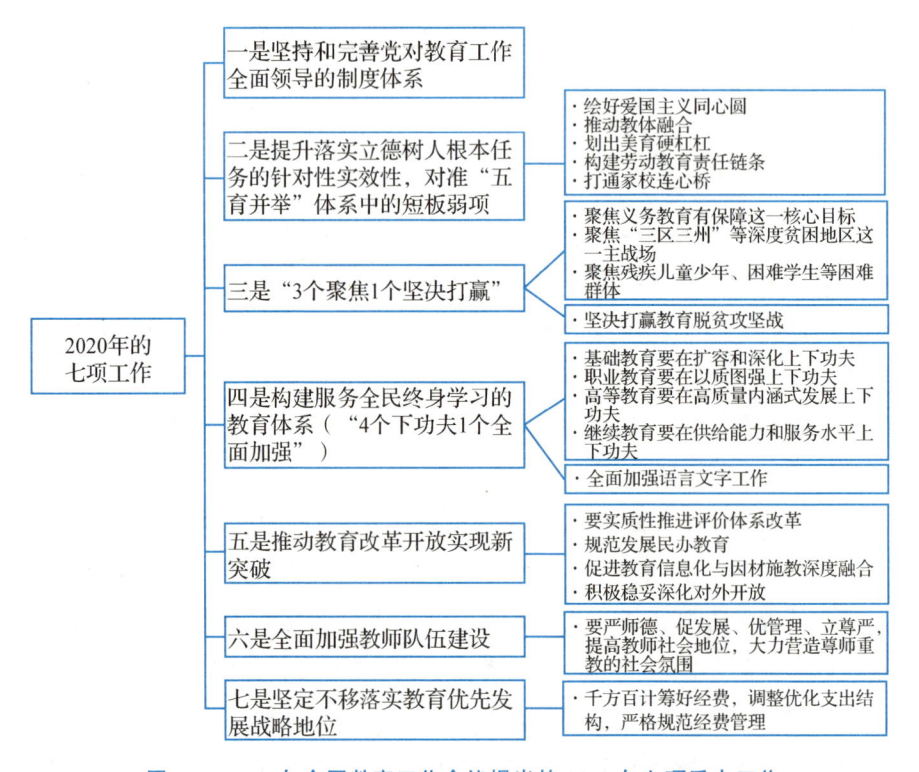

```
2020年的七项工作
├─ 一是坚持和完善党对教育工作全面领导的制度体系
├─ 二是提升落实立德树人根本任务的针对性实效性，对准"五育并举"体系中的短板弱项
│   ├─ 绘好爱国主义同心圆
│   ├─ 推动教体融合
│   ├─ 划出美育硬杠杠
│   ├─ 构建劳动教育责任链条
│   └─ 打通家校连心桥
├─ 三是"3个聚焦1个坚决打赢"
│   ├─ 聚焦义务教育有保障这一核心目标
│   ├─ 聚焦"三区三州"等深度贫困地区这一主战场
│   ├─ 聚焦残疾儿童少年、困难学生等困难群体
│   └─ 坚决打赢教育脱贫攻坚战
├─ 四是构建服务全民终身学习的教育体系（"4个下功夫1个全面加强"）
│   ├─ 基础教育要在扩容和深化上下功夫
│   ├─ 职业教育要在以质图强上下功夫
│   ├─ 高等教育要在高质量内涵式发展上下功夫
│   ├─ 继续教育要在供способ能力和服务水平上下功夫
│   └─ 全面加强语言文字工作
├─ 五是推动教育改革开放实现新突破
│   ├─ 要实质性推进评价体系改革
│   ├─ 规范发展民办教育
│   ├─ 促进教育信息化与因材施教深度融合
│   └─ 积极稳妥深化对外开放
├─ 六是全面加强教师队伍建设
│   └─ 要严师德、促发展、优管理、立尊严，提高教师社会地位，大力营造尊师重教的社会氛围
└─ 七是坚定不移落实教育优先发展战略地位
    └─ 千方百计筹好经费，调整优化支出结构，严格规范经费管理
```

图 2-1　2020 年全国教育工作会议提出的 2020 年七项重点工作

随着智能技术与教育的深度融合和创新发展，人工智能、云计算、物联网等技术在互动性、个性化、开放性等方面将深化教育变革，将推动智能时代规模化因材施教的实现，提高教育质量，从而加快教育现代化的发展。

---

① 《2020年全国教育工作会议 召开奋战2020 确保"收官之年"圆满收官》，载《教师报》，2020-01-15。

2.2.3 全国教育信息化工作会议

全国教育信息化工作会议是按照全国教育规划和教育工作的总体要求，系统部署当前和今后一个时期教育信息化工作的专门会议。2012 年，中华人民共和国成立以来的第一次全口径的教育信息化工作会议召开，这次会议对推动教育现代化、建设教育强国和人力资源强国产生了重要影响。我国先后在 2012 年、2015 年、2017 年、2018 年、2019 年和 2020 年共举办了六次全国教育信息化工作会议，其中 2015 年、2018 年的会议直接阐述了因材施教，2017 年的会议对因材施教进行了相关阐述。

2012年9月
第一次全国教育信息化工作电视电话会议
· 加快教育信息化进程推进教育信息化事业的发展

2015年11月
第二次全国教育信息化工作电视电话会议
· 巩固成果 开拓创新 以教育信息化全面推动教育现代化

2017年4月
2017年全国教育信息化工作会议
· 深化应用 融合创新 全面深入推进教育信息化

2018年4月
2018年全国教育信息化工作会议
· 加快融合创新发展 让教育信息化2.0变为现实

2019年4月
2019年全国教育信息化工作会议
· 深入推进教育信息化2.0，发展更加公平更有质量的教育

2020年7月
2020年全国教育信息化工作会议
· 研究部署2020年全国教育信息化工作；交流总结新冠肺炎疫情期间"停课不停学"经验；做好规划收官工作；加快推进教育信息化2.0发展

图 2-2　历次全国教育信息化工作会议

在第二次全国教育信息化工作电视电话会议中，刘延东发表了题为"巩固成果 开拓创新 以教育信息化全面推动教育现代化"的讲话，指出要通过信息技术的发展，推动教育变革和创新，构建网络化、数字化、个性化、终身化的教育体系；依托信息技术营造信息化教学环境，推动教学理念、方式和内容改革，创新人才培养模式，促进因材施教、个性化培养。

在 2017 年全国教育信息化工作会议中，杜占元做了题为"深化应用 融合创新 全面深入推进教育信息化"的讲话，强调要坚持把推动和服务教育改革发展作为教育信息化的根本目的，在教育教学过程中深入应用，使教学更加个性化、均衡化、精细化、科学化等；将信息技术引入教与学的全方位和全过

程，从提高课堂效率开始，逐步推动以知识传授为主向以能力素质培养为主的教学方式转变、以知识传授者为中心向以学习者为中心的学习方式转变、应试教育向素质教育转变，最终实现以信息化引领教育理念和教育模式创新，发挥信息技术在教育改革和发展中的支撑与引领作用。

在 2018 年全国教育信息化工作会议中，杜占元指出，要深刻理解教育信息化 2.0 行动计划"三个新模式"的内涵本质；构建"互联网+"条件下的人才培养新模式，实施因材施教、个性化学习的新型教学组织方式，重塑教学评价和教学管理方式，由仅注重知识传授向更加注重能力素质培养转变。马嘉宾提出，要遵循教育教学规律和学生身心发展规律，将优良的教育传统和先进技术相结合，发展素质教育，创新育人模式，构建更加适宜学生成长发展，更加关注个性差异的学习环境，重视学生全面而有个性的发展。

2.2.4 基础教育工作相关会议

基础教育关系到每一个人，是提高国民素质、实现国家富强的基础性工程。改革开放以来，实施基础教育改革成为推动我国教育发展，实现教育现代化的重要举措。国家举办了多次基础教育工作相关会议，在教育部官网中以因材施教为关键词检索，筛选出 9 个直接阐述因材施教的相关会议[1]，具体如表 2-3 所示。

表 2-3 全国基础教育工作直接阐述因材施教的相关会议

时间	会议名称
2000 年 10 月	全国中小学信息技术教育工作会议
2008 年 9 月	学习贯彻《中小学教师职业道德规范》座谈会
2011 年 8 月	农村教师大会
2014 年 3 月	全面改善贫困地区义务教育薄弱学校基本办学条件电视电话会议
2015 年 9 月	全国教书育人楷模及优秀乡村教师代表座谈会
2017 年 9 月	全国学校体育工作座谈会
2017 年 9 月	全国教书育人楷模及优秀教师代表座谈会
2019 年 7 月	全国基础教育工作会议
2019 年 10 月	基础教育课程改革与创新国际研讨会

---

[1] 已分析的历次全国教育大会、全国教育工作会议和全国教育信息化工作会议不重复统计。

(1)全国基础教育工作会议：为不同性格禀赋学生提供更加适宜的教育

2019年7月29日，在全国基础教育工作会议上，孙春兰指出要关注基础教育，坚持社会主义属性、促进教育公平、基础教育优先发展、全面培养全面发展的原则，大力推进素质教育，培养德智体美劳全面发展的社会主义建设者和接班人；树立科学的教育理念，坚持有教无类、因材施教，推动多样化办学，为不同性格禀赋学生提供更加适宜的教育。

(2)基础教育课程改革与创新国际研讨会：基础教育课程改革，努力实现适应时代的因材施教

2019年10月20日至21日，在基础教育课程改革与创新国际研讨会上，郑富芝关注学生成长，从把握学生发展需求、因材施教和有效学习三个方面提出了倡议。第一，准确把握面向未来学生发展的需求，共同探讨社会发展、人类进步需要的人才应具备什么样的价值观念、必备品格与关键能力。第二，努力实现适应时代的因材施教，使每一位学生而不是一部分学生都能出彩、成功、幸福。第三，强力推动学生主动、有效学习，不仅重视学生"学什么、学多少、学到什么程度"，还要使学生"愿意学"，为理想而学，为热爱而学。

(3)教师工作会议：教师要尊重学生个性发展，培养全面发展、多样化人才

百年大计，教育为本；教育发展，教师是关键。一直以来，党中央都高度重视教育工作，关心教师队伍建设。关于教师教育的相关会议对教师职业提出了明确的规范，要求教师担负起教育事业的责任，严于律己，教书育人，因材施教。具体相关内容如表2-4所示。

表2-4 教师工作会议中对因材施教的相关阐述

会议	因材施教相关阐述
2008年学习贯彻《中小学教师职业道德规范》座谈会	全面准确把握《中小学教师职业道德规范》的精神实质和基本内容。倡导"教书育人"，就是要求教师以育人为根本任务。教师必须遵循教育规律，实施素质教育。循循善诱，诲人不倦，因材施教。培养学生良好品行，激发学生创新精神，促进学生全面发展。[1]

---

[1] 周济：《贯彻师德规范 弘扬伟大师魂——在学习贯彻〈中小学教师职业道德规范〉座谈会上的讲话》，http://www.moe.gov.cn/jyb_xwfb/gzdt_gzdt/moe_1485/tnull_38935.html，2020-08-11。

续表

会议	因材施教相关阐述
2011年农村教师大会	要大力推进学校课程的教学改革，树立"全面发展""人人成才""多样化人才"的教育理念，坚持育人为本的根本要求，坚持德育为先、能力为重、全面发展的基本方向，做到因材施教、有教无类，尊重并鼓励学生的个性发展和特长的培养。①
2015年全国教书育人楷模及优秀乡村教师代表座谈会	无论是培养创新型人才还是推进教育改革发展，无论是促进教育公平还是提高教育质量等，都要靠教师去实施、去推动，所以希望教师能够有无私奉献的大爱，有教无类，因材施教，特别要关心贫困家庭的孩子。②
2017年全国教书育人楷模及优秀教师代表座谈会	教师要满怀爱心，爱岗敬业，遵循规律，用爱唤醒爱，用温情传递信赖，广泛播撒爱的种子，关注学生的心灵幸福和个性潜能，悉心浇灌学生自由舒展的心灵之花；要独具匠心，潜心钻研，因材施教，更新知识结构，投身教育改革创新实践。③

(4) 学科教育会议：学科教育关注学生身体素养差异，因需学习，因材施教

2000年10月25日，全国中小学信息技术教育工作会议召开，陈至立指出要迎接世界信息技术迅猛发展的挑战，在中小学大力普及信息技术教育，先进的信息技术使教育资源共享的原则得以贯彻，学习选择的自由度大大提高，因需学习、因材施教真正成为可能。④

2017年9月3日，全国学校体育工作座谈会召开，刘延东指出要注重因材施教，结合不同学生的体质特点和运动能力，开展分专项、分阶段、分层

---

① 温家宝：《一定要把农村教育办得更好——在农村教师大会上的讲话》，http：//www.moe.gov.cn/jyb_xwfb/moe_176/201109/t20110908_124042.html，2020-08-11。
② 《做高素质专业化的新时期"四有"好老师 教育部召开全国教书育人楷模及优秀乡村教师代表座谈会》，http：//www.moe.gov.cn/jyb_xwfb/gzdt_gzdt/moe_1485/201509/t20150908_206524.html，2020-08-11。
③ 刘延东：《在2017年全国教书育人楷模及优秀教师代表座谈会上的讲话》，http：//www.moe.gov.cn/jyb_xwfb/moe_176/201709/t20170925_315206.html，2020-08-11。
④ 陈至立：《抓住机遇，加快发展，在中小学大力普及信息技术教育——在全国中小学信息技术教育工作会议上的报告》，http：//www.moe.gov.cn/s78/A06/jcys_left/zc_jyzb/s3332/201001/t20100128_82097.html，2020-08-11。

次的体育教学，调动运动潜能，培养体育兴趣，养成终身锻炼的习惯；要深化教学改革，注重因材施教，丰富特色体育项目，弘扬体育道德风尚，促进体育与德育、智育、美育协调发展。①

（5）全面改善贫困地区义务教育薄弱学校基本办学条件电视电话会议：关注农村教育教学，因地制宜，因材施教

2014年3月14日，全面改善贫困地区义务教育薄弱学校基本办学条件电视电话会议召开，刘延东针对贫困地区义务教育现状，指出要因材施教，尊重学生个性发展，注重培养他们的学习兴趣，提高学习信心，激发求知欲望，增强社会责任感、创新精神、实践能力；要因地制宜，充分挖掘农村的自然环境、乡土人文等资源优势，引导孩子们亲近大自然，走进劳动生产第一线，开发富有乡村特色的田园课程，体验教学和实践活动。②

2.3 政策文件中关于因材施教的要求

为推动教育改革与发展，提高教育质量，中共中央、国务院、教育部等党和政府部门出台了大量政策文件，其中有多个政策文件提及要"注重因材施教""推动因材施教""实行选课制、走班制""实现精准推送"等。通过对改革开放以来24个直接提及因材施教和32个间接提及因材施教的政策文件（详见附录）的梳理分析，我们发现这些文件可分为8类，分别从教育改革、教育信息化、教学质量提升、课程改革、教师发展、素质教育、家庭教育、特殊教育方面提及因材施教的相关要求，具体分析如下。

2.3.1 教育改革与因材施教

改革创新是时代发展的不竭动力，更是教育发展的时代主题。中共中

---

① 刘延东：《凝心聚力 开拓进取 推动学校体育工作再上新水平》，http：//www.moe.gov.cn/jyb_xwfb/s6052/moe_838/201709/t20170905_313223.html，2020-08-11。

② 刘延东：《为贫困地区孩子开启健康成长、实现梦想的幸福之门——在全面改善贫困地区义务教育薄弱学校基本办学条件电视电话会议上的讲话》，http：//www.moe.gov.cn/jyb_xwfb/moe_176/201403/t20140324_166683.html，2020-08-11。

央、国务院、教育部多次颁布关于深化教育改革和发展规划的政策文件，相关文件中直接提及因材施教的有3个，间接提及因材施教的有6个。这些文件具有级别高、影响大、要求明确等特点，分别从教育发展目标、创新人才培养模式、推进教育现代化和深化教育教学改革四个方面提出了因材施教相关政策要求。

(1)教育发展目标：满足人民群众高质量、个性化、多样化的学习需求

因材施教的基本目标是促进学习者全面而有个性发展，在教育发展目标上，《国家教育事业发展"十三五"规划》《关于深化教育体制机制改革的意见》等政策文件中体现了因材施教的育人目标。

2017年1月，国务院颁布《国家教育事业发展"十三五"规划》，指出"十三五"时期教育改革发展主要目标之一是让教育发展成果更公平地惠及全民，从人民群众对高质量教育的需求出发，明确了教师素质进一步提高，学校办学条件明显改善，教育教学改革取得重要进展，学生学业水平和自主学习、终身学习能力全面提升，人民群众高质量、个性化、多样化的学习需求得到更好满足的目标。该目标中发展个性化、多样化教育体现了因材施教的理念，强调加快满足全民学习、终身学习和个性化学习的需求。

2017年9月，中共中央办公厅、国务院办公厅颁布《关于深化教育体制机制改革的意见》，指出要坚持战略思维，改革要有大格局，要谋全局、谋长远，抓管根本的事。"培养什么样的人、如何培养人、为谁培养人"是教育最根本的问题。文件抓住了这个最根本的问题，在指导思想上明确提出，使各级各类教育更加符合教育规律、更加符合人才成长规律、更能促进人的全面发展，着力培养德智体美全面发展的社会主义建设者和接班人，强调各级各类教育是个性化、因材施教的，从而促进人的全面而有个性发展。

(2)创新人才培养模式：注重学思结合，注重知行统一，注重因材施教

创新人才培养已成为国家战略需求，中共中央、国务院、教育部多次颁布重要政策文件明确了创新人才培养模式，其中2个文件直接提及因材施教，1个文件间接提及因材施教，突出创新人才培养的个性化和多样化。

2010年7月，中共中央、国务院颁布《国家中长期教育改革和发展规划纲要(2010—2020年)》，对创新人才培养模式进行了总体设计，要适应国家和社

会发展需要，遵循教育规律和人才成长规律，深化教育教学改革，创新教育教学方法，探索多种培养方式，要注重学思结合、注重知行统一、注重因材施教，从而培养各类创新拔尖人才。这是第一次在政策文件中系统提出"注重因材施教"的实施方法，具体包括教师、学校管理制度、优异学生培养等方面。从教师角度来看，社会需求的人才是多种多样的，教师要关注学生的不同特点和个性差异，发展每个学生的优势潜能。从学校管理制度角度来看，学校要推进分层教学、走班制、学分制、导师制等教学管理制度改革，建立学习困难学生的帮助机制。从优异学生培养角度来看，不仅要改进优异学生培养方式，在跳级、转学、转换专业以及选修更高学段课程等方面给予学生支持和指导，而且要进一步健全公开、平等、竞争、择优的选拔方式，改进中学生升学推荐办法，创新研究生培养方法，还要探索高中阶段、高等学校拔尖学生培养模式。

2018年9月，教育部等六部门颁布《关于实施基础学科拔尖学生培养计划2.0的意见》，重点关注基础学科拔尖学生培养，指出基础学科是国家创新发展的源泉、先导和后盾，在基础学科拔尖学生培养试验计划前期探索的"一制三化"(导师制、小班化、个性化、国际化)等有效模式基础上，进一步拓展范围、增加数量、提高质量、创新模式，形成拔尖人才培养的中国标准、中国模式和中国方案。该文件提出要创新学习方式，注重个性化培养，给学生提供自主选择导师、专业和课程的空间。

2020年10月，中共中央、国务院印发《深化新时代教育评价改革总体方案》。这是中华人民共和国成立以来第一份关于教育评价改革的系统性文件，是新中国教育评价的一次重大突破与创新，具有里程碑的意义。在改革学生评价方面，从理念导向和实施路径上提出了树立科学成才观念的具体要求，强调要树立科学的人才评价观，以培养个性化、多样化创新人才。在理念导向上，指出要坚持以德为先、能力为重、全面发展，坚持面向人人、因材施教、知行合一，坚决改变用分数给学生贴标签的做法。在实践路径上，指出要创新德智体美劳过程性评价办法，完善综合素质评价体系。

(3)推进教育现代化：更加注重因材施教

2019年2月，中共中央、国务院颁布的《中国教育现代化2035》是我国第一个以教育现代化为主题的中长期战略规划，是新时代推进教育现代化、建设教育强国的纲领性文件，其中提出了推进教育现代化的八大基本理念：更加注重以德为先，更加注重全面发展，更加注重面向人人，更加注重终身学习，更加注重因材施教，更加注重知行合一，更加注重融合发展，更加注重共建共享。这八大理念科学地回答了什么是教育现代化，指出了我国进入新时代教育现代化建设的努力方向。

更加注重因材施教，就是要满足学习者个性化、多样化学习和发展的需求，文件在运用现代教育理论与技术推动人才培养方式和模式改革上体现了因材施教。在创新人才培养方式上，强调推行启发式、探究式、参与式、合作式等教学方式以及走班制、选课制等教学组织模式，培养学生创新精神与实践能力；在推动人才培养模式改革上，强调要发挥现代技术的优势，促进个性化教学，实现规模化教育与个性化培养的有机结合。

(4)深化教育教学改革：坚持教学相长，适应学生全面而有个性的发展

当前教育工作面临严峻挑战，在不同学段的教育教学改革工作中，国家多次发布重要政策文件，有3个文件间接提及因材施教，强调要促进学生全面而有个性的发展。

2016年9月，教育部印发《关于进一步推进高中阶段学校考试招生制度改革的指导意见》，在评价重点上强调反映学生的全面发展情况和个性特长，注重考查学生的日常行为规范养成和突出表现，充分体现义务教育阶段学生的特点；特别指出在学生发展方面，要让学生选择适合自己的高中阶段教育；强调通过完善学生综合素质评价、改革招生录取办法、进一步完善自主招生政策等措施给予学校和学生一定的自主选择机会，促进学生发展兴趣爱好，推动高中阶段学校多样化有特色发展，满足不同潜质学生的发展需要。

2019年6月，国务院办公厅印发《关于新时代推进普通高中育人方式改革的指导意见》，指出在高中阶段要深入推进教育教学改革，适应学生全面而有个性发展；要增强普通高中课程的选择性，因地制宜、有序实施选课走班，满足学生不同发展需要。该文件就推进普通高中教育教学改革、全面提高教育质量进行了系统设计和全面部署，能够有效保障育人方式改革取得实效，

促进学生全面而有个性发展，体现了新时代党的教育方针对人才培养的总体要求。

2019年7月，中共中央、国务院颁布的《关于深化教育教学改革全面提高义务教育质量的意见》是新时代我国深化教育教学改革、全面提高义务教育质量的纲领性文件。该文件聚焦提高课堂教学质量，注重因材施教，提出要优化教学方式，教师要坚持教学相长，注重启发式、互动式、探究式教学，引导学生主动思考、积极提问、自主探究；融合运用传统与现代技术手段，重视情境教学；精准分析学情，重视差异化教学和个别化指导。

2.3.2 教育信息化与因材施教

在2020年全国教育工作会议上，陈宝生明确提出要促进教育信息化与因材施教深度融合。国家也多次颁发关于教育信息化的政策文件，对推动因材施教提出了具体要求。近年来有十几个相关政策文件中直接或间接提及因材施教。这些文件分别从网络学习空间、教育资源服务、在线课程、智能化教学支持环境、信息技术与教育教学融合发展五个方面提出了与因材施教相关的要求。

(1)依托网络学习空间：开展差异性和个性化教学与指导

网络学习空间能够以一种虚拟资源和虚拟空间的形式支持学生的学习，满足学生个性化发展。为加强网络学习空间建设及空间应用覆盖面，国家颁布了相关政策文件，其中直接提及因材施教的政策文件有1个，间接提及因材施教的政策文件有2个。

2016年2月，教育部办公厅颁布《2016年教育信息化工作要点》，指出要大力推进"网络学习空间人人通"，鼓励学生应用空间开展个性化学习、自主学习、协作学习，逐步实现"一生一空间、生生有特色"。

2018年4月，教育部颁布《网络学习空间建设与应用指南》，在空间建设与应用目标中指出重构学习环境，适应信息化条件下的教与学需求，推动正式学习与非正式学习融合，实现有效支持个性化、适应性学习的智能化学习支撑环境；优化资源供给，汇聚适应区域教育发展需求的优质资源，缩短资源生成、进化周期，支持个性化资源推送，实现精准服务，创新资源供给模式；变革教学模式，落实以学生为中心的教育观，改变传统教育教学流程，实现线上线下相结合；创新服务模式，从面向群体共性需求的规模化、无差别供给，转变为面向个体定制需求的精准化、智能化、个性化、适应性供给。

2018年12月，教育部发布《关于加强网络学习空间建设与应用的指导意见》，在工作原则中直接提及因材施教，指出要转变教师教学模式和学生学习方式、重构学校教育生态、实现因材施教；在主要任务中提出要组织教师创新应用，实现教学应用常态化，利用空间进行学习评价和问题诊断，开展差异性和个性化教学与指导，促进教育公平，提高教育质量。

(2)依托优质教育资源服务：加大数字教育资源建设，满足个性化学习需要

资源作为教育信息化的核心内容决定了信息化的水平，是推动教育系统性变革的关键要素。教育资源共建共享对促进教育公平、推动教育均衡发展、提高整体教育质量具有重要意义。教育部等部门多次颁布重要政策文件，其中3个相关政策文件间接提及因材施教，明确资源建设的主要任务。

2012年3月，教育部颁布《教育信息化十年发展规划(2011—2020年)》，具体指出要创新优质数字教育资源共建共享机制，鼓励企业和其他社会力量投入数字教育资源建设、提供个性化服务。

2017年3月，教育部等四部门颁布《高中阶段教育普及攻坚计划(2017—2020年)》，具体指出要提升教育质量，充分利用信息化手段促进优质教育资源共享，满足个性化学习的需要。

2017年12月，教育部发布《关于数字教育资源公共服务体系建设与应用的指导意见》，在工作原则中指出体系内各平台要遵循统一的网络学习空间服务等基本功能规范，在实现基本功能要求的前提下鼓励各平台提供个性化服务；在主要任务中指出各级平台要进一步强化网络学习空间的基本功能，根据新型教育教学模式的需要，有效开展个性化培养；学校要鼓励师生根据教学需要自主选择资源，鼓励教师通过基于网络学习空间的教学新模式，探索个性化培养。

(3)设置多类型、多形式在线课程:提供优质个性化学习体验,帮助科学决策,促进精准教学

在线教育是运用互联网、人工智能等现代信息技术进行教与学互动的新型教育方式,在线教育有利于实现学生的个性化。教育部等部门多次颁布重要政策文件,强调促进在线教育健康发展,其中近年来间接提及因材施教的政策文件有3个。

2018年4月,教育部颁布《教育信息化2.0行动计划》,这是继2012年出台的《教育信息化十年发展规划(2011—2020年)》、2016年出台的《教育信息化"十三五"规划》之后,我国又一次在国家层面出台的综合性教育信息化规划文件。该文件在实施行动中指出要提升慕课服务,汇聚高校、企业等各方力量,提供精品大规模在线开放课程,达成优质的个性化学习体验,满足学习者、教学者和管理者的个性化需求。

2019年9月,教育部等十一部门发布的《关于促进在线教育健康发展的指导意见》,是国家层面对在线教育提出的重磅级、纲领性指导文件,旨在促进在线教育健康、规范、有序地发展,从而构建完备的"网络化、数字化、个性化、终身化"的教育体系,建设"人人皆学、处处能学、时时可学"的学习型社会。

2020年3月,教育部颁布《关于加强"三个课堂"应用的指导意见》,在总体要求中指出要以优质学校为主体,通过网络学校、网络课程等形式,系统性、全方位地推动优质教育资源在区域或全国范围内共享,满足学生对个性化发展和高质量教育的需求;在主要任务中指出要依托教育资源公共服务平台,采用网络巡课、教学实录等方式,通过对"三个课堂"应用的信息采集和数据分析,实现对"三个课堂"应用效果的动态监管,辅助科学决策、支撑精细管理、促进精准教学。

(4)建立智能化教学环境:支撑个性化、适应性学习和教学的服务能力

人工智能、大数据等智能技术在教育中的应用是通过构建智能化的教育环境为学习者的个性化学习提供技术支撑,促进学习者"21世纪能力"的获得。智能教育成为教育信息化发展的新阶段,国务院、教育部等颁布了相关政策文件,其中直接提及因材施教的政策文件有1个,间接提及因材施教的政策文件有5个,具体如表2-5所示。

表 2-5　智能教育相关文件中有关因材施教的要求

发文时间	发文机构	文件名称	因材施教相关政策要求
2017年7月	国务院	《新一代人工智能发展规划》	智能教育。开发智能教育助理，建立智能、快速、全面的教育分析系统。建立以学习者为中心的教育环境，提供精准推送的教育服务，实现日常教育和终身教育定制化。
2018年4月	教育部	《教育信息化2.0行动计划》	四、实施行动 (五)百区千校万课引领行动 培育千所标杆学校。……探索在信息化条件下实现差异化教学、个性化学习、精细化管理、智能化服务的典型途径。 (七)智慧教育创新发展行动 构建智慧学习支持环境。……大力推进智能教育，开展以学习者为中心的智能化教学支持环境建设，推动人工智能在教学、管理等方面的全流程应用。
2018年8月	教育部办公厅	《关于开展人工智能助推教师队伍建设行动试点工作的通知》	(一)宁夏试点工作主要内容 3. 教师智能研修行动。升级宁夏教师网络研修平台，探索建立教师发展测评系统，支持教师有效选学，精准推送课程资源，优化培训成效评价，探索开展教师智能研修。 (二)北京外国语大学试点工作主要内容 1. 智能教室建设行动。建设一批智能教室，有效整合新技术手段，建立以学习者为中心的智能教育环境，为教师教育教学创新提供有力支持。 3. 教师发展智能实验室建设行动。建立教师发展智能实验室，实现教育教学的智能测评和诊断，支持教学示范、模拟教学和虚拟教研等教师发展功能，提升教育教学能力，促进教师专业发展。 4. 教师大数据建设行动。采集教师教学、科研、管理等方面的信息，形成教师大数据，建立教师数字画像，进行教师大数据挖掘，支持学校决策，改进教师管理，优化教师服务。

续表

发文时间	发文机构	文件名称	因材施教相关政策要求
2019年1月	教育部办公厅	《关于"智慧教育示范区"建设项目推荐遴选工作的通知》	一、总体思路 "智慧教育示范区"是指在地方政府支持下，利用新一代信息技术为学生、教师和家长等提供个性化支持和精准化服务，采集并利用参与者群体的状态数据和教育教学过程数据，促进学习者在任意时间、任意地点，采用任意方式、任意步调进行学习。 五、建设重点 (四)构建数据互联融通的个性化教学支持服务环境。实现各级各类教育资源公共服务平台和教育管理公共服务平台之间数据的融通，强化支撑个性化、适应性学习与教学的服务能力。 六、遴选目标 (三)预期目标 到2022年，"智慧教育示范区"要实现……建成能够支持个性化和适应性的智慧学习环境，实现以学习者为中心提供精准推送的教育服务。
2019年10月	教育部	《关于推荐遴选"基于教学改革、融合信息技术的新型教与学模式"实验区的通知》	二、实验原则 (一)坚持育人为本。充分利用信息技术和互联网，线上线下相结合，……构建更加适宜学生发展、更加关注个性差异的学习环境，将优秀教育传统和先进技术相结合，培养学生自主学习的意识和习惯，重视差异化教学和个别化指导，推动个性化学习。 三、实验内容 (五)面向促进学生个性化全面发展的成长路径，推动大数据在精准教学和评价方面的应用。……实现教学数据联通，通过大数据分析发现教学中的困难和问题，推动因材施教。

续表

发文时间	发文机构	文件名称	因材施教相关政策要求
2020年8月	教育部办公厅	《关于公布"基于教学改革、融合信息技术的新型教与学模式"实验区名单的通知》	一、明确工作定位。 坚持立德树人，……注重激发学生学习的主动性、积极性和创造性，努力创造适合每一个学生发展需求的教学活动。 三、勇于探索创新。 围绕课程和教学改革目标任务，结合本地实际，选择适宜的教与学新模式。……加强对学生学习过程数据的收集，开展教学分析与过程性评价，实现差异化教学和个别化指导，推动个性化自适应学习。

以上政策文件表明了智能教育的发展对因材施教的有效支持。智能时代，应充分发挥人工智能技术优势，建立以学习者为中心的智能化教学支持环境，进一步满足教师的差异化教学、学生的个性化学习需求。新时代需要借助智能技术的力量，推进标准化、规模化的工业化教育向个性化、多样化的智能化教育全面转型，促进因材施教的落实，加快发展适合每个人的教育。[①]

(5)深化信息技术与教育教学融合发展：提升教师信息素养，鼓励学校充分利用信息技术，推动因材施教

信息技术与教育教学的深度融合是教育的发展趋势，两者的深度融合可以有效促进学生的个性化学习，实现学生个性全面发展。国家多次发布政策文件促进信息技术与教育教学融合发展，其中4个相关政策文件间接提及因材施教。这些文件分别从教师、学校两个层面提出了与因材施教相关的要求。

教师层面。2016年6月，教育部颁布《教育信息化"十三五"规划》，在具体任务中指出要培养教师利用信息技术开展学情分析与个性化教学的能力，增强教师在信息化环境下创新教育教学的能力，使信息化教学真正成为教师教学活动的常态。2019年4月，教育部发布《关于实施全国中小学教师信息技术应用能力提升工程2.0的意见》，在主要措施中指出教师要提高应用信息技

---

① 刘邦奇、吴晓如：《中国智能教育发展报告》，3页，北京，人民教育出版社，2019。

术进行学情分析、教学设计、学法指导和学业评价等的能力，破解教育教学重难点问题，满足学生个性化发展需求，助力学校教学创新；创新信息素养培训资源建设机制，以信息化教学方法创新、精准指导学生个性化发展为重点，创新机制建设教师信息素养培训资源。

学校层面。2016年7月，教育部发布《关于新形势下进一步做好普通中小学装备工作的意见》，在工作原则中指出要全面实施素质教育，推进装备与课程建设和学校文化深度融合，装备与师资培养和教学实践深度融合，装备与教育教学和管理服务深度融合，满足促进学生全面发展的学习需要；在主要任务中指出要推行实验室、专用教室全天向学生开放，建立有利于学生自主探究与合作学习的管理制度。2017年1月，国务院颁布《国家教育事业发展"十三五"规划》，指出要全力推动信息技术与教育教学深度融合，鼓励学校利用大数据技术开展对教育教学活动和学生行为数据的收集、分析和反馈，为推动个性化学习和针对性教学提供支持。

2.3.3　教学质量提升与因材施教

树立科学的教育质量观是提高教育质量的关键，对确保每一个孩子都能接受高质量教育、促进教育公平具有重要意义。国务院、教育部多次颁布关于学校教学质量的政策文件，其中有3个文件直接提及因材施教。

2012年9月，教育部发布《关于进一步加强中小学校督导评估工作的意见》，从教育督导的角度提出要改进教学方式，创新教学方法，注重因材施教，增强教学效果。

2017年7月，国务院办公厅发布《关于进一步加强控辍保学提高义务教育巩固水平的通知》，从控辍保学的角度强调要按照因材施教的原则，针对学习困难学生学习能力、学习方法、家庭情况和思想心理状况，切实加大帮扶力度，使他们增强学习兴趣，改进学习方法，养成良好学习习惯，不断提升学习能力和学习水平，切实增强学生的自信心、有效性和获得感。

2017年12月，教育部颁布《义务教育学校管理标准》，指出要遵循教育规律和学生身心发展规律，尊重学生个体差异，采用灵活多样的教学方法，因材施教，培养学生自主学习和终身学习能力；研究学生的学习兴趣、动机和个别化学习需要，采取有针对性的措施，改进课程实施和教学效果。

2.3.4 课程改革与因材施教

深化课程改革是发展素质教育、落实立德树人根本任务的关键举措。为努力建设体现时代要求、富有生机活力的新课程，教育部多次颁发关于新课程新教材的政策文件，着力推进新形势下育人方式的改革，其中有1个文件直接提及因材施教，4个文件间接提及因材施教，具体如表2-6所示。

表2-6 课程改革相关文件中有关因材施教的要求

发文时间	发文机构	文件名称	因材施教相关政策要求
2010年4月	教育部	《关于深化基础教育课程改革进一步推进素质教育的意见》	(四)进一步完善基础教育课程体系。在总结课程改革经验的基础上，进一步完善课程设置方案，给学生留有更多自由支配的活动时间，切实减轻学生过重的课业负担。 (五)全面落实基础教育课程方案。指导学校结合实际制定普通高中选修课程建设规划，开设丰富多彩、高质量的选修课，保障学生有更多选择课程的机会。加强对学生选课的指导，引导学生选择适合个人兴趣爱好和未来发展需要的课程。 (六)大力推进教学改革。要遵循学生认知规律和教学规律，根据学生的个性差异因材施教。创设有利于学生积极参与的教学环境，保护学生的好奇心和求知欲，鼓励学生独立思考、主动学习。 (八)全面提升教师队伍实施新课程的能力。组织开发以教学实际问题为核心、以优秀教学案例为载体的培训课程，增强教师培训的针对性和实效性。

续表

发文时间	发文机构	文件名称	因材施教相关政策要求
2017年2月	教育部	《义务教育小学科学课程标准》	二、课程基本理念 (一)面向全体学生 小学科学课程要面向全体学生，适应学生个性发展的需要，使他们获得良好的科学教育。无论学生之间存在着怎样的地区、民族、经济和文化背景的差异，或者性别、个性等个体条件的不同，小学科学课程都要为全体学生提供适合的、公平的学习和发展机会。 (二)倡导探究式学习 突出创设学习环境，为学生提供更多自主选择的学习空间和充分的探究式学习机会。
2017年11月	教育部办公厅	《关于印发〈中小学幼儿园教师培训课程指导标准(义务教育语文学科教学)〉等3个文件的通知》	义务教育语文学科教学：要以学生的全面发展及语文学科核心素养培育来设计培训课程。 义务教育数学学科教学：要围绕学生的全面发展及数学核心素养培育，来设计教师培训课程。 义务教育化学学科教学：应遵循学生身心发展特点和教育教学规律，促进学生全面而有个性的发展以科学素养为核心的能力素养。
2018年8月	教育部	《关于做好普通高中新课程新教材实施工作的指导意见》	一、总体要求 (二)基本原则 遵循教育规律和学生成长规律，把科学的质量观落实到教育教学全过程，打牢学生成长的共同基础，满足学生不同学习需要，进一步提高学生综合素质，着力发展核心素养。 三、重点任务 (三)深化学校教学改革，发展学生核心素养。……学校要健全以校为本的教研制度，鼓励和支持教师创新教学方式，关注学生个体差异和学习过程，促进学生自主、合作、探究学习，不断提高教学质量。 (四)加强和改进教学组织管理，有序推进选课走班。

续表

发文时间	发文机构	文件名称	因材施教相关政策要求
2020年5月	教育部	《普通高中课程方案》（2017年版2020年修订）	前言 一、修订工作的指导思想和基本原则 （二）基本原则 2. 坚持反映时代要求。反映先进的教育思想和理念，关注信息化环境下的教学改革，关注学生个性化、多样化的学习和发展需求，促进人才培养模式的转变，着力发展学生的核心素养。 3. 坚持科学论证。遵循教育教学规律和学生身心发展规律，贴近学生的思想、学习、生活实际，充分反映学生的成长需要，促进每个学生主动地、生动活泼地发展。 二、修订的主要内容和变化 （一）关于课程方案 2. 进一步优化了课程结构。……二是将课程类别调整为必修课程、选择性必修课程和选修课程，在保证共同基础的前提下，为不同发展方向的学生提供有选择的课程。三是进一步明确各类课程的功能定位，与高考综合改革相衔接：必修课程根据学生全面发展需要设置，全修全考；选择性必修课程根据学生个性发展和升学考试需要设置，选修选考。 （引言部分） 普通高中教育的任务是促进学生全面而有个性的发展，为学生适应社会生活、高等教育和职业发展作准备，为学生的终身发展奠定基础。 （正文部分） 三、课程内容确定的原则 确定课程内容应遵循如下基本原则： 选择性。适应国家人才培养需要，在保证每个学生都达到共同基本要求的前提下，充分考虑学生不同的发展需求，结合学科特点，遵循学习科学的基本原理，分类分层设计可选择的课程，满足学生不同学习需要，促进学生发展。

文件说明了课程改革为实现学生全面而有个性的发展提供了条件，是实现因材施教的一种有效途径。课程改革把更多的课程选择权交给学生，把更多的课程开发权交给教师，把更多的课程设置权交给学校，以学生的全面发展为最终指向，努力让每个孩子都能享有公平而有质量的教育。随着课程改革的不断深入，推动基于兴趣和能力的选课走班教学逐渐成为常态，体现学生发展核心素养的选修课程及课程群逐渐走向优质，指向专业情境和多样体验的学科专业教室建设逐渐发展壮大，关注学生全面而有个性发展的综合素质评价逐渐纳入正轨[1]，促进学校育人的特色化、多样化发展，实现因材施教。

2.3.5 教师发展与因材施教

教师是人类灵魂的工程师，是青少年学生成长的引路人。教师的职业道德水平直接关系到亿万青少年的健康成长。国务院、教育部等部门针对教师的发展颁布了相关政策文件，多方面、多维度提出了与因材施教相关的要求。

（1）师德师风：遵循教育规律，循循善诱，诲人不倦，因材施教

师德师风决定着一个学校的学风和校风，是一个学校办学的重要保障。师德建设是一项关系到教育工作全局和涉及社会各方面的系统工程。国家颁布的相关政策出台时间跨度大，从1999年到2019年有5个文件直接或间接提及因材施教。

1999年6月，中共中央、国务院颁布《关于深化教育改革全面推进素质教育的决定》，指出教师要遵循教育规律，与学生平等相处，尊重学生人格，因材施教，保护学生的合法权益。2005年1月，教育部发布《关于进一步加强和改进师德建设的意见》，指出要提高教师的职业道德水平，严格要求学生，因材施教，循循善诱，形成相互激励、教学相长的师生关系，促进学生全面发展。2008年9月，教育部、中国教科文卫体工会全国委员会颁布《中小学教师职业道德规范》，指出要遵循教育规律，实施素质教育，循循善诱，诲人不倦，因材施教。2018年11月，教育部颁布《新时代中小学教师职业行为十项

---

[1] 顾明远：《深化课程改革，实现公平而有质量的教育》，载《人民教育》，2018(Z3)。

准则》，指出要落实立德树人根本任务，遵循教育规律和学生成长规律，因材施教，教学相长。2019年12月，教育部等七部门颁布《关于加强和改进新时代师德师风建设的意见》，指出教师要把握学生身心发展规律，实现全员全过程全方位育人，增强育人的主动性、针对性、实效性，避免重教书轻育人倾向。

(2)教师培训：分层分类，精准培养，满足教师学习需求

教师专业化发展不仅是教育改革与发展的热点问题，也是基础教育课程改革的一个难点问题，更是全面实施素质教育的一个重要问题，在教师专业化发展过程中，要注重教师培训的关键环节，采取针对性措施，深化培训模式改革，提升培训质量。国家多次颁发关于教师培训的政策文件，近年来有4个文件间接提及因材施教。

在借助信息化手段精准推送学习资源方面。2016年1月，教育部办公厅、财政部办公厅发布《关于做好2016年中小学幼儿园教师国家级培训计划实施工作的通知》，指出各地要围绕培训生成性成果和学员结业成果，采取定向征集、择优遴选、加工升级等方式，着力建设本土化优质资源库，进行针对性推送，满足教师个性化学习需求。2017年4月，教育部颁布《关于全面推进教师管理信息化的意见》，指出要促进教师培训专业化，依托教师系统及相关教育管理服务平台，推进教师培训选学，为教师创造选择培训内容、资源、途径和机构的机会，满足教师个性化发展需求。

在针对不同教师采取不同举措方面。2018年1月，国务院发布《关于全面深化新时代教师队伍建设改革的意见》，指出要分类施策，立足我国国情，借鉴国际经验，根据各级各类教师的不同特点和发展实际，考虑区域、城乡、校际差异，采取有针对性的政策举措，定向发力，重视专业发展，培养一批教师。2020年3月，教育部办公厅、财政部办公厅颁布《关于做好2020年中小学幼儿园教师国家级培训计划组织实施工作的通知》，指出规范分层分类培训，聚焦不同发展阶段教师和乡村校园长应具备的核心素养与关键能力，示范引领各地按照培训指南要求，分层分类开展新教师入职培训、青年教师助力培训、骨干教师提升培训及教师培训者团队研修和校园长任职培训、提高培训、高级研修及专题培训。

2.3.6 素质教育与因材施教

实施素质教育，必须把德育、智育、体育等有机地统一在教育活动的各个环节中，国家发布的 8 个相关文件分别从德育教育、体育教育两方面提及因材施教，其中 7 个文件直接提及因材施教，1 个文件间接提及因材施教。

在德育教育方面，立德树人是发展中国特色社会主义教育事业的核心所在，是培养德智体美劳全面发展的社会主义建设者和接班人的本质要求。2014 年 4 月，教育部发布《关于培育和践行社会主义核心价值观进一步加强中小学德育工作的意见》，从加强德育规律研究的角度指出要从中小学生的身心特点和思想实际出发，注重循序渐进，注重因材施教。2019 年 2 月，中共中央办公厅、国务院办公厅颁布《加快推进教育现代化实施方案（2018—2022 年）》，提出增强中小学德育的针对性、实效性，要从中小学生身心特点和思想实际出发改进德育方式方法，注重循序渐进、因材施教、潜移默化，开展喜闻乐见、入脑入心的德育活动。两个文件从中小学生身心特点和思想实际出发，强调德育要注重循序渐进、注重因材施教。2017 年 9 月，中共中央办公厅、国务院办公厅发布《关于深化教育体制机制改革的意见》，从健全立德树人系统化落实机制方面提出具体要求，强调要健全全员育人、全过程育人、全方位育人的体制机制，加强德育课程、思政课程；在培养学生基础知识和基本技能的过程中，强化学生关键能力培养。

在体育教育方面，强化学校体育是实施素质教育、促进学生全面发展的重要途径，对于促进教育现代化、建设健康中国和人力资源强国具有重要意义。教育部等六部门在 2015 年 7 月印发的《关于加快发展青少年校园足球的实施意见》、教育部在 2017 年 2 月印发的《关于加强全国青少年校园足球改革试验区、试点县(区)工作的指导意见》和教育部等七部门在 2020 年 8 月印发的《全国青少年校园足球八大体系建设行动计划》中均指出要形成内容丰富、形式多样、因材施教的青少年校园足球教学体系。教育部在 2016 年 6 月颁布的《全国青少年校园足球教学指南(试行)》则强调教师应充分了解学生足球技能基本情况，根据学生的实际情况教学，做到因材施教。国务院办公厅在 2016 年 4 月发布的《关于强化学校体育促进学生身心健康全面发展的意见》对加强学校体育提出明确要求，从基本原则的角度指出，遵循教育和体育规律，以兴趣为引导，注重因材施教和快乐参与；从教学的方式方法上指出，教师要关注学生体育能力和体质水平差异，做到区别对待、因材施教。该文件作为体育教育的纲领性文件，就推动学校体育改革发展和强化学校体育工作作出全面部署。

2.3.7　家庭教育与因材施教

家庭教育在少年儿童成长过程中具有重要作用。国家多次颁布重要政策文件，强调家庭教育的重要性，其中有1个文件直接提及因材施教，有1个文件间接提及因材施教。文件从履行家庭教育职责的角度出发，要求家长真正做到因材施教。

2015年10月，教育部颁布《关于加强家庭教育工作的指导意见》，明确家长在家庭教育中的主体责任，从成长环境的角度明确要求要为孩子创设符合成长规律的生活环境，满足孩子个性化的成长需要；从社会支持的角度要求要依托公共服务阵地，为城乡不同年龄段孩子及其家庭提供家庭教育指导服务。此外，家长要不断提高家庭教育的针对性，针对不同年龄阶段的孩子实施不同的家庭教育。

2018年12月，教育部等九部门发布《中小学生减负措施的通知》，指出家长要正确认识孩子成长规律，尊重孩子的个体差异和天性，保护孩子的想象力、创造力，把培养孩子的好思想、好品行、好习惯作为家庭教育的首要目标。从心理预期的角度提出要从孩子的实际出发，理性设置对孩子的期望值；从课外培训的角度提出要根据孩子的个性特点及需求选择适合的培训。

2.3.8　特殊教育与因材施教

特殊教育，是推进教育公平、促进社会和谐的重要内容，特殊教育水平是衡量一个国家教育水平以及整体文化程度的天然尺度。特殊教育是国家优先保障的教育基本公共服务领域，针对特殊教育，国家发布了相关政策文件，其中直接提及因材施教的政策文件有3个，间接提及因材施教的政策文件有1个。

2008年11月，教育部办公厅、民政部办公厅、中国残联办公厅发布《关于开展全国特殊化教育先进单位评选表彰活动的通知》，指出全国特殊化教育先进单位要把因材施教作为办学理念，应坚持社会主义办学方向，体现以人为本，坚持因材施教，注重社会效益，积极实施素质教育。

2015年8月，教育部颁布《特殊教育教师专业标准（试行）》，指出特殊教育教师要把因材施教作为基本理念，要研究学生，遵循学生成长规律，因材施教，提升特殊教育教学的专业化水平。该文件在引领特殊教育教师专业成长方面，提出教师要尊重个体差异，主动了解和满足学生身心发展的特殊需要；尊重特殊教育规律和学生身心发展特点，为每一位学生提供合适的教育；了解学生身心发展的特殊性与普遍性规律，掌握学生残疾类型、原因、程度、发展水平、发展速度等方面的个体差异及教育的策略和方法；根据课程和学生身心特点，合理地调整教学目标和教学内容，编写个别化教学活动方案。

2017年7月，教育部等七部门颁布《第二期特殊教育提升计划（2017—2020年）》，在基本原则中间接提及因材施教，指出要尊重残疾学生的个体差异，注重潜能开发和缺陷补偿，提高特殊教育的针对性，促进残疾学生的个性化发展。

2020年6月，教育部颁布《关于加强残疾儿童少年义务教育阶段随班就读工作的指导意见》，在总体要求中指出要坚持尊重差异、因材施教，坚持普特融合、提升质量，实现特殊教育公平而有质量发展。

第 3 章 因材施教的理论发展

因材施教思想源于孔子，是我国传统教育思想中的瑰宝，蕴含着丰富的教育意义，受到历代教育家的推崇和倡导。在智能时代，发扬因材施教思想，落实全面而有个性发展的教育目标，需要对因材施教的基本理论进行细致梳理。本章从历史视角系统总结了因材施教的发展脉络，归纳了当前人们对因材施教的多样化理解，阐释了因材施教的理论基础以及对促进教育公平和学生发展等方面的价值意义，进而提出了智能时代因材施教的新内涵与新特征。

▶ 3.1 因材施教的提出与发展

通过对因材施教发展历程相关文献的分析可知，因材施教在时间上具有内在延续性，在内容上随着社会的进步、实践经验和科学技术的积累，不断被注入新的内涵。

表 3-1 因材施教的发展历程概览

发展阶段	主要内容	代表时期
早期实践阶段	因材施教的思想原型初步形成，作为朴素经验被继承和传播。	先秦、秦汉等时期
概括提炼阶段	因材施教在实践中不断被概括和提炼。	宋、明、清时期
丰富发展阶段	因材施教随着教育的发展而不断丰富。	民国时期、中华人民共和国成立初期
规模化实施阶段	技术为因材施教的规模化实施提供了有力支撑。	20世纪90年代至今

3.1.1 早期实践阶段(先秦、秦汉等时期)

孔子最早将因材施教思想运用于教学过程，是我国因材施教思想的早期倡导者。① 春秋时期，中国教育形态发生了重大变革，从"学在官府""礼不下庶人"向"学在民间"转变，平民百姓也能跟贵族阶层一样接受教育。从官学到民学的转变，使得学生数量大幅度增加，教师如何面对一定规模的学生群体开展教学，成为当时面临的一个时代问题。孔子结合长期的教育实践，提出要根据学生的特点和水平，进行不同的教育。②③ 孔子认为首先要对学生的特点和水平有充分的了解，然后根据学生的差异施以不同的教育内容和教学方法。他的这些教育思想和方法形成了因材施教的核心内容，主要包括两个层面：一方面，孔子的因材施教思想建立在对"材"（学生）充分了解的基础上④，他十分重视"察言而观色"（《论语·颜渊》），通过观察、言志等方式了解弟子，并对每一位学生的智力差异、才能特点、性格特征都心中有数。如"生而知之者，上也；学而知之者，次也；困而学之，又其次也；困而不学，民斯为下矣"（《论语·季氏》）；"柴也愚，参也鲁，师也辟，由也喭"（《论语·先进》）；"由也果""赐也达""求也艺"（《论语·雍也》）；等等，都体现了他对学生的充分了解。⑤ 另一方面，孔子还依据学生不同的品行和才情施以侧重点不同的教育内容，并结合不同学生的差异给予不同的教法，培养出了一批有特长的名士。《论语·先进》记载："德行：颜渊，闵子骞，冉伯牛，仲弓。言语：宰我，子贡。政事：冉有，季路。文学：子游，子夏。"可见，孔子针对学生不同的才情会施以德行、言语、政事、文学四科的教育内容。《论语·先进》还记载：子路问："闻斯行诸？"子曰："有父兄在，如之何其闻斯行之？"冉有问："闻斯行诸？"子曰："闻斯行之。"面对孔子这种问同答异的行为，公西华感到困惑不解，于是向孔子请教个中缘由。孔子说："求也退，故进之；由也兼人，故退之。"⑥就是说孔子会结合不同学生的差异给予不同的教法。

除了孔子外，孟子等先秦诸子也在实践中探索因材施教思想。随着实践范围的扩大，人们不仅关注个体的因材施教，还开始关注面向群体的因

---

① 刘春梅：《孔子因材施教思想探微》，载《河南工业大学学报（社会科学版）》，2006(1)。
② 杨德广：《因材施教是培养优秀学生的重要途径》，载《上海高教研究》，1981(2)。
③ 闫广芬、李忠：《试析孔子"因材施教"的理论依据》，载《教育研究》，2003(8)。
④ 李德富、刘梅：《从〈论语〉看孔子的"因材施教"思想》，载《沧桑》，2009(1)。
⑤ 刘春梅：《孔子因材施教思想探微》，载《河南工业大学学报（社会科学版）》，2006(1)。
⑥ 孔祥渊：《从"因材施教"走向"商材议教"》，载《教育科学文摘》，2014(4)。

材施教。孟子主张"教亦多术（方法）矣"，还提到"君子之所以教者五：有如时雨化之者，有成德者，有达财者，有答问者，有私淑艾者。"①可见，他不仅在教学实践中注重因材施教，而且将不同特点的施教个体扩大到不同类型的施教群体，提高了教育的社会效益，丰富了因材施教的内容。《学记》作为我国也是世界上最早的专门论述教育和教学问题的论著，多处内容都体现了因材施教的思想，进一步推动了因材施教思想的传播，具体内容如表 3-2 所示。

表 3-2 《学记》中与因材施教相关的主要内容

《学记》中的记载	与因材施教的关系
"大学之法，禁于未发之谓豫，当其可之谓时，不陵节而施之谓孙，相观而善之谓摩。此四者，教之所由兴也。"	强调教学要把握时机与顺序，并要针对学生年龄阶段和知识接受能力的不同采取不同的教学内容、教学策略和教学方法，挖掘每一个学生身上不同的学习潜力，使其得到最大的发展。
"时过然后学，则勤苦而难成。""凡学，官先事，士先志。""良冶之子，必学为裘；良弓之子，必学为箕""使人不由其诚，教人不尽其材。其施之也悖，其求之也佛。"	
"学者有四失，教者必知之。人之学也，或失则多，或失则寡，或失则易，或失则止。此四者，心之莫同也。知其心，然后能救其失也，教也者，长善而救其失者也。"	强调教师必须了解学生的不同心理特点，针对学生的具体情况施教，矫正学生的这些缺点，发挥学生的长处。
"君子知至学之难易，而知其美恶，然后能博喻。"	揭示了启发诱导与因材施教的关系，指出教师需懂得入学之门有难易之分，了解学生资质有美恶之别，然后才能多方诱导学生。

到秦汉时期，统治阶级逐步推动确立了儒家教育思想和教育内容的统治地位，推动了因材施教在封建教育系统中的广泛应用。汉朝学者董仲舒提倡以儒家"六经"为教学的基本内容，认为"六学皆大，而各有所长"；"善为师者，既美其道，有慎其行……省其所为而成其所湛，故力不劳而身大成。"就是说各经内容特点不同，教师在教学时因人而异，才能取得积极的效果。②东汉学

---

① 李光琳：《"因材施教"在我国的历史演进及其现代化》，载《江西社会科学》，2001(3)。
② 张如珍：《"因材施教"的历史演进及其现代化》，载《教育研究》，1997(9)。

者郑玄很赞同因材施教的思想和内涵。他将《学记》中"学者有四失，教者必知之。……然后能救其失也。"进一步解释和阐述为"救其失者，多与易则抑之，寡与止则进之"，通过对因材施教的进一步阐述，提出了因材施教的方法，使因材施教更具体化，更易于在教学中应用。① 唐朝韩愈认为"夫大木为杗，细木为桷，欂栌、侏儒，椳、阛、扂、楔，各得其宜，施以成室者，匠氏之工也"。就是说培养人才就像建造房子一样需用的木材，大小不一，但各有用处，教师不应千篇一律，爱大弃小，应该根据学生的个性成就他们，能因其材而教之、用之，使其成为有用之才，这也是教师的责任。② 他从因材而用的思路来看待"因材施教"，让人耳目一新。

3.1.2　概括提炼阶段(宋、明、清时期)

经过几百年的封建社会教育实践，因材施教思想在儒家教育中占据了重要地位。随着义理之学的兴起，因材施教在实践中被进一步提炼和概括，逐步成为教育领域中的一个专有名词。

宋明理学奠基人之一程颐从孔子的教育实践中概括出"孔子教人，各因其材"③。南宋大儒朱熹将程颐的概括注释为："圣贤施教，各因其材。小以小成，大以大成，无弃人也。"④ "因材施教"这一约定俗成的说法，正是后人从朱熹对孔子教学思想的总结"圣贤施教，各因其材"中得出的。

明末清初学者王夫之主张"心函絪缊之全体而特微尔，其虚灵本一。而情识意见成乎万殊者，物之相感，有同异，有攻取。时位异而知觉殊，亦犹万物为阴阳之偶聚而不相肖也"(《张子正蒙注·太和》)。也就是说人在情、识、意等方面存在着差异，教育者必须承认和了解受教育者的这些个性差异，根据他们的各种实际情况因材施教，才能做到人无不可教，教无不可施。⑤

---

① 黄海啸：《论郑玄经学教育思想》，载《东岳论丛》，2010(12)。
② 张如珍：《"因材施教"的历史演进及其现代化》，载《教育研究》，1997(9)。
③ 朱熹：《河南程氏遗书》卷十九，276页，北京，商务印书馆，1935。
④ 朱熹：《四书章句集注·论语集注》，362页，北京，中华书局，1983。
⑤ 燕国材、刘振中：《论王夫之因材施教的教育思想》，载《船山学刊》，1997(2)。

清朝学者郑观应在《盛世危言》中将因人而异进行施教的做法进一步概括为："别类分门，因材施教。"①至此，"因材施教"这一词语正式形成，并成为孔子教育思想中的一个专有名词。

3.1.3　丰富发展阶段(民国时期、中华人民共和国成立初期)

随着社会制度的改变，以及新型教育思想和教育理论的引入，因材施教从为培养"封建士大夫"服务转变成为培养"全面发展的人"服务，并不断被赋予现代化的内涵和特征。

民国时期，蔡元培在反对"旧教育"不顾学生的本性而一以待之时，提出"新教育"要关注儿童身心发展规律，应"深知儿童身心发达之程序，而择种种适当之方法以助之"②。陶行知将教育实践与国家前途、民族命运和人民生活紧密联系，结合唯物主义的方法论丰富了因材施教的思想内容，提出了"活的人才教育""唯物主义天才观""集体生活原则""知情意合一"等观点，既包括教学目的和内容，又涵盖教学方式和方法。③

中华人民共和国成立后，国家大力提倡素质教育，于是有些学者将因材施教作为推动素质教育改革必不可少的方法，进一步丰富了因材施教的内涵。著名教育学家顾明远认为对各个不同的学生必须因材施教，才能够把每个人的才能真正发挥出来，达到全面发展。④

3.1.4　规模化实施阶段(20世纪90年代至今)

20世纪90年代，多媒体、计算机和互联网等信息技术的发展，从"学习资源提供""学习环境创设"等方面为因材施教的规模化实施创造了有利条件。在"学习资源提供"方面，多媒体技术支持形式多样、内容丰富的优质教学资源开发，计算机和互联网技术有助于优质教学资源的传播和推广。教师可以突破时间和空间的局限性，将线上和线下优质教学资源有机衔接、高效结合，

---

① 彭奇林：《有效教学的中国模式——从因材施教到生本教育》，载《湖北函授大学学报》，2017(11)。
② 李光琳：《"因材施教"在我国的历史演进及其现代化》，载《江西社会科学》，2001(3)。
③ 许先利：《陶行知因材施教教育思想探析》，载《绍兴师专学报》，1993(4)。
④ 顾明远：《全面发展与因材施教》，载《江苏教育》，1982(1)。

满足不同学生的学习需求。[1] 教师也可以引导学生利用网络上丰富的学习资源自主开展学习，创新教学和学习方式，提高教学效率和效果，为不同学生的个性化发展创造有利条件。在"学习环境创设"方面，基于计算机和互联网构筑的网络交流平台，突破了传统教室环境的时空限制，使教学交流变得方便和快捷，促进了学生与教师、同学、学科专家之间的联系，有助于学生在学习过程中获得多样丰富的反馈和帮助，提高学习质量和效率。此外，学校、教师和家长也可以在网络交流平台的支持下，就学生学习进展、学习困难、家庭情况、教学计划、教学方法等开展全面的交流，从而促进学生的个性化发展。

21世纪以来，伴随着新课改的实施，学生的个性化需求越来越强烈。我国出台了多个文件予以支持技术与因材施教融合发展。例如，《教育信息化十年发展规划（2011—2020年）》提出"要为每一名学习者提供个性化学习的信息化环境和服务"。教育部部长陈宝生在2020年全国教育工作会议上直接指出"促进教育信息化与因材施教深度融合"。人工智能、大数据等新一代信息技术从学情分析、过程监控、智能评测等方面，为因材施教的规模化实施提供了精准的学生画像和智能的教学服务，使教师更科学地"识材"、更精准地"施教"，助力推进标准、整齐的工业化教育向个性、多样的智能化教育全面转型。[2] 基于大数据和人工智能技术等构建的智慧学习服务系统能够对学生的整个学习过程进行数据化处理[3]，实时捕捉学习者的行为变化，深度分析学习行为数据，把握和预测学习者的需求动态[4]，使教师可以对每个学生的学情数据加以了解，认识每个"真实"的学生。在网络化、数据化、交互化、智能化的学习空间中，基于智能技术提供的全过程、多维度、高效反馈的新手段也可以对学生进行发展性评价，并通过关联的知识网络精准了解学生的知识掌握

---

[1] 钟秉林、方芳：《"互联网+"背景下的教学改革》，载《教育与职业》，2016(19)。
[2] 刘邦奇：《智能技术支持的"因材施教"教学模式构建与应用——以智慧课堂为例》，载《中国电化教育》，2020(9)。
[3] 刘和海、戴濛濛：《"互联网+"时代个性化学习实践路径：从"因材施教"走向"可因材施教"》，载《中国电化教育》，2019(7)。
[4] 邢丘丹、焦晶、杜占河：《云计算和大数据环境下的在线教育交互研究》，载《信息资源管理学报》，2013(3)。

情况，为其推荐适切的学习资源和个性化的教学服务，助力真正实现个性化学习和因材施教的规模化实施，促进学习者转识为智、智慧发展。

▶ 3.2 因材施教的多元理解

因材施教思想虽然源远流长，在国内教育教学思想史上被广泛接受和应用，但人们对它的理解并不完全一致。从孔子到朱熹，再到当今的教育学者，人们对因材施教属性的认识一直处于动态变化之中。文献调研表明，专家学者对因材施教的属性并没有形成统一的认识，对因材施教的理解也各不相同，人们主要从思想理念、基本原则、教育方针、方法策略、综合理解等视角对因材施教进行描述与分析。

表 3-3　因材施教的多元理解概览

类型	主要观点
思想理念类	因材施教是进行全面而有个性的人才培养的重要思想理念。
基本原则类	因材施教是一种指导教育教学的基本原则。
教育方针类	因材施教是反映社会发展需要的教育方针。
方法策略类	因材施教是指导如何培养学生的教育方法策略。
综合理解类	因材施教是一种包含多种含义的综合性概念。

3.2.1　思想理念类

有些学者认为因材施教是一种体现个性差异、推进素质教育和促进全面而有个性的人才培养的重要教育思想理念。周振微认为因材施教是一种体现个别教学的教育思想，融因材施教思想于班级集体教学之中才能取得最佳的教学效果，使素质教育落到实处，培养全面发展基础上有个性的新人。[1] 梁秋英等认为因材施教是有助于推进教育公平进程、践行教育本质内涵、彰显人性之光的重要教育思想，有助于让每一个学生都接受适切的教育，获得最大

---

[1] 周振微：《谈孔子的因材施教与素质教育》，载《当代教育论坛》，2005(20)。

限度的发展。① 袁贵仁提出因材施教是"中国教育梦"——"有教无类、因材施教、终身学习、人人成才"的重要思想内核,是实现中华民族伟大复兴"中国梦"在教育领域的具体体现。② 宋乃庆等认为"中国教育梦"中的因材施教是我国人才培养的重要思想,意指教育个性化,旨在促进个体个性化发展、人人成才,充分体现了"以人为本"的人文关怀精神。③ 这些人都将因材施教作为一种较为宏观的教育思想理念。

3.2.2 基本原则类

有些学者认为因材施教是一种带有普遍性、符合教育客观规律的教育原则。王焕勋认为因材施教是一个带有普遍性的教育原则,是指要根据具体对象的具体条件来进行教育,对不同对象做不同种类、不同性质和不同程度的要求(同时并不排斥对大体上条件相同的对象提出大体上相同的要求)。④ 程志宏⑤、赵年苏⑥认为因材施教是符合马克思主义认识论和方法论、科学地反映教育工作的一条重要原则,可指导教育者在共同的培养目标下对不同的受教育者提出不同的要求,采用不同的教育方法。王卓基于核心素养的大背景,提出因材施教是学生发展个性和养成健全人格必须遵循的一条最基本的原则,既关注学生的差异性,又兼顾全面性。⑦

有些学者将因材施教当作一种教学原则。杨启亮认为因材施教是教学范畴的原则,一切教学问题都要纳入教和学的辩证系统之中,要在教学系统中整体地、联系地、动态地认识因材施教。⑧ 孔祥渊从新课改的角度认为因材施教与新课改的"关注个体差异,满足不同学生的学习需要"有异曲同工之妙,是蕴含着丰富教育思想的教学原则。⑨ 毛礼锐认为因材施教是儒家"教学论"中

---

① 梁秋英、孙刚成:《孔子因材施教的理论基础及启示》,载《教育研究》,2009(11)。
② 袁贵仁:《我的中国教育梦》,载《中国教育报》,2013-03-08。
③ 宋乃庆、罗士琰、陈朝东:《关于"中国教育梦"的思考》,载《教育学报》,2014(3)。
④ 王焕勋:《不必把"因材施教"加在"全面发展"的教育方针上去》,载《人民教育》,1956(10)。
⑤ 程志宏:《因材施教》,载《安徽教育》,1978(9)。
⑥ 赵年苏:《略论"因材施教"的由来》,载《江苏师院学报》,1981(4)。
⑦ 王卓:《基于核心素养背景下"因材施教"的现代教育路径探寻》,载《教育导刊》,2018(2)。
⑧ 杨启亮:《因材施教的理论与实践》,载《教育评论》,1989(3)。
⑨ 孔祥渊:《从"因材施教"走向"商材议教"》,载《教育科学文摘》,2014(4)。

的一个著名原则。[1] 王道俊等认为因材施教是指教师从学生的实际情况、个别差异出发，有的放矢地进行有差别的教学，使每个学生都能扬长避短，获得最佳发展的原则。[2]

有些学者认为因材施教是德育必须遵循的基本准则和要求，是制订德育计划，选择德育内容、方法和组织德育过程的依据。《教育大辞典》提到在思想品德教育中，针对由不同遗传素质、家庭环境、社会关系、个人经历等所形成的不同个性特点，有的放矢地进行教育。[3] 柯远扬认为因材施教是"孔子德育"的一个重要原则，孔子的教育蕴含着道德教育的思想成分，孔子在教育上的因材施教同样适用于德育教育。[4] 袁振国等认为不同层次的道德教育内容，采用不同的教育形式，对学生具有不同的教育功能。[5] 德育的实施受德育目的和受教育者身心发展规律的制约，需要考虑每个学生的心理特点和思想发展特征。

3.2.3 教育方针类

有些专家学者认为因材施教不应当仅仅停留在一般教育教学理念、原则层面上，要上升到国家教育规范的高度，因材施教对教育行为的影响是根本性、普遍性的，其应该作为教育方针。教育方针是指引教育事业前进的方向和目标。教育方针是一个动态概念，是一个历史范畴，不同时代有不同的要求。中华人民共和国成立后，人们曾经对党和国家的教育方针进行过一次集中讨论。讨论是由《人民教育》的一篇文章《实行全面发展教育中若干问题的商榷》引起的，本来是讨论全面发展的内涵问题，后来变成了关于"全面发展"与"因材施教"的讨论。讨论的焦点是针对当时教育实践中忽视个性发展的问题，提出全面发展教育方针中要不要加上"因材施教"。两派意见对立，一派认为应该加上；另一派认为，全面发展中就包含着因材施教。讨论一直延续到

---

[1] 毛礼锐：《儒家的"教学论"初探》，载《北京师范大学学报(社会科学版)》，1979(6)。
[2] 王道俊、王汉澜：《教育学(新编本)》，240页，北京，人民教育出版社，1989。
[3] 顾明远：《教育大辞典》，1903页，上海，上海教育出版社，1998。
[4] 柯远扬：《试论孔子德育的一个重要原则——浅析"因材施教"》，载《福建师范大学学报(哲学社会科学版)》，1986(1)。
[5] 袁振国等：《当代教育学》，219页，北京，教育科学出版社，2004。

1957年上半年，直到毛泽东提出"我们的教育方针，应该使受教育者在德育、智育、体育几方面都得到发展，成为有社会主义觉悟的有文化的劳动者"才停止。

关于"因材施教"是否应作为国家教育方针的大讨论，对我国教育产生了重大影响。张述宜[1]认为，因材施教反映了社会主义建设的需要和青年一代身心发展的规律，应该作为确定教育内容、方法和组织形式的根据。冯海燕[2]提到因材施教是要求教育工作者必须更好地了解学生的具体情况，进一步改进与加强教育工作，促进学生在德育、智育、体育三方面都获得发展的教育方针。经过"全面发展"和"因材施教"的大讨论之后，因材施教虽没有在教育方针的内容中体现，但与因材施教相关的陈述一直存在。[3] 例如，邓小平说："我们在鼓励帮助每个人勤奋努力的同时，仍然不能不承认各个人在成长过程中所表现出来的才能和品德的差异，并且按照这种差异给以区别对待，尽可能使每个人按不同的条件向社会主义和共产主义的总目标前进。"[4]这对因材施教作了辩证唯物主义的分析。近几年，习近平总书记提出的"加快发展伴随每个人一生的教育、平等面向每个人的教育、适合每个人的教育、更加开放灵活的教育"[5]，也体现了因材施教的内涵。

3.2.4 方法策略类

有些专家学者认为因材施教是一种指导教师如何培养学生的教育方法、策略。张萃中认为因材施教在我国教育史上是个有积极意义的、对各个时代都适用的、用以实现教育目的的一种方法或手段。[6] 冯静基于积极心理学的视角认为因材施教是实施教育改革的一种教育方法和模式，教师要针对学生的各自情况采取积极的教学引导，使学生德智体美得到全方位的发展。[7] 胡小凤

---

[1] 张述宜：《关于"因材施教"能否成为教育方针的几个问题》，载《东北师范大学科学集刊》，1956(3)。
[2] 冯海燕：《"全面发展、因材施教"是一个完整的教育方针》，载《人民教育》，1956(12)。
[3] 杨天平：《中国教育方针研究百年》，载《浙江师范大学学报(社会科学版)》，2013(1)。
[4] 《邓小平文选》第2卷，106页，北京，人民出版社，1994。
[5] 《习近平向国际人工智能与教育大会致贺信》，http://www.xinhuanet.com/politics/leaders/2019-05/16/c_1124502111.htm，2020-09-11。
[6] 张萃中：《因材施教只是教育方法，不宜作为方针》，载《人民教育》，1956(10)。
[7] 冯静：《论积极心理学视角下的教育改革》，载《教育探索》，2014(12)。

提出因材施教是基础教育课程改革背景下处理好中小学教学统一要求与顾及学生个体差异之间矛盾的总体策略。① 王宪明等认为因材施教作为一种教学模式，是指在教学过程中，教师根据不同学生的不同特点，采取多种形式的方法和策略来实施教学。②

3.2.5 综合理解类

有些专家学者倾向于把因材施教作为一种综合性概念来理解，包含思想、理念、规律、原则、方法或经验等多种属性和含义。张蕾认为因材施教是一个生成性和发展性的概念，是完整持续的教育过程，是指导整个教育活动的一种思想和理念，也是贯穿着这种思想和理念的教育过程，它包含着教育目的、教育内容、教育方法和教育结果，是目的、内容、方法和结果有机统一的完整教育过程。③ 陈心五认为因材施教既是一种教育思想，也是一条教育、教学原则，应该具体贯彻到学校教育的培养目标、教育内容、方法、评价、管理、组织形式等各要素之中。④ 燕国材认为因材施教不只是教学任务的要求，也是对学生进行思想政治教育和道德品质教育的原则，不只是经过检验行之有效的教育方法，也是教学、教育工作必须遵循的规律，是教育科学不可或缺的组成部分。⑤ 柴崇茵认为因材施教是一个重要的教学原则，它既有方法，也有内容，更有目标，应体现在教学制度、教学计划、教学大纲和教学组织形式上。⑥ 赵晋等将因材施教作为教育信息化2.0时代的一种理想教育形态。⑦

此外，也有一些专家学者没有对因材施教的概念进行明确的属性界定，只是论述了其与教育教学的关系，对其概念属性进行了模糊处理。顾明远提出，因材施教与全面发展相结合是培养社会主义所需要人才的客观规律。⑧ 王

---

① 胡小凤：《论课程改革背景下"因材施教"的教学策略》，载《湖南第一师范学报》，2005(4)。
② 王宪明、华表：《有的放矢 因材施教——清华大学"中国近现代史纲要"课程"因材施教"教学模式探索》，载《思想理论教育导刊》，2011(6)。
③ 张蕾：《对因材施教原则的重新审视与再行反思》，载《教学与管理》，2018(24)。
④ 陈心五：《因材施教的理论依据和应用》，载《东北师大学报(教育科学版)》，1988(1)。
⑤ 燕国材：《个别差异与因材施教浅谈》，载《上海师范大学学报(哲学社会科学版)》，1984(1)。
⑥ 柴崇茵：《对因材施教的重新认识》，载《教育研究与实验》，1990(1)。
⑦ 赵晋、张建军、王奕俊：《大数据思维下教育发展机遇与挑战的再思考》，载《电化教育研究》，2018(6)。
⑧ 顾明远：《全面发展与因材施教》，载《江苏教育》，1982(1)。

策三把因材施教定义为要求照顾个别差异,处理好集体教学和个别教学、统一要求与发展学生个性的对立统一关系。① 褚宏启将因材施教当作教育的基本规律。② 可见,专家学者对因材施教的理解呈多样化的形态。随着时代的发展,人们对因材施教的属性描述和分析将会更加丰富和多元。

▶ 3.3 因材施教的理论基础

因材施教之所以能够传承千古,历久弥新,得到众多教育工作者的关注和尊崇,除了它强调学生个体差异、满足学生不同需求的价值导向外,也因其本身还具有坚实的理论基础。因材施教在哲学、教育学、心理学、脑科学等方面都有充足的科学依据,这些理论依据也是支撑因材施教不断深化发展的重要保障。

3.3.1 哲学基础

马克思主义关于"人的全面发展"的学说为因材施教的实施和教育价值的回归提供了理论支持。③ "人的全面发展"学说的本质是促进人的全面生成、丰富和发展。人的全面发展就是"人以一种全面的方式,也就是说,作为一个完整的人,占有自己的全面的本质"。④ 它体现了作为目的本身的人的本质力量的全面发展以及人性的全面生成、丰富和发展。因材施教是人的一种实践活动,在"人的全面发展"学说的指引下,它的教育价值最终指向应是促成个体完整成人,促进人的全面发展。要理解人的全面发展的内涵,就必须理解人是什么,人是自然属性、社会属性和精神属性的统一体,人的全面发展表现为由人的实践活动和社会关系所决定的完整人性的统一发展。⑤ 人的发展具有

---

① 王策三:《教学论稿》,165页,北京,人民教育出版社,1985。
② 褚宏启:《追求卓越:英才教育与国家发展——突破我国英才教育的认识误区与政策障碍》,载《教育研究》,2012(11)。
③ 方惇颐:《全面发展因材施教问题的初步探讨》,载《华南师范大学学报(社会科学版)》,1957(0)。
④ 《马克思恩格斯全集》第42卷,123页,北京,人民出版社,1979。
⑤ 吴向东:《对人的全面发展内涵的解释》,载《教学与研究》,2004(1)。

几个基本特征：一是协调性。从发展的范围看，人的身体与心理的发展要协调；从发展的内容看，人的德智体诸方面发展要协调；从发展的时序看，整个发展过程不仅是量变的过程，更是质变的过程。因此，人的发展的各个阶段要和谐协调。二是差异性。人的发展过程，既呈现出发展的共同规律，又存在着明显的群体差异与个体差异，存在着个体间和个体内差异。因此，教育需要考虑到人的个体差异性。三是主动性。人的发展的根本动力，不是环境和教育等外部条件，而是个体内部动因。因此，"教育在人的发展中的作用主要是提高人的主体性和主体能力。"[①]人的全面发展具有协调性、差异性、主动性等特点，具体到每一个人，其发展的基准不同，实现全面发展的状况、特点、水平也不同，教育应该围绕每个人的发展特点实施因材施教。

3.3.2 教育学基础

教育教学要"以人为本"，是为了每一个学生的发展。主体教育思想、人本主义教育思想和建构主义学习理论均体现了"以学生为核心"的教育观，为因材施教提供了不同层面的理论支撑。

(1) 主体教育思想

主体教育思想是一种基于主体哲学对教育培养什么样的人以及怎样开展教育活动的认识，是相对于依附性教育或客体教育而言的。它认为人是教育的出发点，人的价值是教育的最高价值，培育和完善人的主体性，使之成为时代需要的社会历史活动的主体，是教育的根本目的。20世纪80年代初，顾明远率先发表文章，提出"学生既是教育的客体，又是教育的主体"的重要观点，引起教育学界的一场大讨论，黄济、王策三、王道俊、郭文安等纷纷发表见解，支持并进一步阐发"学生是教育主体"的观点，逐步形成了主体教育思想（又称为"主体教育论"）。[②] 主体"是从事实际活动的人"，"正如同物有物性，人有人性一样，主体具有主体性，即具有自己的特殊性或质的规定性"[③]。人的主体性是作为活动主体的人，在认识世界和改造世界的过程中所体现的

---

① 胡弼成：《人的主体性：教育与个人全面发展的根本》，载《长沙大学学报》，2000(3)。
② 吴亚、林王学：《主体教育思想评述及重建的一种可能向度》，载《教育研究与实验》，2019(4)。
③ 袁贵仁：《人的哲学》，149页，北京，工人出版社，1988。

人的能动性、自主性、创造性等特征。教学应该树立"学生是发展主体"的观念，要认识到学生具有自我教育能力、有主观能动性和创造性，这是发展能够实现的内在条件。褚洪启等提出应该把主体性的发展本身作为教育目的，看作学生全面发展的核心。"有主体性的人对自身而言，不仅要生存，而且要发展；对他人对社会而言，不仅能适应，而且积极努力，做出贡献。有主体性的人是大写的人，对主体性的呼唤，就是对真正的人的呼唤。"①人的主体性不仅在于参与实践活动，还有赖于通过学习、运用知识去能动地认识世界和改造世界的过程，所以使学生自身的主体性得以不断发展是教学的最高理想。教学要更多关注学习过程而不是结果，鼓励学生参与教学，使全体学生在探究、发现、合作、讨论、交往的活动中彰显主体地位，发挥主体性，并最终实现自我发展。因材施教是教师与学生共同参与的一种教学活动，教师不仅要关注学生的主体性，根据学生的不同需求提供适合的教育，而且应该注重发挥学生的主观能动性，关注学习过程，促进学生探究、合作、自主学习等能力的提升。关注学生的主体性，使学生成为终身学习者，促进学生的主体发展，是主体教育思想给予当代因材施教的重要启示。

(2) 人本主义教育思想

人本主义教育思想是西方一种重要的教育思想②，最早可追溯至古希腊时期，以人的能动性和完整性为根本的理论思想。它主张把人看作自己生活的主动构建者，可以自由地改变自己。在人本主义之前，关于人性的特点主要有两种思想：一种是弗洛伊德的观点，人主要受性本能和攻击本能控制；另一种观点来源于行为主义，走向另一个极端，把人看作较为复杂的动物(如老鼠)，只是对环境中的刺激做出反应，其中没有任何主观的控制。人本主义批判这两种思想忽略了人性中的自由意志和人的价值等重要方面，认为人类心理具有特殊性，反对"人类无法控制自我"的原子物理学和动物心理学的研究方法，主张以整体论取代还原论。人本主义教育思想强调人的成长，认为当人们眼前的全部需要得到满足后，他们并不会感到满意或幸福，而要得到满意或幸福则需永远积极地寻求发展，这就是人的"自我完善"。人本主义教育

---

① 孙喜亭、成有信、褚洪启等：《人的主体性内涵与人的主体性教育》，载《教育研究》，1995(10)。
② 汪基德、席琴：《论人本主义教育思潮对当代教育实验的影响》，载《教育研究与实验》，2002(3)。

思想中对人的认识为因材施教的实施提供了丰富的理论支持，如重视人的价值，强调受教育者的主体地位与尊严，追求人的个性、人性、潜能的发展。人本主义教育家马斯洛认为每个人都具有先天的内在潜能，具有主观能动性。他从需要层次理论出发，提倡教育要允许儿童对自己的发展进行选择，要依靠学生内驱力，开发学生潜能，最终促进学生的自我实现。罗杰斯提倡让学生自由发展，充分发挥自身的潜能，自尊也尊重他人。他提倡"以学生为中心"的非指导性教育，强调人内在的学习动力，主张教育要信任和尊重学生，应以促进学生的自我实现为宗旨，关注学生的心理和精神健康发展。① 人本主义教育思想强调"以人为本"，主张充分尊重学生作为一个人所应有的权利、尊严、自我发展等各种需要，尊重学生的个性存在，提倡教育的最终目标是促进人的自我实现，这都为因材施教提供了重要的启示。

(3) 建构主义学习理论

20 世纪 90 年代以来，建构主义学习理论逐渐成为互联网时代的核心教育理论，为因材施教的有效实施提供了重要的指导。建构主义学习理论是现代学习理论在历经行为主义、认知主义之后的进一步发展，最早可追溯至瑞士的皮亚杰。② 皮亚杰关于建构主义的基本观点提到，个体的认知结构是个体与周围的环境通过同化与顺应的相互作用，逐步建构起来的，并在循环中得到不断的丰富、提高和发展。其中，同化是指把外部环境中的有关信息吸收进来，并结合到个体已有的认知结构（图式）中，实现认知结构数量的扩充；顺应是指当外部环境发生变化时，原有认知结构无法同化新环境提供的信息，而引起的认知结构的重组与改造，实现的认知结构性质的改变。建构主义认为学习是获取知识的过程，知识不是通过教师传授得到的，而是学习者在一定的情境（社会文化背景）下，借助其他人（包括教师和学习伙伴）的帮助，利用必要的学习资料，通过意义建构的方式获得的。要想促进学生学习并实现意义建构，就要创造条件使其成为意义的主动建构者，"情境""协作""会话"和"意义建构"是建构主义理想学习环境的四大要素。建构主义学习理论为因材施教的有效落实提供了重要的启示，一切教学活动的开展都应以学习者为

---

① 唐继亮：《罗杰斯和马斯洛人本主义教育思想的比较》，载《台州学院学报》，2017(5)。
② 何克抗：《建构主义——革新传统教学的理论基础（上）》，载《电化教育研究》，1997(3)。

中心,学生是意义的主动建构者,教师是意义建构的帮助者、促进者。在教学过程中,教师要利用情境、协作、会话等学习环境要素充分发挥不同学生的主动性、积极性,最终使学生有效实现对所学知识的意义建构和智慧发展。

3.3.3 心理学基础

因材施教特别注重学生的个体差异,多元智能理论、最近发展区理论从不同视角揭示了个体差异的心理发展规律,为因材施教提供了科学的心理理论支撑。

(1) 多元智能理论

哈佛大学心理学家加德纳创立的多元智能理论为因材施教的落实提供了重要的理论依据。多元智能理论认为智能本质上是一种生命的心理潜能,几乎所有个体身上都体现了由不同表现形式组成的多种智能的有机组合(只有在那些奇特的个体身上才以单一的形式表现出来)。个体之间的差异在于个体所拥有的多种智能在表现方式和表现程度上的不同。[1] 人类智能不是由遗传决定的,而是受许多因素的影响,人类的认知不是"单一"的,而是"多元"的。每个人都在不同程度上拥有至少像语言智能、数理逻辑智能、视觉空间智能、音乐智能、人际关系智能、内省智能、身体智能、自然智能八种智能。[2] 多元智能理论表明每个人在智力、语言、兴趣、特长等方面都存在差异,每个学生都有自己的强项和弱项,教育者要依据学生的不同智能特点进行有区别的教学,设计符合不同智能特点的教育活动,帮助学生实现富有个性特点的、全面的发展,从而使因材施教真正变成现实。[3]

(2) 最近发展区理论

"最近发展区"概念的提出,为解决因材施教"应该如何教,教到什么程度"提供了重要的理论基础。苏联教育家维果茨基的"最近发展区"理论提到,在教学中只有将学生的最近发展区作为重要参考,才能达到良好的教学效果。维果茨基认为,教学应该符合儿童的发展,教学程度应该与儿童的发展相一

---

[1] 田友谊:《多元智能理论及其对教育的意义》,载《高等函授学报(哲学社会科学版)》,2005(1)。
[2] 霍华德·加德纳:《智能的结构》,兰金仁译,40~60页,北京,光明日报出版社,1990。
[3] 续润华:《多元智能理论及其对我国教学改革的启示》,载《中小学教师培训》,2005(6)。

致。这是毫无疑问的,但关键是如何确定儿童的发展水平。在维果茨基看来,至少应该确定儿童的两种发展水平:一是儿童现有心理机能的发展水平(儿童实际的发展水平),它标志着儿童一些官能的成熟;二是儿童在成人的指导和帮助下所能达到的解决问题的水平(儿童潜在的发展水平)。[①] 这种学生的实际水平与潜在水平之间的距离定为"最近发展区",维果茨基还由此提出了"教学最佳期"这一概念,并指出传统的教学定向于儿童思维已经成熟的特征,处于教学的最低界限,好的教学应该处于"教学最佳期"(即最低教学界限与最高教学界限之间的期限),而"教学最佳期"是由"最近发展区"决定的。[②] 维果茨基强调教学不能仅限于适应学生的现有发展程度,而应该以学生的"最近发展区"为基础设立教学目标,教学只有从这两个水平之间的差异出发才能使学生获得最佳的发展。因材施教正是基于学生的现有水平采取有差别的教育教学活动,以确保教学过程能适应学生的"最近发展区",让学生在学习上不必负担过重,也能不断地进步,将"最近发展区"转变为自己的实际水平。

3.3.4 脑科学基础

脑科学的发展为因材施教提供了科学的生理依据。美国心理生物学家罗杰·斯佩里在20世纪80年代提出的左右脑分工理论,指出脑的左右两半球具有不同的生理机能。[③] 左半脑主要负责语言、记忆、时间、判断、逻辑理解、排列、分类、分析、书写、推理等,擅长言语和逻辑思维,是处理言语,进行抽象逻辑思维、集中思维、分析思维的中心,具有连续性、有序性、分析性等机能,可以称作"语言脑""学术脑""意识脑"。而右半脑则主要负责直觉、情感、身体的动作协调、空间想象、美术、视知觉、音乐节奏、顿悟等,擅长形象思维,是处理表象,进行具体思维、发散思维、直觉思维的中枢,具有不连续性、弥漫性、整体性等机能,可以称作"本能脑""创造脑""艺术脑""音乐脑""潜意识脑"。[④] 随着功能磁共振成像技术(fRMI)等先进技术的发

[①] 王光荣:《维果茨基的认知发展理论及其对教育的影响》,载《西北师大学报(社会科学版)》,2004(6)。
[②] 徐美娜:《"最近发展区"理论及对教育的影响与启示》,载《教育与教学研究》,2010(5)。
[③] 慈玉鹏:《被误读的大脑分工理论》,载《北京科技报》,2017-10-30。
[④] 苏叶兰:《开发右脑记忆英语单词的教学案例分析——基于斯佩里的左右脑分工理论》,载《南昌教育学院学报》,2018(3)。

展，人们对学习和记忆的脑机制开始有了更深刻的了解。虽然两个半脑的机能互相补充，不能以高低、主次来区分，但是不同的人有着不同的大脑单侧化特征，表现为左侧大脑半球优势型和右侧大脑半球优势型两种类型。随着脑科学研究的深入开展，越来越多的证据表明，大脑的单侧化优势会影响人的个性和学习方式，如托伦斯的思维测验显示，有关序列、逻辑、直线性质的问题依赖于左半球的功能，有关适应、直觉、创新的问题则依赖于右半球的功能，还有些问题则依赖于两种功能的结合。脑功能单侧化优势的个体差异为因材施教的实施提供了科学的依据，教学要考虑学生的脑功能特点，提供适切性的教育内容和教育方式，促进学生得到最优的发展。[1]

3.4 因材施教的价值意义

因材施教致力于使每个学生获得"最优发展"，在多个教育教学场景中进行深入有效的实践应用。众多教育教学实践表明，因材施教可以促进学生个性化发展，减轻学生学业负担，提高教学质量，落实"立德树人"根本任务，促进教育公平，提升英才教育和特殊教育水平，助力打造学校生本教育特色品牌。因材施教的价值和意义得到了越来越多的社会认可，有望破解"学生个性化发展""教育质量提升""基础教育资源配置公平"等教育难题，实现学生、教师、学校、家庭、社会的多方共赢。[2]

3.4.1 因材施教有助于促进学生个性化发展

学生个性化发展是学生全面发展的必要条件，也是我国创新型人才培养的必然要求。学生的个性化发展需要教育者在教育过程中考虑到学生自身的兴趣、爱好、志向和特点，满足每个人各不相同的教育需求。因材施教能够为学生提供合适的教育，实施差异性评价，有利于发现、培养学生的优势潜能，将其个

---

[1] 李介、李树宏：《学习方式的个体差异与因材施教的研究综述》，载《大理学院学报》，2002(2)。
[2] 刘邦奇、吴晓如：《中国智能教育发展报告》，157页，北京，人民教育出版社，2019。

性充分展现。① 因材施教通过为学生推送针对性的课程、作业、富媒体资源、学习工具等学习资源,有助于促进学生个性化发展。教师可以借助智能技术发掘引导学生的潜质和兴趣,精准了解学生的学习过程和真实表现,并以此为学生提供针对性的个性化学习规划、课程资源和配套资料②;还可以根据学生的知识掌握情况设计个性化作业和练习题,让每个学生都能在原有的基础上获得不同程度的发展。此外,因材施教还能够关照学生在教育教学过程中的情感差异,根据学生的不同思想状况,采取"以威为主""以德服人""恩威并举"等不同的教育方式③,照顾不同学生的情感状态,取得良好的教育效果。

3.4.2 因材施教有助于减轻学生学业负担

学生学业负担过重一直是困扰基础教育改革和发展的顽症,而因材施教是减轻学生学业负担的关键。一般认为,学生学业负担包括课业负担、心理负担和经济负担。④ 因材施教既可以帮助学生摆脱题海战术,提高作业与练习的质量,也可以通过多元评价,缓解学习压力等心理负担。一方面,因材施教根据学生的个性、认知水平、学习需求等方面的差异,设计个性化作业,提高了作业的针对性和实效性,实现了作业从"量"到"质"的转化⑤,可以帮助学生摆脱题海战术。另一方面,因材施教通过设置分层次目标和多元评价,避免了用"一把尺子"衡量学生,可以帮助学生在学习中获得更多的积极体验,有助于减轻学生的心理负担。值得注意的是,"学生减负,并不意味着教师也减负,从某种意义上说,教师反而要做足'功课':腾出更多的时间去钻研教材教法,备课堂、备学生、备作业,积极探索有效途径,下功夫提高课堂教学效率,以确保减负不减质。"⑥

3.4.3 因材施教有助于提高教学质量

课堂是教师向学生传授知识的主要阵地,课堂教学质量的好坏深深影响

---

① 鄢敦望:《我国教育差异化与人才竞争优势探析》,载《中国人才》,2013(6)。
② 刘邦奇、吴晓如:《智慧课堂:新理念 新模式 新实践》,41页,北京,北京师范大学出版社,2019。
③ 侯一夫:《思想政治教育中的因材施教与情感教育》,载《黑龙江高教研究》,2004(8)。
④ 王贤文、熊川武:《学生自主减负:减负提质的有效路径》,载《中国教育学刊》,2014(4)。
⑤ 何菲:《浅谈农村地区小学生个性化作业的设计》,载《农村经济与科技》,2017(23)。
⑥ 李世华:《减负与增效》,载《人民教育》,2010(2)。

着学生的学业水平。① 在实际课堂教学中，一节课包括教师、学生、教材三个要素和由这些要素构成的教学情境，每一节课的各要素都是变量。② 因此，提高教学质量必须综合考虑课堂教学中各个要素的影响。因材施教根据这三个要素的特点和学生的个性化需求，引导教师践行落实"以学生为中心""教为学服务"的理念，要求教师在教学过程中围绕"以学生为中心、关注学生发展"的课堂育人理念，在课程标准统一要求的基础上充分考虑学生的个体差异，设置多元化的教学目标，选择合适的教学策略与方法，组织灵活多样的课堂实施，为学生提供高质量的教学服务。这有助于打破传统课堂"粗放式""经验化"的局限，深化课堂教学改革，实施精准教学模式，激发和强化教师自我发展意识，促进教学质量的提升。此外，在落实因材施教的过程中，教师也要注意从"课堂内"向"课堂内外结合"转移③，帮助学生合理规划利用课后时间，使学生的自主学习目标更加明确，为后续课堂教学做好知识储备，从而实现课堂内外的有机结合，提高整体教学效益。

3.4.4　因材施教有助于落实立德树人根本任务

党的十八大提出要落实立德树人根本任务。"立德树人"主要分为"立德"与"树人"两个层次，其中"立德"为确立品德、树立德业，"树人"为培植成长、培养成才。"立德树人"不只是德育问题，落实立德树人根本任务，要努力构建德智体美劳全面培养的教育体系，做到"五育"并举、"五育"并重，以"立德"为核心，以"树人"为根本。④ 因材施教从学生思想认识和品德发展的实际出发，根据学生的年龄特征和个性差异进行不同的教育，能够提高学校德育的针对性和实效性。因材施教既能帮助教师挖掘、肯定、发扬学生能力、兴趣、才华与知识，又能帮助教师发现和指出学生的缺点，引导学生正视自己的不良品质，对它们进行抑制、改善与重塑，有利于全面提高学生素质，使学生德智体美劳得到全方位的发展⑤，进而促进落实"立德树人"根本任务，促

---

① 曾小龙：《提高大学课堂教学质量的思考》，载《世纪桥》，2009(3)。
② 陈桂生：《"备课"引论》，载《全球教育展望》，2007(2)。
③ 苏志武：《深化课堂教学改革 提高人才培养质量》，载《中国高等教育》，2012(17)。
④ 冯建军：《构建立德树人的系统化落实机制》，载《国家教育行政学院学报》，2019(4)。
⑤ 冯静：《论积极心理学视角下的教育改革》，载《教育探索》，2014(12)。

进学生思想品德的发展和德智体美劳全面培养教育体系的构建。

3.4.5 因材施教有助于促进教育公平

教育公平包括教育起点的公平、教育过程的公平和教育结果的公平。① 其中，教育起点的公平包括教育权利平等和教育机会均等两部分内容，体现的是"有教无类"的思想。② 教育过程公平就是要在教育过程中，让每个学生都能平等地获得适合其需要的教育资源。教育结果公平主要指不同能力水平的学生都能获得相应等级的教育。教育的公平问题已经成为党和国家乃至全社会关注的焦点。袁贵仁在谈中国教育梦时指出："有教无类、因材施教、终身学习、人人成才，这就是我的中国教育梦。"③党的十八大提出的"让每个孩子都能成为有用之才"、党的十九大提出的"努力让每个孩子都能享有公平而有质量的教育"等相关内容，表明我国对教育公平的关注已经从注重入学机会均等的起点公平转向教育过程质量公平，追求教育结果平等。在推进教育公平的过程中，因材施教承认、尊重、利用学生的个别差异，通过采取开发"多样"校本课程、实践走班制、构建"多元"评价体系等措施，改变课程结构、教学组织形式、评价方式，呵护孩子的兴趣爱好，照顾到不同学生在能力、个性、性别和情感等方面的差异性，遵循了教育公平"差异化原则"。因材施教对具有特殊需要的儿童给予特殊对待，体现了教育公平的"倾斜对待原则"，有利于实现教育过程差异化公平。④ 此外，因材施教通过教师在进行集体施教的同时，根据学生的智力水平、个性特点、志向特长、学习态度和能力等方面的差异，把学生当成活生生的具体的人进行个别教育，能充分挖掘学生的学习潜能，使每个学生都获得进步，将学生培养成不同层次的人才，有利于从结果的角度实现教育的差异化公平。⑤

---

① 顾明远：《因材施教与教育公平》，载《现代大学教育》，2007(6)。
② 辛涛、黄宁：《教育公平的终极目标：教育结果公平——对教育结果公平的重新定义》，载《教育研究》，2009(8)。
③ 袁贵仁：《我的中国教育梦》，载《中国教育报》，2013-03-08。
④ 黄忠敬、孙晓雪：《深入学校内部的教育公平追求》，载《中国教育学刊》，2019(9)。
⑤ 梁秋英、孙刚成：《孔子因材施教的理论基础及启示》，载《教育研究》，2009(11)。

3.4.6　因材施教有助于提升英才教育和特殊教育水平

因材施教作为我国人才培养的重要思想与原则，既可以通过在人才选拔机制、课程建设、教学实施、评价甄别等方面采取有针对性的措施，助力发现和培养英才，也可以通过提高特殊教育的针对性和实效性，促进身心缺陷儿童的健康发展。相比统一教学的"削足适履"，因材施教几乎不浪费"材料"，可以保证绝大多数学生成才，在人才培养上具有更高的效率。①《国家中长期人才发展规划纲要（2010—2020年）》中明确提出，"要遵循社会主义市场经济规律和人才成长规律，加快人才发展体制机制改革和政策创新"，"创新人才培养模式"，"坚持因材施教，建立高等学校拔尖学生重点培养制度，实行特殊人才特殊培养"。《国家中长期教育改革和发展规划纲要（2010—2020年）》中明确提出，"注重因材施教。关注学生不同特点和个性差异，发展每一个学生的优势潜能"，"改进优异学生培养方式，在跳级、转学、转换专业以及选修更高学段课程等方面给予支持和指导"。贯彻因材施教，可以营造拔尖人才选拔和培养的舆论环境和开通绿色通道，有利于为我国拔尖人才的发现和培养创建合适的平台。② 此外，因材施教依据特殊教育对象的身心特点，通过在课程设置、教学内容、学生安置方式和教学人员配置等方面的改革，采取"干预后评鉴"的方式，激发和培养学生的学习兴趣、自信，能够提高特殊教育教学的针对性和实效性，从而有利于促进身心缺陷儿童的健康发展。③

3.4.7　因材施教有助于打造学校生本教育特色品牌

学校教育品牌是在长期的教育实践过程中逐步形成的、为公众认可的、具有特定文化底蕴和识别意义的教育资源，是学校人文精神、行为方式和价值取向的集中体现。④ 良好的学校教育品牌既能够让学校收获荣誉和经济效益，也能监督、促进学校不断进行教育改革，进一步提高教育教学质量。生

---

① 宋乃庆、罗士琰、陈朝东：《关于"中国教育梦"的思考》，载《教育学报》，2014(3)。
② 刘彭芝：《因材施教是真正的教育公平，英才教育不是教育公平的对立面》，http://edu.people.com.cn/BIG5/n1/2019/0202/c1006-30608895.html，2021-03-20。
③ 郑权、张立昌、郑汉柏：《特殊儿童个别化远程教育的设计研究》，载《中国远程教育》，2018(3)。
④ 沈百宗、张幸华：《打造教育品牌，促进区域教育发展》，载《上海教育科研》，2009(3)。

本教育理念作为学校建设的特色品牌，已经成为当今学校教育教学的主流价值观和学校办学的灵魂。① 生本教育倡导全新的教师观、学生观、教学观，鼓励采用个人、小组和班级多种方式的自主学习，实现学生积极、主动、活泼、健康地发展②，具有"面向全体学生的发展、学生的全面发展、学生的差异发展、学生的主动发展、学生的持续发展"等多种内涵。③ 因材施教依据学生的不同特点，为学生提供及时而有针对性的生活建议、制定不同的教学目标和教学方法，使得每位学生都有获得成功的机会，有助于落实人本思想的管理理念，提高学校教育管理和教学管理水平，从而进一步提高学校办学水平。④ 因材施教通过为学生提供多样化、个性化的教学内容和教学方法，鼓励学生开展自主学习、合作学习、探究学习，有利于良好的学风和积极健康的"以生为本"校园文化的形成和建设⑤，助力学校打造生本教育特色品牌。

▶ 3.5　智能时代对因材施教的重新审视

在智能时代的教育实践中，由于教育的目的、组织形式、内容、方式、环境的不断发展变化，人们对因材施教内涵的理解也在不断发展变化，呈现出综合化、融合化、操作化、规模化的发展趋势。

3.5.1　因材施教的整体含义

（1）因材施教的字面理解

从字面意思来看，专家学者普遍认为因材施教的"因"是根据，"施"是实施，"教"是教育活动，对这三个字的含义基本上没有太多的争议，但对"材"有着不同的理解。关于"材"，有的学者认为"材"指的是学生。如方悖颐指出"材"主要是指学生的年龄特征和个性特征，是生理、心理和社会三方面因素

---

① 任虎玲：《生本教育是学校办学的灵魂》，载《中国教育学刊》，2012(S2)。
② 生本教育研究课题组：《生本教育简介》，载《人民教育》，2009(Z3)。
③ 彭奇林：《有效教学的中国模式——从因材施教到生本教育》，载《湖北函授大学学报》，2017(11)。
④ 张京国：《儒家思想对当代高校成人教育管理的启示》，载《中国成人教育》，2012(5)。
⑤ 王刚、徐立青：《大众化高等教育形势下学风建设问题的思考》，载《中国高教研究》，2005(10)。

的统一。① 也有学者认为"材"指的是教材等教学内容,如吴研因在论述因材施教时,提出各级学校的教材必须达到"适可"的程度,使教师容易教,学生容易学。② 此外,有个别学者认为"材"包含社会需要。如崔阶平提出因材施教之"材",不能仅仅限于"个人条件",还应该包括"社会需要"。③ 学者们虽然对"材"有不同的理解,但普遍认为"材"的外延不宜过分扩大,主要指"学生",包括学生的生理、心理和社会差异等各种特征。"因""材""施""教"四个字连起来,即"因材施教",就是指针对不同受教育者(学生)的生理、心理和社会差异,开展适合的教育活动,最终促进学生的个性化成长和全面发展。

(2)因材施教的内在逻辑

专家学者主要从"因材"和"施教"的相互关系以及整体含义上对因材施教的内在逻辑进行了阐释。关于"因材"和"施教"的相互关系,谢开勇认为"因材"是"施教"的前提,"施教"是"因材"的必然,不"因材"就无法"施教",至少"施教"不对路,只"因材"不"施教","因材"就没有任何意义,它们相辅相成,互为条件,是教学系统的双向交流。④ 从中可以看出,"因材"和"施教"具有内在逻辑的一致性,"材"是"教"的依据,"教"是"材"的延续,对"材"的诊断是实施"教"的前提。也就是说,因材施教首先要了解教育对象的志向和才能,其次是如何适应个别差异去进行教学,使教育对象各尽其才。⑤ 因材施教的教育者既包括教师,也包括国家教育行政部门、教育机构或组织的相关人员。由于不同的施教主体在教育中的角色和任务不同,其施教行为也不同。不同的施教主体在教育中的角色和任务不同,其施教行为也不同。⑥

关于因材施教的整体含义,不同的专家学者有不同的认识,有"两层次说",也有"三层次说"。如王炳照认为因材施教包含两层基本含义,一是教育者必须承认受教育者在知识、才能、性格和志趣各方面都存在差异,要从实际出发,

---

① 方惇颐:《全面发展因材施教问题的初步探讨》,载《华南师范大学学报(社会科学版)》,1957(0)。
② 吴研因:《我不反对"全面发展、因材施教"的提法》,载《人民教育》,1956(10)。
③ 崔阶平:《不能把因材施教的方法和全面发展的方针相提并论》,载《人民教育》,1956(9)。
④ 谢开勇:《关于因材施教的断想——兼谈因材施教的内涵与外延》,载《广西师范大学学报(哲学社会科学版)》,1998(3)。
⑤ 毛礼锐:《儒家的"教学论"初探》,载《北京师范大学学报(社会科学版)》,1979(6)。
⑥ 何菊玲:《因材施教原则的教育正义之意蕴》,载《华东师范大学学报(教育科学版)》,2018(2)。

有的放矢地进行教育和教学,避免盲目性;二是教育要满足社会或国家的需要,对受教育者既要有基本的、共同的要求,又要允许发展不同的才能。① 吴建琛则认为因材施教基本含义包括三个方面:一是教师要了解和把握学生的个性特点、学习情况和学习能力等方面的差异;二是教师要从学生的实际出发,能针对不同学生的不同情况组织教学;三是教师在教学过程中要面向全体学生,使之得到全面发展、学有所长。这也是衡量因材施教是否得到贯彻落实的标准。② 综合来看,因材施教的整体含义划分为三个层次更为合理:一是教育者要了解和把握学生的生理、心理和社会等各方面的共同特征和差异,尤其是要了解和把握与教学实施相关的学生的个性特点、学习情况和学习能力等;二是教育者要结合社会需要和教学内容,针对学生的不同情况,采取不同的教育方法;三是教育者在施教过程中要面向全体学生,使之既能全面发展,又能学有所长。

3.5.2 因材施教的特点分析

(1)人本性

人本性即以人为本,尊重人的个性差异。"因材"不仅表现出对"材"的客观差异性的了解和承认,而且充分体现了对"材"的尊重和以"材"为施教依据的正确态度。③ 何菊玲指出因材施教的前提是对受教育者个体差异和特点的尊重与承认,因材施教的目的是保证每个学生通过教育不仅获得生存的能力,而且具有创造自身幸福生活的能力。④ 王卓认为"因材施教"的本质在于以人为本,其价值体现在能够促进学生的个性发展,推动核心素养的实现,满足社会现实需求。⑤ 可见,因材施教不仅体现出对学习者个体差异和学生发展规律的尊重,而且以促进每个人的全面发展和促成个体完整人格的形式作为最终目的,充分体现了以人为本的特点。

(2)规律性

规律性是指因材施教要符合教育客观规律和学生身心发展规律。因材施教

---

① 王炳照:《因材施教与照顾大多数》,载《华中师院学报(哲学社会科学版)》,1980(1)。
② 吴建琛:《旧的课题,新的探索——对因材施教的粗浅认识》,载《课程·教材·教法》,1987(8)。
③ 洪珏:《因材施教在教育史上的地位和作用》,载《南宁职业技术学院学报》,2002(1)。
④ 何菊玲:《因材施教原则的教育正义之意蕴》,载《华东师范大学学报(教育科学版)》,2018(2)。
⑤ 王卓:《基于核心素养背景下"因材施教"的现代教育路径探寻》,载《教育导刊》,2018(2)。

是从教育客观规律中抽象出来的，有可靠的科学基础。燕国材认为因材施教是教育科学不可或缺的组成部分，从理论到实践，都有它足够的科学根据。它的心理依据是学生的个别差异。① 张大均认为因材施教主要依据的是学生的心理、生理差异，既包括年龄差异、能力差异，又包括认知风格（特性）差异等。② 李介等认为，脑功能单侧化优势的个体差异是因材施教的生理依据。③ 由此可见，因材施教是从教育实践中提炼出来的宝贵经验，有教育学、心理学、生理学等方面的科学依据，符合学生身心发展和教育教学的客观规律。

（3）动态性

动态性是指"材"的动态变化以及由此产生的"教"的动态变化。"材"不是天然生成的，更不是固定不变的，而是在现实社会中，特别是在教育过程中，逐步形成和发展的。受到教育过程的影响，"材"必定是动态变化的，教师的"教"也会相应地发生变化。④ 在现代教育体系中，由于学生的层次类型不同（如小学生、中学生、大学生、研究生、博士生），学生所处的学习环境不同，教师的个性品质和作风不同，教学要因人而异，动态变化。⑤ 随着社会的变革和发展，学生的生理、心理等因素也会发生动态的变化，"材"发生了变化，实施的"教"也要动态变化，因材施教整体体现出动态性的特点。

（4）多样性

多样性是指施教形态的多样性和教学方法策略的多样性。谢开勇认为因材施教的形式越来越趋于多样化，如开设辅修班、选修课，开辟第二课堂，建立各类兴趣小组等。⑥ 袁牧认为"教"是主动的、积极的，要充分体现出教育在人的个性形成过程中所起的主导作用。⑦ 因材施教的多样性不仅体现在课程设置的多样性上，还体现在教学模式方法的多样性上，如差异化教学、精准教学、分层教学、适应性学习、自主学习、多元评价等。由此可见，"教"是

---

① 燕国材：《个别差异与因材施教浅谈》，载《上海师范大学学报（哲学社会科学版）》，1984(1)。
② 张大均：《论因材施教的策略》，载《课程·教材·教法》，1998(7)。
③ 李介、李树宏：《学习方式的个体差异与因材施教的研究综述》，载《大理学院学报》，2002(2)。
④ 方惇颐：《全面发展因材施教问题的初步探讨》，载《华南师范大学学报（社会科学版）》，1957(0)。
⑤ 赵淑芳、熊敏鹏：《教师教学风格与因材施教》，载《中国电力教育》，1999(4)。
⑥ 谢开勇：《关于因材施教的断想——兼谈因材施教的内涵与外延》，载《广西师范大学学报（哲学社会科学版）》，1998(3)。
⑦ 袁牧：《"因材施教"应当与"全面发展"并提为方针》，载《人民教育》，1956(12)。

主动的、积极的，由于"材"的差异性和动态变化，落实因材施教的教育活动形式必然会越来越趋于多样化，因材施教必然会呈现出多样性的特点。

(5)适切性

适切性是指因材施教的过程和结果与学生的个体发展相契合，对学生的个体发展有正向的价值作用。张建辉提到教师在施教过程中需要注意学生发展的连续性和整体性，在实践中不断检验与发展，最终实现个体的差异化多元发展。[①] 夏正江认为因材施教最终是为了满足学生不同的学习需求，促进学生在原有基础上得到充分发展，达到自己最佳的发展水平。[②] 由于生理、心理和社会等多种因素的混合影响，学生既有共性特征又有不同的个性差异，因材施教可以为每个学生提供适合其发展的教育活动，促进其达到自己理想的发展水平，体现了适切性的特点。

3.5.3　智能时代考察因材施教的新视角

智能技术背景下的因材施教具有更加丰富的含义和新的时代特征，考察智能时代的因材施教具有五个视角。[③]

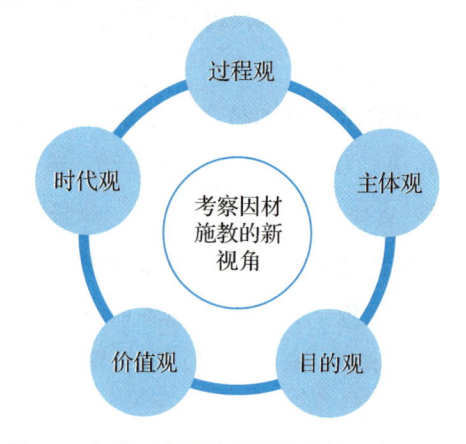

图 2-1　智能时代考察因材施教的五个新视角

[①] 张建辉：《明确"因材施教" 促进个体发展》，载《福建基础教育研究》，2019(11)。
[②] 夏正江：《试论隐性化的因材施教》，载《课程·教材·教法》，2008(11)。
[③] 刘邦奇：《智能技术支持的"因材施教"教学模式构建与应用——以智慧课堂为例》，载《中国电化教育》，2020(9)。

(1)过程观：本源含义——根据学生的差异实施不同的教育

孔子最早实践的"因材施教"的含义其实并不复杂。"因材"是指根据学生的生理特征、心理活动水平和社会差异，"施教"是指实施教育教学活动。因材施教简言之即"根据学习者的差异实施不同的教育"。在这里学习者的差异主要体现在学生的生理、心理和社会差异上，其核心是学生的认知方式和已有认知基础的差异，简称认知差异。学校和教师对学生认知方式和已有认知基础的差异了解得越多，对于教育过程中选择不同的教学方法越有利，越能有效地帮助学生获得那些最重要的新知和技能。因此，在本源含义上，因材施教是一种基于"过程观"的教育方式，是教师在教学过程中根据不同学生的认知方式和已有认知基础等具体差异，提出不同的发展目标，采取不同的教学策略而实施的教育。智能时代的因材施教依然强调过程观，强调根据学生的差异实施不同的教育。

(2)主体观：隐含之义——"谁施教""教什么""为何教"

"因材施教"概念在字面上并没有规定由谁来"因材"和"施教"，也没有明确"教什么""为何教"，因而需要我们对此进行进一步的分析与澄清。[①] 一方面，在早期教学活动中，"因材"和"施教"的主体约定俗成是指"先生"，如孔子等，他们是知识、技艺、思想的掌握者。但在现代教育中，政府、社会、家长等都以不同的方式参与到教育活动中，对受教育者的成长产生影响。因此，"施教"者的范畴大大拓展。另一方面，"施教"不仅仅是"怎么教"，即教的方式方法问题，还包括"教什么""为何教"，即教的内容、教育目的与意义，在某种意义上后者在教育过程中更为重要。智能时代因材施教的主体既可以是显性的人类教师，也可以是隐性的机器教师。

(3)目的观：目标结果——促进学习者全面而有个性的发展

早期的"因材施教"概念本身似乎没有明确的"施教"目的和宗旨，强调在教育过程中要针对不同学生的特点实施不同的教育，是一种基于过程的因材施教。这种因材施教注意到了学生起点的差异性以及在学习过程中的针对性、适切性，却忽略了对终点目标和结果的要求。据此，有研究者提出了基于结果的因材施教，对教育结果的差异性予以确认，对因材施教的目标、结果、

[①] 何菊玲：《因材施教原则的教育正义之意蕴》，载《华东师范大学学报（教育科学版）》，2018(2)。

含义予以修正。研究者通常认为"因材施教"的基本目的是促进学习者的个性化发展。因材施教要求教师充分考虑学生的个性，采取有针对性的教学内容和教学方式，对差异进行适当引导，最终实现学生的个性化发展。因材施教的核心在于差异化的培养。① 基于结果的因材施教往往忽略了学习者的全面发展。现代学校是专门的教育机构，教育成为人和社会发展的重要支柱，教育担负着实现人类个体发展和社会发展的双重使命。马克思曾说，未来社会是"以每个人的全面而自由的发展为基本原则的社会形势"，并把这种社会叫作"自由人的联合体"。人发展的终极目标是"全面而自由的发展"②。其中，"全面"是人发展的基础，"自由"是人发展的归属。每个人的发展都是基于他已有的基础、需要和个性的，都有自己的特征。因此，因材施教既关注学生的差异性，又兼顾全面性，是促进学生个体素养全面和谐发展的重要教育原则。③ 智能时代的因材施教是为了促进人的全面而有个性的发展。

（4）价值观：社会价值——实现全纳、公平、有质量的教育

2015年5月，联合国教科文组织在世界教育论坛上发布的《仁川宣言》"2030年教育：迈向全纳、公平、有质量的教育和全民终身学习"中提出，致力于消除在入学、参与和学习成果中任何形式的排斥、边缘化、不一致和不平等，任何教育目标都应该满足所有人的需求。"全纳教育"认为学生是有差异的，主张"面向每一个学生，关注每一个学生"，提倡平等性和多样化，坚持面向全体、因材施教，拾遗补缺，以满足不同层次学生的学习需求，关照每一位学生的发展，使所有学生都能接受适合的教育，让每位学生都得到最优化发展。④ 正如杨宗凯指出的：古今中外，实现全纳、公平与有质量的学习一直是教育追求的梦想。个性化学习已成为世界各国教育创新改革的重点。全纳教育的宗旨是促进教育民主与教育平等，倡导合作与参与，关注所有学生的发展，这与我国当前新课程改革的理念颇有相通之处。全纳教育之"全纳"是建立在学生差异性基础之上的，由于学生间差异的存在，多元化的差异

---

① 梁秋霞、文敏琳：《基于个体差异下的因材施教》，载《基础教育研究》，2017(17)。
② 《马克思恩格斯全集》第23卷，649页，北京，人民出版社，1972。
③ 王卓：《基于核心素养背景下"因材施教"的现代教育路径探寻》，载《教育导刊》，2018(2)。
④ 何君虹：《以"全纳"视角实践"因材施教"》，载《新教师》，2014(6)。

教学就成为必要。① 教师在课堂教学中要面向全体学生，照顾个别差异，有的放矢地开展差异教学以满足学生的不同需求。顾明远指出，"人是有差异的，社会需要的人才是多样的，因此一定不能忘记差异性的教育。要为不同的学生提供最适合他们的教育，才是最大的公平。在发展优质教育的时候，要特别重视因材施教，培养不同的人才"。② 教育公平并非意味着对所有学生都必须施行相同的无差别的教育，而是应该为每一个学生提供发挥自身潜能的机会，帮助学生实现可持续发展。这既是因材施教概念的核心意涵之一，也是因材施教所追求的理想目标。③ 智能时代的因材施教主张利用各种智能技术，满足社会的全纳、公平、有质量的教育。

(5)时代观：时代要求——适应多样化创新性人才培养需要

智能时代的人才培养需求发生了重大变化，培养创新型人才是建设创新型国家的需要，而注重学生的个性化发展是培养创新型人才的先决条件。④《国家中长期教育改革和发展规划纲要(2010—2020年)》指出："树立多样化人才观念，尊重个人选择，鼓励个性发展，不拘一格培养人才。"与工业化时代规模化、机械化和程序化的生产模式下的教育培养出的严格服从和高度专业化、标准化的人才相比，智能化时代大规模、个性化、自动化的智能制造模式需要教育培养的是有创新能力和个性特长的多元人才。近年来，以机器学习、深度学习等技术为支撑的新一代人工智能技术的发展，对个性化学习进行了重塑和再造。人工智能技术可以为学习者的个性化学习提供技术支撑，促进学习者"21世纪能力"的获得。核心素养是21世纪人才培养的关键。因材施教既能促进学生个性的发展，也能促进教育质量的提高，使整个教育领域得到创新，真正实现核心素养的培养。因材施教的教育思想与核心素养所倡导的教育理念是相符合的，符合核心素养的需求。随着核心素养的不断推广和发展，因材施教越来越得到关注，凸显其价值所在。⑤《教育信息化十年发展规划(2011—2020年)》也提出"努力为每一名学生和学习者提供个性化学习、

---

① 王晓、刘红梅：《全纳教育视角下的课堂教学原则探析》，载《教育科学论坛》，2007(8)。
② 顾明远：《因材施教与教育公平》，载《现代大学教育》，2007(6)。
③ 张蕾：《对因材施教原则的重新审视与再行反思》，载《教学与管理》，2018(24)。
④ 李娜：《基于学生个性化发展的创新型人才培养思考》，载《科教导刊(中旬刊)》，2012(4)。
⑤ 王卓：《基于核心素养背景下"因材施教"的现代教育路径探寻》，载《教育导刊》，2018(2)。

终身学习的信息化环境和服务"。因此，新时代需要借助智能科技的力量，推进标准化、规模化的工业化教育向个性化、多样化的智能化教育全面转型，促进"因材施教"的落实，加快发展适合每个人的教育。①

3.5.4 智能时代因材施教的新内涵

根据前述对因材施教整体含义、内在逻辑、特点的分析和对智能时代因材施教的审视，可以看出，智能技术背景下的因材施教具有丰富的含义和新的特征。所谓智能时代的因材施教，就是因材施教思想和原则在智能技术背景下的深化发展与创新应用，通过人工智能、大数据等智能技术为教学系统赋能，助力因材施教的落实和规模化因材施教的实施，创新智能化、个性化教育教学模式，发展适合每个人的教育，促进学习者全面而有个性的发展。

准确理解智能时代的因材施教的内涵，应重点把握其以下几个方面的含义：一是综合化。因材施教是一个综合性概念，主要指的是一种重要的教育思想和原则，内在地包含着教育目的、教育内容、教育方法、教育手段、教育过程和教育结果，指导和贯穿整个教育实践活动，并呈现出具有时代特征的不同的教学形态。二是融合化。智能时代的因材施教教育实践和教学形态离不开智能技术的支撑，用技术为教学系统增能、使能、赋能，实现技术与因材施教的深度融合，助力科学识材、精准施教和智能评价，呈现出智能技术背景下因材施教的典型特征。三是操作化。因材施教思想和原则一直得到人们的普遍重视，但实践中教师普遍感到难以操作实施，从"因材施教"走向"可因材施教"，往往缺少可操作的方法手段，基于智能技术建立多样化的因材施教教学模式，有助于解决这一难题。四是规模化。因材施教思想的出现已有两千多年，依靠教师经验分析学情、一对一的因材施教在班级授课模式下难以实施，互联网、大数据、人工智能等技术的运用有效解决了这一问题，规模化因材施教和个性化教育在智能时代得以真正实现。

在实践中，我们可以基于智能技术构建与应用因材施教教学模式，可以

---

① 刘邦奇、吴晓如：《中国智能教育发展报告》，157 页，北京，人民教育出版社，2019。

将因材施教教学过程进行模型化处理,建立因材施教的层级模型。[①] 智能技术助力因材施教包括"识材""施教""发展"三个层级,层级之间层层递进。一是"识材"。教育者要了解和把握学生的生理、心理和社会等各方面的共同特征和差异,尤其是要了解和把握与教学实施相关的学生的个性特点、学习情况和学习能力等。这里的教育者既包括教师,也包括教育行政部门、教育机构或组织的相关人员以及家长等。智能技术用以辅助学情分析、科学识材。二是"施教"。要结合社会需要和教学内容,针对学生的不同情况,采取不同的教育方法,提供适合的教育教学服务,响应习近平总书记提出的"充分发挥人工智能优势,加快发展伴随每个人一生的教育、平等面向每个人的教育、适合每个人的教育、更加开放灵活的教育"的时代呼唤。[②] 用智能技术可以实现以学定教、精准施教。三是"发展"。施教过程要面向全体学生,使之既能全面发展,又能学有所长,通过规划个性化发展路径、多元评价反馈等,促进学习者全面而有个性的发展。智能技术用于助力智能测评、多元评价。根据以上层级模型,可以构建基于智能技术的多种类型因材施教教学模式(详见第5章),如基于大数据精准教学系统的因材施教教学模式、基于自适应学习系统的因材施教教学模式、基于智慧课堂信息化平台的因材施教教学模式等,使得智能时代的规模化因材施教真正落地应用。

[①] 刘邦奇:《智能技术支持的"因材施教"教学模式构建与应用——以智慧课堂为例》,载《中国电化教育》,2020(9)。
[②] 《习近平向国际人工智能与教育大会致贺信》,http://www.xinhuanet.com/politics/leaders/2019-05/16/c_1124502111.htm,2020-09-11。

第4章 助力因材施教的智能技术

因材施教的规模化实施离不开智能技术的支撑。在传统班级授课制下，教师难以准确把握每位学生的学情，难以为每位学生提供针对性教学指导，难以为每位学生的发展提供个性化的建议与规划，而智能技术为因材施教的规模化实施提供了重要的技术支撑。本章主要研究和构建助力因材施教的智能技术框架，并讨论与因材施教场景进行不同程度耦合的智能技术。

▶ 4.1 助力因材施教的智能技术框架

4.1.1 助力因材施教的智能技术概述

因材施教的实施受到多方面因素的限制，如大班额授课、教师教学投入程度、学校管理等。《2019年全国教育事业发展统计公报》统计显示，基础教育阶段的生师比约为15∶1，采取较大班额的课堂教学仍为当前教育主流。教师在实施教学活动时，面对的学生基数较大。充分了解每位学生的学情，开展针对性的教学，并为每位学生提供个性化的学习指导与发展规划建议，对于每位教师都是一个艰巨的挑战。随着智能技术的发展，教师可以借助学情分析、学习者画像等技术应用，快速、全面地了解学生的个性特征和差异；借助智能推荐、智能助教、智能答疑等技术应用，开展个性化资源推送和有针对性的教学指导；借助智能评测、学习路径规划等技术应用，促进学生实现全面而有个性的发展。这些技术是以人工智能、大数据、云计算为代表的智能技术与具体的教育场景进行耦合而产生的，可以从工具应用、数据决策和智能服务等方面为教师开展因材施教提供支撑。

由此可见，智能技术在因材施教从理念到落地应用过程中，起到了关键性的助力作用。参考美国《通过教育数据挖掘和学习分析促进教与学》报告中对教育数据挖掘与学习分析等应用在教育中的智能技术的定义方式，我们将助力因材施教实现的智能技术定义为技术研究领域。探索能够助力因材施教理念落地、并能解决实施过程中具体问题的智能技术研究领域，是落实因材施教工作的重点与难点。智能技术助力因材施教的价值主要体现在两个方面：一方面，利用人工智能、大数据等智能技术，帮助探索与发现因材施教应用的规律；另一方面，基于对因材施教应用规律的认知，利用智能技术解决因材施教活动中的具体问题。

助力因材施教的智能技术研究领域涵盖的技术项比较多，根据智能技术与因材施教场景的耦合程度，大体可分为三个研究层次。第一层次为研究能解决教育行业普遍问题，可直接移植使用的通用智能技术，如人工智能、大数据、云计算等；第二层次为研究解决教育行业普遍问题，且与教育进行融合的智能技术，如教育知识图谱、教育数据挖掘、学习分析等；第三层次为研究解决具体教育场景问题，且结合因材施教进行定制的智能技术，如面向教师备课场景的大数据学情分析技术、面向学生考试场景的语音智能评测技术等。助力因材施教的智能技术的三个层次如图 4-1 所示。

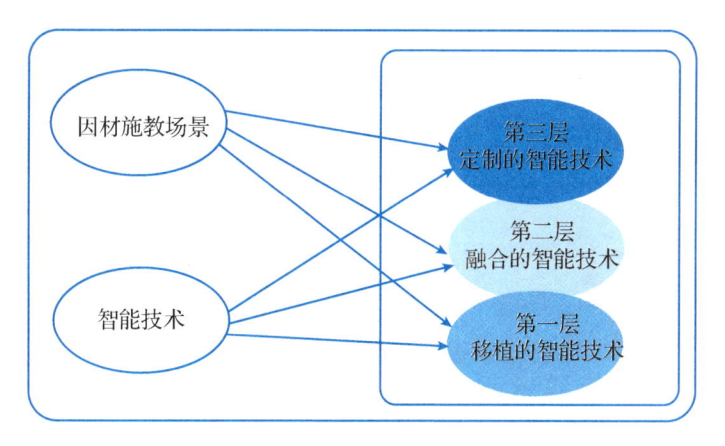

图 4-1 助力因材施教的智能技术

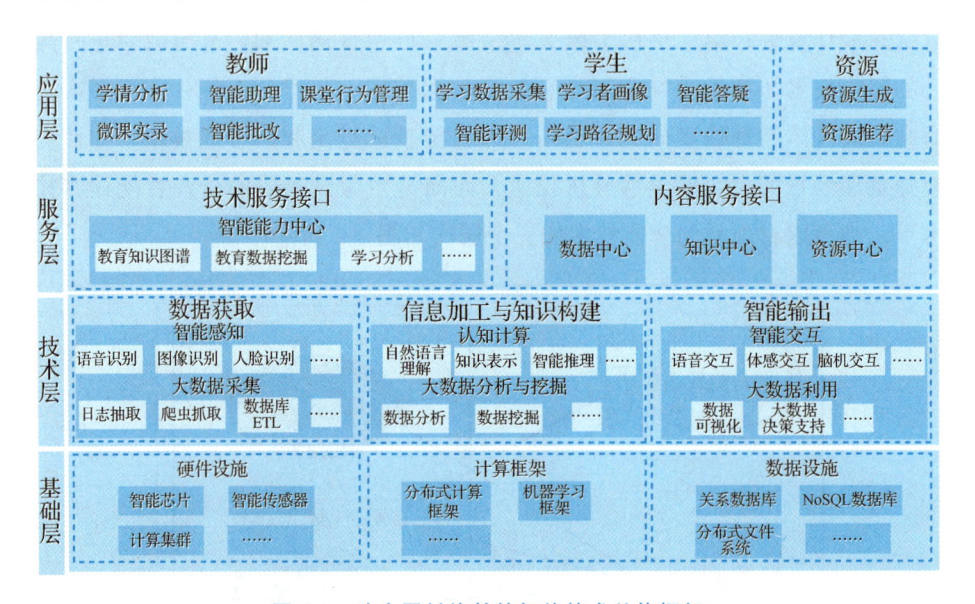

4.1.2 助力因材施教的智能技术总体框架

助力因材施教的智能技术研究领域包含不同学科、不同维度的关键技术与领域知识，可以通过构建"因材施教智能技术平台"，降低开发与使用的门槛，并为教育信息化应用系统提供智能技术支撑，使其具备支撑教师开展因材施教的能力。从研究范围来看，助力因材施教的智能技术是智能技术在特定教育领域中的具体应用，研究助力因材施教的智能技术框架，可在智能教育关键技术总体框架下规划与设计。我们已经对智能教育体系及其应用进行了系统研究，并且提出了"智能教育关键技术平台参考框架"。[①] 基于该体系架构，并结合因材施教场景下技术应用特点，这里我们进一步提出"助力因材施教的智能技术总体框架"，作为"因材施教智能技术平台"的技术概念模型，并为平台的设计与开发提供技术与理论参考。如图4-2所示。

图 4-2 助力因材施教的智能技术总体框架

总体上，助力因材施教的智能技术总体框架由基础层、技术层、服务层、应用层四层架构组成，具体内容如下。

[①] 刘邦奇、吴晓如：《中国智能教育发展报告》，53~55页，北京，人民教育出版社，2019。

（1）基础层

基础层是框架的基础，提供基础的软硬件工作环境，包括各类硬件基础设施，并通过对成熟的分布式存储、分布式计算和机器学习框架或系统的集成，为技术层、服务层和应用层提供统一的存储、计算和建模能力。其中，机器学习框架集成多种机器学习算法，常见的算法包括逻辑回归、决策树、支持向量机、贝叶斯分类器、神经网络等。需要特别指出的是，采用"深度神经网络"的机器学习也被称为"深度学习"，这是当前研究的重点与热点。

（2）技术层

技术层是框架的核心，提供人工智能和大数据等智能技术在通用领域的具体实现方法、原理、技术流程，包括从数据获取、信息加工与知识建构到智能输出各流程涉及的各项智能技术。人工智能技术提供从智能感知、认知计算到智能交互各阶段涉及的相关技术，大数据技术提供从数据采集、数据分析与挖掘到数据利用各阶段涉及的相关技术。技术层及基础层主要对应因材施教技术研究领域中人工智能、大数据与云计算等可直接移植的通用智能技术。

（3）服务层

服务层是框架的关键，提供通用智能技术与教育领域相结合的服务接口，包括技术服务接口和内容服务接口两部分。技术服务接口将教育知识图谱、教育数据挖掘、学习分析等与教育融合的智能技术进行封装，并以智能能力中心的形式统一输出。内容服务接口在智能技术基础上融合教育领域知识，实现对教育内容的统一管理、维护与输出，支持教育数据、教育知识、教育资源的对外统一输出。服务层主要对应因材施教技术研究领域中教育知识图谱、教育数据挖掘、学习分析等与教育进行融合的智能技术。

（4）应用层

应用层是框架的实践，提供智能技术在因材施教教学场景中的具体技术应用，参考教学系统要素的分类方式对因材施教相关技术进行分类，包括教师、学生、资源三个要素中涉及的支撑因材施教实现的各类常见技术。在资源中应用的有资源生成、资源推荐等智能技术；帮助教师开展差异教学的有学情分析、智能助理等智能技术；促进学生实现个性化学习的有智能评测、

学习路径规划等智能技术。应用层主要对应因材施教技术研究领域中学情分析、学习数据采集、资源推荐等结合因材施教具体场景进行定制的智能技术。

▶ 4.2　与教育融合并助力因材施教的智能技术

通用技术在与教育场景融合后形成了可解决教育行业普遍问题的智能技术，如教育知识图谱、教育数据挖掘、学习分析等，在助力因材施教的实施中发挥了关键作用。人工智能与大数据等智能技术在与教育深度融合应用的过程中进一步发展，并形成新的技术研究领域。这些研究领域下接移植的通用智能技术，上承因材施教的定制技术应用，助力因材施教的规模化实施。知识图谱作为助力人工智能从"感知智能"向"认知智能"进阶的重要基础[1]，在教育中应用形成教育知识图谱，通过构建知识之间的联结，可为学生构建个性化学习者画像、提供适应性诊断与个性化推荐。教育数据挖掘和学习分析作为教育大数据的关键技术[2]，在教育领域的深入应用，为因材施教的落地应用带来了新的机遇。教育数据挖掘利用数据挖掘技术对教育数据进行挖掘分析，使数据变得有价值，为教师和学生提供反馈与建议。学习分析综合利用如统计分析、社会网络分析、数据挖掘等各种分析方法，能够更准确地分析学生的需求和特点，能够精准挖掘与深入分析历史学习数据，从而准确地评估学习过程、发现潜在问题和预测未来表现。[3] 总之，智能技术可助力因材施教由理念向实践的转变。

4.2.1　教育知识图谱

教育知识图谱是知识图谱技术与教育领域知识相结合形成的一个新的技术研究领域。教育知识图谱可从大量无序的信息资源中重构知识之间的连接，

---

[1] 李振、周东岱、王勇：《"人工智能＋"视域下的教育知识图谱：内涵、技术框架与应用研究》，载《远程教育杂志》，2019(4)。
[2] 胡水星：《大数据及其关键技术的教育应用实证分析》，载《远程教育杂志》，2015(5)。
[3] 祝智庭、彭红超：《信息技术支持的高效知识教学：激发精准教学的活力》，载《中国电化教育》，2016(1)。

有效组织各学科的知识体系,为实现精准化教学、个性化学习等提供前所未有的发展空间。[①]

(1)知识图谱

知识图谱是通过实体和关系来描述客观世界中的概念及其相互关系的一项技术,是智能时代大数据的前沿研究方向。知识图谱概念源自"语义网"。1998年,蒂姆提出了"语义网"的概念,其核心思想是在网页数据中添加能够被计算机理解的语义信息,从而提升机器的理解能力。知识图谱与传统语义网络最大的区别是其能够基于大数据技术、自然语言处理技术以及深度学习技术,进行知识网络的智能化构建。知识图谱提供了从"关系"的角度去认识世界的能力。对机器而言,知识图谱就是对人类知识结构的抽象表示,构建知识图谱的过程就是在建立机器对于世界的认知。[②]

当下学术界谈及的知识图谱主要有两大类:一类是应用于文献分析的"科学知识图谱",属于信息资源管理领域;另一类是谷歌(Google)公司于2012年提出的"大规模知识图谱",属于计算机科学领域。当下人工智能领域谈及的知识图谱主要指谷歌公司所提出的知识图谱。有研究者将知识图谱定义为描述实体和实体关系的一张图,它的本质是一种语义网,用来描述真实世界中的各种实体。从组成的要素来说,知识图谱主要由节点和边组成,每个节点对应现实世界中存在的"实体",每条边表示实体与实体之间的"关系"。其基本组成单位是"实体—属性—属性值"或"实体—关系—实体"。[③]

知识图谱涉及的技术包括:第一,知识抽取,即从各种类型的数据源中提取出实体、属性以及实体间的相互关系,在此基础上形成本体化的知识表达;第二,知识表示,分布式的知识表示形成的综合向量对知识库的构建、推理、融合以及应用均具有重要的意义;第三,知识融合,在获得新知识之后,需要对其进行整合,以消除矛盾和歧义,如某些实体可能有多种表达,某个特定称谓也许对应多个不同的实体等;第四,知识推理,指从知识库中已有的实体关系数据出发,经过计算机推理,建立实体间的新关联,从而拓

[①] 李振、周东岱、王勇:《"人工智能+"视域下的教育知识图谱:内涵、技术框架与应用研究》,载《远程教育杂志》,2019(4)。

[②] 同上。

[③] 李振、周东岱:《教育知识图谱的概念模型与构建方法研究》,载《电化教育研究》,2019(8)。

展和丰富知识网络。① 具体技术如图 4-3 所示。

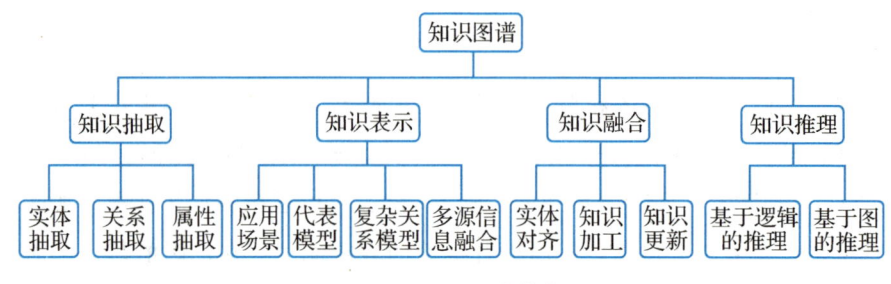

图 4-3 知识图谱技术

(2)教育知识图谱

知识图谱一般分成通用知识图谱和领域知识图谱，教育知识图谱是知识图谱在教育领域的拓展应用，属于领域知识图谱。

教育知识图谱通过研究知识图谱技术在教育领域中的融合应用，帮助机器获得教育领域的认知能力和理解能力。教育知识图谱是一种以知识元为节点，根据其多维语义关系进行关联，在知识层面和认知层面上表示学科领域知识和学习者认知状态，可用于知识导航、认知诊断、资源聚合、路径推荐的知识组织与认知表征工具。②

教育知识图谱的技术框架包括③：第一，知识本体构建，采用本体构建的方法描述知识体系的框架，构成知识图谱的模式；第二，命名实体识别，通过信息抽取技术识别教学资源中的实体对；第三，实体关系挖掘，在实体识别的基础上，进一步判断实体之间存在的语义关联关系；第四，知识融合，指对来自多个数据源的实体信息进行融合的过程，用于消除知识抽取过程中存在的歧义信息。具体内容如表 4-1 所示。

---

① 徐增林、盛泳潘、贺丽荣等：《知识图谱技术综述》，载《电子科技大学学报》，2016(4)。
② 李振、周东岱：《教育知识图谱的概念模型与构建方法研究》，载《电化教育研究》，2019(8)。
③ 李振、周东岱、王勇：《"人工智能+"视域下的教育知识图谱：内涵、技术框架与应用研究》，载《远程教育杂志》，2019(4)。

表 4-1　教育知识图谱

技术流程	常用方法	说明
知识本体构建	人工法：指在大量学科专家的协助与指导下，采用人工方式手动构建知识本体。 自动法：指利用知识获取技术、机器学习技术以及统计分析技术，从数据资源中自动抽取知识本体、自动构建领域本体的方法，主要有三种，即基于文本的自动构建方法、基于词典的自动构建方法和基于本体学习的自动构建方法。 半自动法：介于人工法和自动法之间，利用技术手段时辅以相关学科专家的指导，在减轻专家劳动力的同时又能提升本体构建的准确性。	知识本体是教育知识图谱的框架和抽象模型，是图谱最底层的模式结构，能在很大程度上辅助教育知识图谱的构建。知识本体构建的内容，包括实体元素类型、实体所具有的属性以及语义关系类型。
命名实体识别	基于词典和规则的方法：先由学科领域专家和语言学者手工制定相应的领域词典或规则模板，而后采用正则表达式进行匹配。 基于机器学习的方法：如隐马尔可夫模型、最大熵模型、条件随机场模型等。 基于深度学习的方法：基于神经网络模型，并结合窗口法与句法分析法的命名实体识别方法。	实体是教育知识图谱中最基本的元素，实体识别就是利用计算机的方法自动从互联网的文本中发现命名实体，这是自然语言处理中的一个基础任务，也是教育知识图谱构建过程中最基础、最关键的步骤。
实体关系挖掘	有监督的学习方法：从标签化训练数据集中推断出函数的机器学习任务。 半监督的学习方法：使用大量的未标记数据，同时使用标记数据，来进行模式识别。 无监督的学习方法：根据类别未知(没有被标记)的训练样本解决模式识别中的各种问题。	实体关系挖掘能够判别已经识别出的实体，是否具有指定的语义关系类型。
知识融合	实体链接：是指将抽取的实体对象链接到知识图谱的过程。 知识合并：是指将其他知识库或结构化数据中的知识，合并到当前的知识图谱中。	知识融合技术主要用于消除实体本身及其语义关系中的矛盾和冲突，以保证知识图谱构建的质量，包括实体链接和知识合并两项技术。

(3)教育知识图谱的应用场景

教育知识图谱在实际教学应用中可以分为两类。一是静态知识图谱。该类图谱是以教学过程中涉及的元素为实体节点、以教学元素间的逻辑关系为边,形成的语义网络。这里的教学元素既可以指学科中的知识点(概念、公式、定理、原理等),也可泛指教材、课程、教学资源、知识主题、知识单元、教学目标、教学问题、教学参与者、教学情境等。二是动态事理图谱。该类图谱是以教学事件或教学活动为表征对象,以逻辑事理关系(顺承、因果、反转、条件、上下位、组成等)为边,构成的多关系图。静态和动态教育知识图谱在教育大数据智能化处理、教学资源语义化聚合、智慧教学优化、学习者画像模型构建、适应性学习诊断、个性化学习推荐、智能教育机器人等方面均有广泛应用。[1] 当前知识图谱的构建方式包括全自动、半自动、全手工三种方式。全自动的构建方式由于当前的技术限制,准确率不能令人满意。而全手工构建的方法虽然保证了准确性,却需要花费巨大的人力和时间成本。因此,如何协调准确率和效率,以便高效准确地构建出知识图谱,是迫切需要解决的一大难题。

4.2.2 教育数据挖掘

随着计算机网络和信息技术的迅猛发展,人类已进入大数据时代。大数据的出现将会对社会各个领域产生深刻影响。教育领域作为社会领域的重要组成部分,不可避免地受到信息技术和数据变革带来的影响,各类教育系统与应用层出不穷,与此同时,产生了大量的教育数据库和教育数据。这些数据库和数据为探索和研究教育问题提供了一个巨大的"宝库"。[2]

(1)数据挖掘

数据挖掘是大数据的核心技术,可以从大量的数据中发现隐藏的模式与知识。大数据技术可划分为数据生成、数据存储、数据处理、数据分享、数据检索、数据分析、数据可视化7个部分。其中数据分析是大数据技术领域

---

[1] 李振、周东岱、王勇:《"人工智能+"视域下的教育知识图谱:内涵、技术框架与应用研究》,载《远程教育杂志》,2019(4)。
[2] 雷晓锋、杨明:《教育数据挖掘的研究进展与趋势》,载《北京航空航天大学学报(社会科学版)》,2018(4)。

中最核心、产生直接价值的部分。在大数据分析方面，有统计分析、机器学习、数据挖掘等丰富多样的分析方法。数据挖掘是从大量的、不完全的、有噪声的、模糊的、随机的实际应用数据中，提取隐含其中的、人们事先不知道的、但又是潜在有用的信息和知识的方法，是统计学、数据库技术和人工智能技术的综合运用，是通过在数据库管理系统上综合运用统计和机器学习的方法从大数据中提取出模式的一组技术。① 常见的数据挖掘方法有关联规则、聚类分析、分类分析、序列分析、偏差检测、预测分析、模式相似性挖掘和回归分析等。

(2) 教育数据挖掘

教育数据挖掘主要研究数据挖掘技术在教育领域中的融合应用。1995年，数据挖掘首次应用于教育领域。人们在应用过程中发现教育数据具有多层次结构、情境多元性、采集的差异性、时间跨越性等独特性。后来数据挖掘结合教育业务特性，逐渐形成教育数据挖掘这一新的研究领域。

有学者指出教育数据挖掘是计算机科学、教育学与统计学等学科相结合的交叉研究领域。国外学者罗梅罗认为，教育数据挖掘就是要开发、研究和应用计算机和网络技术的方法，从大量的难以或不可能进行分析的教育数据中进行模式的检测。② 并在后续教育数据挖掘研究系列丛书中提出，教育数据挖掘也可以理解为：为了解决重要或关键的教育问题，数据挖掘技术在教育环境这个特殊类型数据集中的应用。数据挖掘在教育系统中的应用是一个形成假设、测试、改进的迭代循环过程。③ 美国《通过教育数据挖掘和学习分析促进教与学》报告中提出的教育数据挖掘，是指综合运用数学统计、机器学习和数据挖掘的技术和方法，对教育大数据进行处理和分析，通过数据建模，发现学习者学习结果与学习内容、学习资源和教学行为等变量的相关关系，来预测学习者未来的学习趋势。④ 国际教育数据挖掘协会（IEDMS）认为，教

---

① 张锋军：《大数据技术研究综述》，载《通信技术》，2014(11)。
② Cristóbal Romero, Sebastian Ventura and Mykola Pechenizkiy, et al. *Handbook of Educational Data Mining*. CRC Press：2010-10-25.
③ Cristóbal Romero, Sebastian Ventura and Mykola Pechenizkiy, et al. *Handbook of Educational Data Mining*. Taylor and Francis：2012-06-15.
④ 徐鹏、王以宁、刘艳华等：《大数据视角分析学习变革——美国〈通过教育数据挖掘和学习分析促进教与学〉报告解读及启示》，载《远程教育杂志》，2013(6)。

育数据挖掘是一门新兴的学科，通过一些发展中的方法，以探索来自教育背景的独特且日益大规模的数据，并使用这些方法更好地了解学生，以及他们的学习环境。

总的来说，教育数据挖掘处理难以理解的、原始的教育数据，其目标是使这些有价值的数据变得清晰易读，并可为学生提供反馈，为教师评估或学校决策提供依据。① 教育数据挖掘有很多通用的方法，其中一些是在数据挖掘中被广泛采用的，如预测、聚类、异常检测、关联规则、过程挖掘、文本挖掘等；还有一些是在教育数据挖掘中处于关键地位的方法，如模型发现、知识追踪等，具体内容如表 4-2 所示。

表 4-2　教育数据挖掘的一些方法②

常用方法	作用	说明
预测(分类、回归等)	从数据的其他方面的组合(预测变量)推断出目标属性或数据的某一方面(预定变量)。	可用于预测学生成绩、学生行为和教育效果。
聚类	用以区分具有某些相似方面的实例簇。	可用于对具有相似特征的教学资料、教育对象进行分析。
异常检测	发现数据中明显不同于其他数据的数据。	可用于发现特殊学生或教育者行为的偏差和不寻常的学习过程。
关系挖掘(关联规则、序列模式、因果关系等)	确定变量之间的关系，并在规则中对它们进行编码，以供日后使用。	可用于识别学习者行为模式之间的关系、不同教育阶段的关系、学习过程的一般规律等。

---

① Elatia S., Ipperciel D. and Za Ane O. R., Data Mining and Learning Analytics (Applications in Educational Research) //EDUCATIONAL PROCESS MINING, 2016, 10: 1-28.
② 雷晓锋、杨明：《教育数据挖掘的研究进展与趋势》，载《北京航空航天大学学报(社会科学版)》，2018(4)。

续表

常用方法	作用	说明
过程挖掘	从教育系统的事件日志记录中提取相关过程,以将整个过程做一完整的可视化呈现。	对学生受教育的课程、时间、序列等过程进行分析。
文本挖掘	从存储的文本中获取高质量的信息。	对讨论区、论坛、聊天、网页、档案等进行内容分析。
模型发现	使用已经验证过的模型(预测、聚类、人工知识工程)作为另一个预测或关系分析中的构件。	分析识别学生行为和学生特征或相关变量之间的关系。
知识追踪	使用一个从问题解决条目到所需技能的映射的认知模型来追踪学习者认知行为。	评估学生的技能掌握水平。

(3)教育数据挖掘的应用场景

教育数据挖掘在各类教学场景中有着广泛的应用。第一,教育数据挖掘通过关注教育教学过程中师生行为、活动等的客观数据,评估教育教学行为的有效性。第二,教育数据挖掘可通过如师生情绪、情感、信仰等非客观自测数据,分析该类数据对教学的影响。第三,教育数据挖掘对教学过程数据进行挖掘与分析并提供指导建议,可帮助教育者优化教学过程,评估教育效果。第四,教育数据挖掘可优化信息检索、资源推荐、问题答疑等系统应用,使其更加个性化,更加符合教师与学生的差异需求,推进因材施教在教育实践中的落实。[1] 总之,教育数据挖掘的目的更偏向于研究和利用统计学、机器学习和数据挖掘方法来分析教与学过程中产生的数据。[2]

---

[1] 雷晓锋、杨明:《教育数据挖掘的研究进展与趋势》,载《北京航空航天大学学报(社会科学版)》,2018(4)。
[2] 祝智庭、沈德梅:《基于大数据的教育技术研究新范式》,载《电化教育研究》,2013(10)。

4.2.3 学习分析

大数据的发展使得越来越多的教育研究者意识到数据分析在改善学习体验方面的潜能。教育数据挖掘专注于技术层面，侧重教育数据模型和模式的抽取，强调结果的自动化反馈。仅采用数据挖掘技术对教育数据进行分析是远远不够的，需将各种教育数据分析和检测方法进行综合形成学习分析技术，应用在教育数据分析领域中，挖掘学习者的学习习惯、分析学习者的学习方式及潜在的问题等，为学习者提供个性化的学习内容和自适应的学习方式。①

(1)学习分析技术

2010 年，"学习分析（Learning Analytics，简称 LA）"首次在美国新媒体联盟的地平线报告中被提出。2011 年，诸多国际知名学者成立了一个跨学科网络组织——学习分析研究协会（Society for Learning Analytics Research，简称 SoLAR）。这标志着学习分析逐渐从教育数据挖掘领域独立出来，融合包括学习科学、统计学、计算机科学、信息科学、心理学、社会学等学科的技术方法，形成一个独立的新兴领域。②

学习分析技术是一个运用复杂的分析工具促进学习的新兴教育技术应用。美国高等教育信息化协会将学习分析定义为：使用数据和模型预测学生收获和行为，具备处理这些信息的能力。③ 2011 年，首届学习分析与知识国际会议将学习分析技术定义为：是测量、收集、分析和报告有关学生及其学习环境的数据，用以理解和优化学习及其产生的环境的技术。新媒体联盟也有相似的定义：利用松散耦合的数据收集工具和分析技术，研究分析学习者学习参与、学习表现和学习过程的相关数据，进而对课程教学和评价进行实时修正。④ 顾小清等于 2012 年提出：学习分析是通过获取、分析学习者的行为数据，用以优化学习的一项技术。⑤ 学习分析研究专家乔治·西门子提出，学习

---

① 刘清堂、王洋、雷诗捷等：《教育大数据视角下的学习分析应用研究与思考》，载《远程教育杂志》，2017(3)。

② 吴青、罗儒国：《学习分析：从源起到实践与研究》，载《开放教育研究》，2015(1)。

③ 吴永和、陈丹、马晓玲等：《学习分析：教育信息化的新浪潮》，载《远程教育杂志》，2013(4)。

④ Johnson, L. and Witchey, H., The 2010 Horizon Report: Museum Edition. Curator, 2011, 54(1): 37-40.

⑤ 顾小清、张进良、蔡慧英：《学习分析：正在浮现中的数据技术》，载《远程教育杂志》，2012(1)。

分析是指关于学习者以及他们的学习环境的数据测量、收集、分析和汇总呈现，目的是理解和优化学习以及学习情境。[1] 学习分析研究协会对学习分析的定义为：学习分析即测量、收集、分析并报告关于学习者和学习环境的数据，以此来理解和优化学习过程以及学习环境。[2]

从这些定义可以看出，虽然各种定义的语言描述不同，但都包含基本相同的内涵。学习分析的研究对象是学生及其学习情境，研究的基础是教育活动中产生的海量学习数据和学习分析过程中产生的中间数据，研究的目标是评估和预测学生活动，发现潜在问题，为教育活动相关者提供决策支持，以优化和设计学习过程和学习情境。[3]

将学习分析与教育数据挖掘对比发现，学习分析在方法与目标上与教育数据挖掘有共通点，但学习分析更关注对学习数据的分析，关注如何通过数据分析去优化学习效果，数据分析的方法除数据挖掘外还有社会科学领域的分析方法，如学术分析法、内容分析法、话语分析法、行动分析法等。表4-3为较多使用的学习分析方法。

表 4-3 学习分析方法[4]

常用方法	具体分析方式	说明
统计分析	均值比较、方差分析、相关分析、奇偶分析、因子分析等。	数据的统计分析可通过表格或图形等多种形式呈现学习者与学习系统之间的交互数据，可帮助教师和学习者开展教学反思等。
数据挖掘	模型预测：分类、回归等；结构发现：聚类等；关联挖掘：关联规则、序列模式等。	通过数据挖掘可对教育环境中各类数据进行挖掘与分析，如了解学习者的个人特征、学习进程和学习环境等。

---

[1] Siemens G., Learning Analytics: A Foundation for Informed Change in Higher Education. Analytics, 2013.
[2] Long, P., Proceedings of the 1st International Conference on Learning Analytics and Knowledge// International Conference on Learning Analytics & Knowledge. ACM, 2013.
[3] 王良周、于卫红：《大数据视角下的学习分析综述》，载《中国远程教育》，2015(3)。
[4] 吴青、罗儒国：《学习分析：从源起到实践与研究》，载《开放教育研究》，2015(1)。

续表

常用方法	具体分析方式	说明
信息可视化	概念图、散点图、雷达图、交互图、帕累托图、控制图等。	信息可视化将教育相关数据转换成图形，为用户呈现不同的性能指标，旨在借助图形化手段，清晰有效地传达与沟通信息内涵，帮助用户理解和分析教育数据。
社会网络分析	中心度计算、隶属子群分析、位置和角色分析等。	社会网络分析以独立行动者为节点，行动者之间的互动或关系作为边，测量学习网络的结构、特征等属性。
话语分析	结构分析、文化分析、认知分析、批判性话语分析等。	话语分析分解学习者的讨论言论，并运用合适的认知编码框架进行标注，然后开展多角度研究，便于回答学习者如何建构知识等问题。
网站分析	流量引入分析和优化、受访页面分析、入口页分析、退出页分析、访客分析、转化分析等。	网站分析通过分析在线系统的访问数据，发现该网站被访问的规律和特征。

(2)学习分析的应用场景

学习分析在教学实践中的应用很广泛。对教师来说，学习分析可以帮助其优化教学。利用学习分析技术及相关分析工具，教师可获得有关学生的学习成绩、学习过程以及学习环境的信息，这些信息可以为教师改进教学提供依据。[1] 如教师可以从支持学习分析的学习系统中，获得学习者行为数据，包括登录系统的时间、访问的网页、课程学习所花的时间、完成课程任务的情况、在课程网站中交互的痕迹等。通过对这些数据的分析，教师能对学生的学习需求、学习风格、学习进展获得判断，从而制定能够满足学生学习需求的教学方案。对学生来说，学习分析可将可视化的学习报告反馈给学生，可帮助学生进行自我评价，了解自己的优势和不足，认识自我、发展自我、规划自我。

---

[1] 顾小清、黄景碧等：《让数据说话：决策支持系统在教育中的应用》，载《开放教育研究》，2010(10)。

▶ 4.3 结合因材施教应用场景定制的智能技术

通常来说，教学系统由教师、学生、教学资源三个要素构成。基于这一视角，可以对结合因材施教的教育场景与业务进行定制的、可解决具体因材施教场景问题的智能技术进行探讨。教学资源作为教学内容、教学活动等的主要承载体，在智能技术支撑下更强调个性化的生成与推荐，更强调满足教师与学生个性化的需求。教师与学生是教学活动开展的两类主体对象，智能技术通过在各类教与学场景中的应用为师生提供个性化支撑，助力因材施教的实现。结合因材施教应用场景定制的智能技术具体类型，如图4-4所示。

图4-4 因材施教场景应用技术

4.3.1 快速生成与精准推送资源的技术

近年来，大规模在线开放课程、微课等教学形式促使了大量教学资源的出现，在为用户提供多元化选择的同时，也出现了需求不匹配、缺乏动态适应性等问题。教学资源主要指教师在课程标准的指导下，结合课堂教学内容特点，开发积累的教学素材、教学课件、教学设计、教案、学科试题、教学案例、实验资源、学科专题网站、教学测评、中高考辅导资源等。[1] 资源的自

---

[1] 刘邦奇、孙曙辉：《数字化校园：理念、设计与实现》，232~233页，合肥，中国科学技术大学出版社，2014。

动生成、分类存储与检索、个性化推荐等智能技术，可帮助教师快速、精准地查找并获取优质资源，以支持精准施教。助力因材施教的教学应用场景中，主要使用的有资源个性化生成与资源个性化推荐两种智能技术。

(1) 教学资源个性化生成

教学资源个性化生成技术可解决教师设计与制作资源的困难。教师在备课时准备教学资源主要有以下两种方式：一是教师根据学习者的需要，对现有学习资源进行选择利用；二是根据实际教学需要，对现有资源进行二次设计或重新开发。设计与开发资源要求教师有较高的专业知识水平、信息素养与多媒体软件操作技术，且耗时耗力，给教师带来了极大的挑战。

利用人工智能等手段在已有内容、资源基础上，生成适合不同学习者个性化需求的资源，可为教育教学提供辅助。教学资源自动生成主要包含以下基本过程：第一，对教学资源进行标注，包括情境标注、学习风格标注、知识点和能力层级标注。第二，利用神经网络对已标注资源的结构进行抽取，形成指导资源生成的框架。第三，当学习者参与学习时，系统感知其需求，根据上述框架形成符合当前需求的资源内部组织形式。第四，根据形成的框架，查询适合的实体资源进行填充和输出。[1]

表4-4 教学资源个性化生成技术举例[2]

应用	技术	说明
试题自动生成	题库标注；神经网络训练；生成新题。	知识点标注与重难点标注；抽取特征集，形成题目模板；依据模板，抽取新知识点和描述填充，形成新题。
试卷自动生成	抽取教学数据；试卷标注；试卷结构生成；试卷内容填充。	确定考核单元及知识范围；对已有试卷进行标注，确定不同难度试卷的试题的知识范围、题型分布和结构；依据单元、题型、难度等特征，生成适应性试卷结构；从题库中抽取合适的题目对试卷结构进行填充。

---

[1] 王琦、季尚鹏：《人工智能技术支持的教育领域内容自动生成框架设计》，载《人工智能》，2019(3)。
[2] 同上。

续表

应用	技术	说明
教学设计方案自动生成	预训练模型；教学信息收集；生成模板；教学设计方案生成。	将已有的优质教学方案和评课结果作为训练样本进行训练，形成关于情境-内容匹配、策略-内容匹配、目标-内容匹配、学习者特征-内容匹配以及排序的模型；收集教师的教学信息，包括教授内容信息、适合采用的教学策略信息、学习者信息等；将抽取的信息放入训练生成的教学设计生成模型，确定适合的教学设计模板、各个环节的特征；根据教学设计各环节特征抽取资源、活动、工具进行填充。

当前，人工智能自动生成技术已在试题自动生成、试卷自动生成、教学设计方案自动生成等应用场景中进行了探索应用，具体内容如表4-4所示。试题、试卷与教案资源可依据当前班级学情、学习进度与学生知识水平自动生成，自动生成的资源更加符合班级与学生的个性化需求。个性化的教学资源为因材施教奠定了个性化基础。当前试卷生成技术已实现规模化应用，试题与教学设计方案等其他教学资源生成技术的成熟应用还有待于资源库的进一步积累与技术的发展。

(2)教学资源个性化推荐

随着互联网与多媒体技术的发展，教学资源数量呈现"爆炸式"增长。云计算技术支撑下的教育资源云平台的建设，使得资源数量更加巨大，出现"资源迷航"和"资源过载"现象。[1] 在此背景下，获取合适的个性化教学资源变得困难。教师如何在海量的资源中快速获得合适的教学资源，学生如何根据自身个性化特征获得精准的学习资源，成为师生共同关注的重点问题。

通过资源标注、用户模型建立，以及个性化推荐算法，可在海量的资源中快速定位用户需要的教学资源，实现教学资源个性化推荐。资源的流向从以前的人找资源转变为资源主动找人，更加符合教师与学生的个性化需求。当前常用的几项推荐技术如表4-5所示。

---

[1] 黎孟雄、郭鹏飞：《基于模糊聚类的教学资源自适应推荐研究》，载《中国远程教育》，2012(7)。

表 4-5　教学资源个性化推荐技术[1][2]

应用	技术	说明
教学资源个性化推荐	基于知识图谱的推荐	知识图谱包含实体之间丰富的语义关联，为推荐系统提供辅助信息来源。
	协同过滤推荐	综合利用用户行为和资源内容的相似度，实现对用户偏好的预测。
	基于用户统计信息的推荐	记录用户的人口统计信息，将用户分类，然后再将比对类中的用户进行推荐。
	基于内容的推荐	基于项目特征属性的相似度将项目分类，从而获得与用户喜爱的项目相类似的项目作为推荐。
	基于效用的推荐	确定用户对项目的效用函数，然后用该效用函数对所有的项目排序，取靠前的几个项目作为推荐。
	基于知识的推荐	利用功能知识推理出用户需求和推荐的关系。

• 教学资源个性化推荐

为教师推荐教学资源主要包含以下步骤。第一，利用知识图谱、机器学习聚类等技术对资源进行体系化自动标注，构建资源之间的关联。第二，根据前期教育信息化系统中的教师教学进度与教学内容等信息建模。第三，根据教师教学模型中教学资源的使用情况，利用个性化推荐技术，为教师推荐各类教案、微课、视频、课件、习题等教学资源，助力教师合理规划与选择教学资源。

• 学习资源个性化推荐

为学生推荐个性化学习资源主要包含以下步骤。第一，通过知识图谱等技术对学习资源进行建模，构建学科知识体系。第二，通过数据分析与挖掘算法对学生在作业、练习、考试、答疑等各个环节产生的学习数据进行分析挖掘，精准探测学生对各知识点的掌握状态，构建学习者画像，生成个性化学习路径。第三，针对学习者个性化问题，采用各项推荐技术，为学习者提供个性化学习资源。

• 个性化推荐未来发展

个性化教学资源推荐效果依赖于前期对教学资源的标记与处理。在当

---

[1] 王静：《E-learning 系统中基于协同过滤技术的个性化学习研究》，硕士学位论文，上海师范大学，2015。
[2] 刘昱良：《基于知识图谱的个性化学习资源推荐研究》，硕士学位论文，河南师范大学，2018。

前实际应用中，对知识的标注与知识体系的构建仍然较大程度依赖于人工标注与人工确认，在未来随着大数据和人工智能技术的发展，会逐步实现对资源的自动化精准标注，从而在一定程度上缓解对人工依赖较大的问题。

4.3.2 辅助教师开展差异化教学的技术

智能技术可帮助教师实现科学"识材"，准确"预测材"，并提供个性化教学策略。因材施教的教学场景中包含多项智能技术。辅助教师开展差异化教学的技术应用主要包括：学情分析、智能助理、课堂行为管理、微课实录、智能批改、选科排课等。其中，学情分析能帮助教师全面客观地了解学生情况；智能助理能帮助教师开展教学活动；课堂行为管理能实时监督学生学习状态；微课实录能给予学生个性化辅导；智能批改能通过反馈报告助力教师进行下一轮教学准备；选科排课能帮助教师快速排课，满足学生个性化选科需求等。

(1) 学情分析

教师了解学生学情是开展因材施教的前提。教师根据学生的实际水平和个性特点，结合自身经验并采取适当的方法，对学生进行学情分析，能避免经验主义的教学设计及以教材为中心的教学实施。[1] 由于教师精力有限，学生之间存在差异，且学情会随着教学过程发生动态变化，所以教师依据教学效果结合主观判断开展的学情分析缺乏科学有效的全过程数据支撑。

大数据技术支撑下的学情分析技术，通过以大数据为核心的数据采集与智能分析对学情进行分析，为教师反馈精准学情分析报告。学情分析涉及的相关技术如表 4-6 所示，主要包含数据收集与处理、数据分析与挖掘、数据可视化等技术。教师根据数据可视化的结果即学情分析报告，可以有针对性地规划教学内容，有依据地制定教学策略，科学地调整教学路径，实施个性化、精准化教学。[2]

---

[1] 徐梦杰、曹培英：《精准针对学生差异的学情分析研究》，载《课程·教材·教法》，2016(6)。
[2] 郝祥军、王帆、祁晨诗：《教育人工智能的发展态势与未来发展机制》，载《现代教育技术》，2019(2)。

表 4-6　学情分析技术[1]

应用	技术	说明
学情分析	数据收集与处理	对多个维度的学生数据，如学生基本信息、课堂学习、课外学习、校园生活以及娱乐等方面的数据进行收集与预处理。
	数据分析与挖掘	利用各类数据挖掘算法如聚类分析、关联分析等算法对学情数据进行计算与分析，并提供智能趋势预测。
	数据可视化	根据可视化结果（个性化反馈、预测报告），家长、教师以及管理者能清晰地从不同维度看到学生的真实情况，从而利用科学的数据指导教学、改进教学，促进教师的专业化发展。

大数据支撑下的学情分析应用包括数据采集与数据分析两个步骤。第一，数据采集。数据采集主要通过试卷扫描、答题卡扫描、智慧课堂平板记录、手机拍照上传等途径实现。第二，数据分析。指在教学中运用学情分析技术，对采集的数据进行分析与挖掘，形成分析报告。学情分析报告一方面汇聚了学生个体的学习态度、学习风格、知识点掌握情况等信息，以此与学生学习需求关联，使教师能够精准进行教学预设；另一方面统计了班级整体的学习氛围和知识点薄弱分布、成绩分布等学情信息，使教师能够精准掌握班级整体的学习情况，为合理规划教学资源、恰当选取教学方式提供专业指导意见。[2]

（2）智能助理

智能助理是一种典型的智能教学系统，通过让计算机扮演教师的方式，向有不同需求、不同特征的学习者传授知识、提供指导，实施个别化教学。智能助理的适应性教学系统，解决了课堂教学中教师精力有限，难以兼顾学生的个性化需求的问题。[3]

智能助理通过教育大数据平台，采集全学习过程数据，对青少年儿童的知识、情感、认知、社会网络等进行全面仿真，通过数据精确了解青少年儿

---

[1]　周云霞、栗磊、高新成等：《大数据环境下的学情分析与教学质量评价机制研究》，载《科教导刊（上旬刊）》，2019(10)。
[2]　郝祥军、王帆、祁晨诗：《教育人工智能的发展态势与未来发展机制》，载《现代教育技术》，2019(2)。
[3]　陈仕品、张剑平：《智能教学系统的研究热点与发展趋势》，载《电化教育研究》，2007(10)。

童发展的一般规律及个体特征,实现自然语言交互形态的"人工智能教师"服务。① 当前智能助理主要利用的技术有知识图谱和对话系统。一方面,利用知识图谱技术对教学领域知识进行语义化和结构化整理,为指导学生提供知识基础;另一方面,基于对话系统相关技术,针对学习问题,给出解决方案。

表 4-7 智能助理主要利用的技术②

应用	技术	说明
智能助理	基于知识图谱的推理(图谱模式的定义、知识获取、知识融合)	知识图谱为人工智能提供了知识基础,可以支持智能语义检索、个人智能助理、智能深度问答等智能应用。在知识图谱为教学问题的分析判定提供的知识的基础上,结合心理学、教育学和社会学理论,构建针对教育问题的综合解决模型。
	任务导向型对话系统(语音识别、自然语言理解、对话策略学习、自然语言生成、语言合成)	通过与用户的自然语言交流沟通,了解学生的信息,智能判定学生的问题,分析原因并给出相应的解决对策。

智能助理可实现不同教师角色与功能,且部分角色和功能在实践应用中产生了良好的效果,如自动出题和自动批阅作业的助教、个性化智能教学的指导顾问、学生个性化问题解决的智能导师、学生成长发展的生涯规划师等。在智能技术支撑下的因材施教教学中,智能助理将扮演重要角色。在未来的智能教学环境中,人机协同将是人工智能辅助教学的突出特征。③

(3)课堂行为管理

课堂行为管理技术可帮助教师关注每位学生的课堂表现。当前的教学改革要求评价方式多样化,学生课堂表现也是一项重要评价指标。但是在班级授课制背景下,教师难以关注每个学生的课堂行为并及时予以反馈。

课堂行为主要是指在课堂上学生的行为活动,大致可以分为课堂规范行为和课堂问题行为两类,课堂行为管理是对学生课堂规范行为的反馈以及对

---

① 余胜泉:《人工智能教师的未来角色》,载《开放教育研究》,2018(1)。
② 陈鹏鹤、彭燕、余胜泉:《"AI 好老师"智能育人助理系统关键技术》,载《开放教育研究》,2019(2)。
③ 郝祥军、王帆、祁晨诗:《教育人工智能的发展态势与未来发展机制》,载《现代教育技术》,2019(2)。

学生课堂问题行为的处理。① 基于大数据支撑的课堂行为管理系统主要包含以下几项技术，如表 4-8 所示。

表 4-8　课堂行为管理的几项技术②

应用	技术	说明
课堂行为管理	数据采集	利用麦克风、摄像头、各类传感器等设备收集用户语音、表情、动作等数据。
	情感识别	语音情绪识别：根据人的语音情况辨别学生情绪表现。 面部表情识别：根据人的面部表情预测学生情绪表现。
	行为管理	课堂应答：可视化即时呈现所有学生学习测评情况，支持教师实时了解学生学习情况。

课堂行为管理在课堂教学中的具体应用包含以下流程。第一，**数据获取**。通过智能设备获取学生的课堂表现数据，数据类型主要有行为表现数据（学生表现出的各种课堂学习行为数据以及教学系统中记录的学生行为数据）、认知表现数据（根据学习测评获取反映学生对学习内容认知理解情况的学业数据等）和其他类型数据（学生生理与心理表现数据、学生情绪状态数据等）三类。第二，**数据分析**。计算机利用人脸表情识别、动作识别、情感识别、脑电识别等人工智能技术对从传感器采集来的学生课堂表现数据进行分析，推断用户行为状态。第三，**数据反馈**。课堂行为管理系统为教师提供学生的课堂状态，教师给予学生反馈和引导，也可帮助学生进行课堂自我行为管理。课堂行为管理技术通过对学生行为的监督与反馈，可以辅助教师开展针对性提问，支撑实现师生立体化交流互动，实现个性化、针对性教学管理。需要注意的是，如何在保护学生隐私的同时，合理利用学生的个性化数据仍是当前的技术与应用难点，我们必须坚守技术伦理红线，坚持以人为本，才能让技术更好地服务于教育。

(4) 微课实录

微课实录可实现对教师课堂教学内容的智能记录与精准分享，可解决学生课下难以获得合适的辅导资源的问题，帮助教师有效地开展个性化的辅导以及教学反思评价等工作。

---

① 张丽莉：《智慧课堂行为管理系统探究》，载《教学与管理》，2019(4)。
② 阮士桂、郑燕林：《课堂数据可视化的价值与教学应用》，载《现代远程教育研究》，2016(1)。

微课实录使用人工智能和大数据技术对课堂教学场景中的课堂内容进行收集与记录，生成结构化的微课并支持存储和精准分享。[①] 微课实录涉及的具体技术有以下几项。第一，通过音视频数据采集技术实时收集课堂上教师教学的声音与图像，并调用语音转写技术将录音转写为文本。第二，利用PPT翻页的视频关键帧打点技术将教师教学PPT内容与授课语音转写的文本内容进行匹配，从而生成图文文档形式以及视频形式的微课。第三，利用自然语言处理技术提取微课的知识点。第四，通过基于二维码自动分享的技术，教师可将微课精准地分享给有个性化辅导需求的学生。具体技术内容如表4-9所示。

表4-9 微课实录技术[②]

应用	技术	说明
微课实录	音视频数据采集与转写技术	基于超脑服务器构建局域网环境，实现课堂内软硬件的互联互通，并实现音视频数据的记录，同时调用核心引擎完成语音转写。
	基于PPT翻页的视频关键帧打点技术	当教师进行PPT翻页时，系统可应用该技术来自动记录当前翻页的时间点。语音转写后的输出结果为结构化文本，其记录了词、句子的开始时间和结束时间，系统可以通过记录的时间点对音视频和文本进行拆分，最终实现视频关键帧打点。
	基于自然语言处理的知识点提取技术	利用智能语音转写技术得到微课的文本数据后，知识点提取引擎会进一步对文本数据进行分词和停用词过滤、词义消歧等预处理操作，并将文本数据转换为数值数据的形式。
	基于二维码的结构化微课分享技术	微课上传后，客户端将接口返回的微课链接转换成二维码，教师分享二维码，用户可通过手机等设备扫码观看。

教师可通过微课实录在备课、授课以及课后辅导各阶段记录教学内容生成结构化微课，精准分享给有需求的学生。基于知识图谱技术构建的学科知识体系可实现知识点快速定位，学生在观看微课时可根据个性化需求，通过关键词精准检索与定位相关知识点，强化个性化薄弱点知识。目前，微课实录技术虽已得到广泛应用，但视频标注环节受PPT制作格式和语义本体技术的影响较为

---

① 乐会进、贺胜、王丽红：《智慧微课：基于人工智能的微课自动生成系统》，载《现代教育技术》，2018(11)。

② 同上。

明显，未来或随计算机视觉、自然语言处理等智能技术的进一步突破得到完善。

(5)智能批改

智能批改技术的快速发展对考试批改产生了巨大影响。批改是教学过程中的重要环节，也是消耗教师大量精力的环节。批改的意义不仅在于得到学生的成绩，还在于了解学生的学情，掌握学生学习的薄弱点，从而有针对性地制定或调整后续的教学方案，甚至实现为每一位学生定制个性化的教学方案。智能批改可解决当前批改大量依赖于教师纯手工批改，且难以形成个性化和全面的学情数据反馈的问题。

智能批改作为智能评测技术的一项重要教育应用，已形成较成熟的技术体系与应用规模，在大规模考试与练习阅卷中得到广泛应用。在智能批改中，需要用到图像识别技术以实现信息输入，运用 OCR 识别、公式识别等对具有唯一答案的客观题进行批改。在主观题批改中还需运用自然语言处理、知识图谱等技术实现上下文理解、语义分析，做出对错判断，甚至能够自动纠错或提出修改意见等。[1] 具体技术类型如表 4-10 所示。

表 4-10　智能批改的技术[2][3]

应用	技术	说明
智能批改	图像识别：版面分析，OCR 识别，公式识别等。	可用于客观题批改，如选择题自动批改，填空题自动批改（英语、语文、数理），判断题自动批改。
	自然语言处理：词性标注，句法分析，自然语言生成，文本分类，信息检索，信息抽取等。	可用于主观题批改，如英文作文批改、中文作文批改。

当前智能批改技术不仅在所有的选择题、判断题，以及多数的填空题、翻译题中进行应用，还在英文作文、数学计算推理等主观题的批改中广泛应用，并具有较高的评分准确度和稳定性。自动批改除了评价分数外，还可以为每一个学生提供详细的诊断分析报告，指出学生当前的主要问题，并自动推荐有针对性的学习资源，反哺个性化教与学。但当前智能批改对于具有开

---

[1] 王哲、李雅琪、冯晓辉等：《人工智能在教育领域的发展态势与思考展望》，载《人工智能》，2019(3)。

[2] 戴永辉、徐波、陈海建：《人工智能对混合式教学的促进及生态链构建》，载《现代远程教育研究》，2018(2)。

[3] 汪张龙：《人工智能技术在考试中的应用》，载《中国考试》，2017(11)。

放型答案特性的简答题，以及中文作文批改具有较大技术难度，未来广泛成熟的应用还有待于自然语言处理技术在中文应用上的突破。

(6) 选科排课

选科排课为学校培养个性化人才的目标提供支撑。智能时代对多样化创新人才的培养提出了更高的要求，全国各地相继推出新高考改革举措。新高考的目标之一是让学生掌握选择权，实现多元选择与个性发展的统一。"走班教学"是顺应新高考改革趋势与要求的一种新型教学组织方式，要求学校打破传统以固定班级为单位的授课模式，转向以学生个性需求为组合单位的动态排课与分班教学模式。[①] 它既为学生的个性化发展提供了更多的选择，也为学校的教学管理带来了更大的挑战。

选科排课利用智能技术合理配置教育资源，促进学生实现多元选择与个性发展的统一。智能排课涉及的相关技术如表 4-11 所示，主要可分为智能排课和智能分班两大类。智能排课依据学校教师信息、学科基础信息等数据，利用数据挖掘和机器学习算法生成排课课表。智能分班依据教师信息、班级信息、学生信息、排课信息等数据，依托智能算法实现分班。

表 4-11 选科排课技术

应用	技术	说明
选科排课	智能排课	主要用于排课，以科目数据为分层，满足最全面的排课条件、排课思路，同时，借助数据挖掘与学习分析功能对学生选科数据、学生水平数据、学校师资数据等进行聚类、关联规则分析，最终自动生成多维度课表。
	智能分班	主要用于分班，运用教师数量、教室数量、排课规则、开课方式、课程设计等数据，依托智能算法能够较好地进行教学班分班与行政班分班。

基于人工智能、大数据技术等实现的选科排课系统，通过学科分层设置、学生选科、一键智能排课、课表调整等功能，可在利用学校现有资源的情况下，快速实现和满足全校走班教学、管理和学习的需求。但是，由于学校排课需求千变万化、约束条件多，所以当前的各类智能排课系统难以满足所有

---

① 杨现民、郭利明、晋欣泉等：《大数据助力新高考改革：框架设计与实施路径》，载《电化教育研究》，2019(2)。

教师授课实际需求，需要人工手动干预排课内容，未来随用户需求的标准化与智能技术的发展可更好地实现智能排课。

4.3.3 助力学生进行个性化学习的技术

智能技术可深入发掘学生的个性、优势与需求，发展学生的潜能，促进学生的发展。智能技术在因材施教的学习场景中包含多项智能技术。助力学生进行个性化学习的技术具体包括：学习数据采集、学习者画像、智能答疑、智能评测、学习路径规划等。其中，学习数据采集可对学习全过程数据进行采集，学习者画像基于采集的学生数据进行建模并分析学习者个性化差异，智能答疑依据学生个性化需求为学生提供辅导，智能评测给予学生个性化评测与反馈，学习路径规划为学生规划个性学习路径，实现个性化学习。

(1)学习数据采集

学习数据采集可收集学生学习产生的大量过程性数据。随着云计算、移动互联网、人机交互等新一代信息技术融入学习过程，采集的学习数据量迅猛增长、类型日益多样。采集并分析动态生成的学习过程性数据能够促进学生更好地掌握知识。[1]

学习数据采集的数据源主要包含三大类：学生学习行为表现数据、认知表现数据以及其他数据。具体内容如表 4-12 所示。在实际的数据采集应用中，会结合实际情境选择其中一种采集方式或混合使用多种采集方式。

表 4-12　学习数据采集技术[2]

应用	技术	说明
学习数据采集	行为数据采集	主要指从在线学习环境中捕获的学习日志数据、学习行为与结果数据等。
	认知数据采集	主要指利用智能评测等评测系统收集的学生学业数据。
	其他数据采集	利用各类传感器等设备感知学习者生理特征信息；运用问卷或量表等方法收集学习者的特定信息；体育运动数据记录；网络社交互动数据；家校互通记录数据。

---

[1] 王冬青、韩后、邱美玲等：《基于情境感知的智慧课堂动态生成性数据采集方法与模型》，载《电化教育研究》，2018(5)。

[2] 同上。

①学生学习行为表现数据：主要包括学生在课堂环境中的反应数据以及在学习系统中的行为日志记录数据等。[①] 通过对学生行为数据进行分析，利用数据可视化技术对学生学习行为与学习路径进行可视化呈现，学生可据此制订或调整自主学习的计划；教师可根据分析结果进行教学安排的修正，帮助学生制定个性化的学习方案，促进学生的个性发展。②学生认知表现数据：主要指学生通过考试作业测评获得的学业数据，包括完成课堂作业的情况、掌握课本知识的情况等学业成绩数据。③其他数据：主要指通过监测与测量获得的学生生理与心理数据，以及情感表现数据等。分析学生生理与心理数据以及情感数据不仅能够提高学生的学习效率，并且可以帮助教师实现对学生的个性化教学。教师能够从学生的视角准确掌控课程的进展情况，调整讲课方式、教学内容以及教学行为，维持教学过程的动态平衡。

（2）学习者画像

学习者画像是当前学习者建模的常见方法。在大数据环境下利用学习数据采集技术可收集多样性的学习数据，如学习者基本特征数据、学习行为过程性数据和学习路径数据等。对采集到的学生数据进行分析时需要利用学习者画像等技术对学生进行建模。

学习者画像是用户画像在教育领域中的应用，是学习分析的一个新应用领域。用户画像可基于大数据规模存储和机器学习算法定期对全量数据进行计算和挖掘构建用户，提供用户标签的使用和查询服务。学习者画像实现了以群体特征为核心建立用户原型，通过多维度的画像标签展示体系对学习者进行群体分类描述。[②] 画像构建需要明确画像构建目标，之后对学习者数据进行收集，再依据预先定义的标签对学习者数据进行标签化处理，最终以可视化的形式输出学习者画像。具体技术流程如表4-13所示。

[①] 袁天云：《教育大数据采集机制的研究》，硕士学位论文，华中师范大学，2019。
[②] 肖君、乔惠、李雪娇：《大数据环境下在线学习者画像的构建》，载《开放教育研究》，2019(4)。

表 4-13　学习者画像技术[①]

应用	技术	说明
学习者画像	画像构建目标	学习者画像围绕学习者特征分析、学习者群体识别和学习者评价展开，可以为在线教学设计、学习支持服务、效果评估等提供支持。
	数据采集	针对不同画像目标进行大数据收集，包括学习者基本信息、各类行为日志以及调查数据等。
	标签分析	根据画像目标抽取画像标签库中的标签进行数据分析。画像标签库的形成由学习者画像模型决定，根据画像模型中的标签定义对收集到的数据进行标签化处理。
	画像服务输出	是标签分析结果的输出，如有关学习者特征的分析报告将由仪表盘输出，而以学习支持为目标的画像输出将以个性化推荐、预警等服务形式输出。

学习者画像既能为个性化学习提供依据，也有助于规模化个性教育的开展，用仪表盘形式展示学习者画像，可帮助教师从不同的标签维度全面、深入地了解每个学生的特点，从而精准设计教学策略与教学内容。借助学习者画像开展个性化人才培养模式的变革将是未来的研究方向。

(3) 智能答疑

答疑系统最早应用于网络教育中，能够在一定程度上及时解答学生的疑难问题，消除学生的学习障碍。在答疑系统设计中，基于关键词匹配方法的答疑可解决不同学生相类似的问题，但是由于学生在学习背景、认知能力、基础水平等方面有所不同，统一答案忽视了提问人的个体差异，这导致其应用范围有限。[②]

随着智能技术的不断发展，智能答疑采用数据挖掘、自然语言处理、人机交互等智能技术，根据学习者的认知水平、个性特征等多方面信息，建立学习者模型。基于学习者个性模型利用数据挖掘提供自适应解答，可及时为学生答疑解惑，提供个性化辅导。智能答疑主要涉及问题理解、对话管理、对话生成、对话评测四个流程，具体涉及技术如表 4-14 所示。

---

① 肖君、乔惠、李雪娇：《大数据环境下在线学习者画像的构建》，载《开放教育研究》，2019(4)。
② 吴彦文、吴郑红：《基于学习者个性模型的智能答疑平台的设计》，载《电化教育研究》，2005(6)。

表 4-14　智能答疑技术[1]

应用	技术	说明
智能答疑	问题理解	关键词提取和扩充、语法分析、句法分析、语义表示、基于词向量的语义理解等。
	对话管理	问答知识库构建：建立问答知识库并从中构建高质量的问答模型是对话管理的核心问题，利用已有的大量问题答案对、自由文本等语料构建问题和答案之间的匹配模型。使用问题建模、对答知识建模、答案建模、编码—解码框架、端到端深度学习模型等技术实现知识库构建。 对话策略管理：目前应用的模型包括有限状态机、填槽法、马尔科夫决策过程、贝叶斯网络等。 搜索引擎：根据从用户输入的自然语言中提取的信息，通过搜索技术，在数据库、文本库、模型库或网络中搜索与用户问题最为相关的信息。
	对话生成	检索式对话生成：在已有的对话语料库中通过排序学习技术和深度匹配技术找到适合当前输入的最佳回复。 生成式对话生成：从已有的对话中学习语言的组合模式，通过类似机器翻译中常用的"编码—解码"过程去逐字逐词地生成一个回复。
	对话评测	评测一个任务驱动的多轮对话系统，主要涉及自然语言理解、对话状态跟踪、对话策略。

智能答疑系统在应用中支持用户以自然语言进行提问，通过语义分析在知识数据库中检索出匹配的答案。智能答疑系统可以不受时间、空间限制，直接为学生服务，满足学生个性化学习的需要。学生通过智能答疑系统可学习自己感兴趣的或者不理解的问题，答疑系统通过有针对性地解决学生的问题提升学生的知识水平，促进学生全面而有个性的发展。但当前的智能答疑系统较少考虑前后多轮对话之间的连贯性，缺乏有效的知识支撑，随着知识图谱技术的应用、知识库的丰富和自然语言处理技术的发展或可解决智能答疑系统所面临的挑战和问题。[2]

---

[1] 郑庆华、董博、钱步月等：《智慧教育研究现状与发展趋势》，载《计算机研究与发展》，2019(1)。
[2] 陈志云、商月、钱冬明：《基于知识图谱的智能答疑系统研究》，载《计算机应用与软件》，2018(2)。

(4)智能评测

智能评测可替代教师进行全面与快速的评测。对于大多数中国学校和老师而言，评测每位学生的知识掌握情况是一件耗时耗力且难以取得满意效果的工作。如对学生英语口语的评测，由于精力和时间的限制，教师难以给予学生一对一的指导与纠正，智能评测可有效解决这个问题。

基于人工智能技术的智能评测应用主要有语音评测和试卷批改等。试卷批改已在上文智能批改中做了描述，这里对语音评测做重点讨论。语音评测技术指利用计算机自动对学习者的语音进行评价，具体包括发音错误检测、发音水平以及口语表达能力评价。[①] 语音评测包含朗读评测和口头表达评测两项关键技术，朗读评测以字、词、句、篇的形式进行评测，考查学习者的发音质量；口头表达评测以口头翻译、口头复述、看图说话、话题表述等形式进行评测，考查学习者的逻辑思维能力和语言组织能力。语音评测的具体内容如表 4-15 所示。

表 4-15　语音评测技术[②]

应用	技术	说明
语音评测	朗读评测	评测文本与评测音频的时间对齐、语音声学模型构建(深度神经网络)、朗读评分和检错。
	口头表达评测	语音识别：识别学习者的口头表达内容，表示成文本；自然语言处理：先识别学习者口头表达内容表示成文本，然后基于识别文本提取内容相关特征，再将识别文本作为评测文本，提取发音水平特征，与内容相关特征组合在一起，构成完整的评分特征。

智能语音评测已应用在口语训练和测试系统中，学生可以通过系统随时随地完成口语作业和自主学习，智能评测可对学生的口语作业进行自动评分，对学生的发音错误进行纠正。语音评测解决了学生语言学习问题，可为学生提供一对一的评测与反馈指导，当前智能语音评测在普通话学习和外语学习中已得到广泛运用。

[①] 魏思、吴奎、竺博等：《语音评测技术助力英语口语教学与评价》，载《人工智能》，2019(3)。
[②] 同上。

(5)学习路径规划

学习路径规划可利用智能技术为学生规划个性化的学习路径，匹配个性化的学习资源。为每一位学生规划适合其自身特征的学习路径是当前班级集体教学面临的挑战，也是因材施教追求的目标。当前一些在线学习系统与自适应学习系统通过运用各类智能技术在努力解决个性化学习路径规划的问题。

学习路径是指学习活动的路线与序列，即学习者在一定的学习策略指导下，根据学习的目标、内容、基础与环境条件，对所需完成的系列学习活动（含活动中的各环节）的排序。[1] 个性化学习路径是指根据学习者的个人能力和情境因素提供的个性化的资源学习序列。学习路径规划实际上是指根据学习者模型决定学习知识点的先后顺序的个性化生成过程，并匹配与知识点相对应的学习资源。[2] 个性化学习路径规划涉及的主要技术有：第一，学习者模型构建：根据设计的学习目标，结合每个学习者的特征以及学习情境等因素确定学习者模型；第二，知识模型构建：利用知识图谱等智能技术对领域知识进行结构化，构建知识模型；第三，学习路径推荐：利用个性化推荐算法结合学习者模型与知识模型为其推荐最合适的学习活动序列。具体内容如表 4-16 所示。

表 4-16　学习路径规划技术[3]

应用	技术	说明
学习路径规划	学习者模型构建	通过学习行为和学习轨迹等数据采集，依据学生基本信息、学习风格、认知水平、学习偏好、学习历史记录等数据，通过学生画像(机器学习建模)构建学习者模型。
	知识模型构建	通过知识树、知识图谱、数据库等技术构建知识模型。
	学习路径推荐	利用个性化推荐算法(遗传算法、蚁群算法、粒子群算法、人工神经网络、AprioriAll、贝叶斯网络推理)，依据学习者模型结合知识模型为学习者推送个性化学习路径。

---

[1] 彭绍东：《基于 SCORM 标准的"学习路径"设计》，载《现代教育技术》，2010(8)。
[2] Sha L., Looi C. K., Chen W., et al. Recognizing and Measuring Self-Regulated Learning in A Mobile Learning Environment. Computers in Human Behavior，2012，28(2)：718-728.
[3] 陈智慧：《基于学习分析的适应性学习路径推荐系统设计与开发》，硕士学位论文，华中师范大学，2016。

在实际教学应用中，学习路径规划在自适应学习系统和大数据精准教学系统中得到广泛使用，系统依据收集到的学生学习数据与知识数据，利用推荐算法为学生规划最佳的学习路径与推荐相匹配的学习资源。由于个性化学习路径推荐理念与技术实现等方面的局限，目前学习路径推荐算法基于学习者的个体行为，且存在推荐内容粗粒度等问题，难以保证推荐完整学习路径的精准度。[①] 研究者们试图通过融合学习情境，运用学生画像、知识图谱等技术提高推荐路径的精准度。

---

① 姜强、赵蔚、李松等：《大数据背景下的精准个性化学习路径挖掘研究——基于 AprioriAll 的群体行为分析》，载《电化教育研究》，2018(2)。

第5章　基于智能技术的因材施教教学模式

因材施教教学模式搭起了因材施教教学理念与教学实践之间的桥梁，并逐步形成了"识材—施教—发展"的统一理解，助力"因材施教"走向"可因材施教"。人工智能、大数据等智能技术的发展，为因材施教教学模式的落地应用提供了重要的技术支撑。由于教学场景的复杂性，智能技术支持的因材施教教学模式通常是教学、学习、评价等多种视角的融合，其中的典型代表是基于大数据精准教学系统的因材施教教学模式、基于自适应学习系统的因材施教教学模式和基于智慧课堂信息化平台的因材施教教学模式。

▶ 5.1　因材施教教学模式的构建

5.1.1　因材施教教学模式概述

在因材施教理论与实践的发展过程中，因材施教曾被研究者们各具差异地解读为教学思想、教学观念、教学规律、教育方针、教学原则、教学组织形式、教学方法策略等。因材施教概念理解的多样化、差异化，反映了因材施教是历史沉淀的重要教学思想和宝贵财富，但也意味着其在实践中往往难以把握，缺乏可操作的实施方法。因此，有的学者呼吁从"因材施教"走向"可因材施教"，希望在现实条件下探索促进学生个性化学习的策略，为"因材施教"提供可操作的支持服务，实现从教育理想到教育实践的转变。[1]

---

[1] 刘和海、戴濛濛：《"互联网+"时代个性化学习实践路径：从"因材施教"走向"可因材施教"》，载《中国电化教育》，2019(7)。

因材施教教学模式是因材施教教学理念与教学实践的中介，有助于实现"可因材施教"。教学模式是在一定教学思想或教学理论指导下建立起来的较为稳定的教学活动结构框架和活动程序。作为结构框架，教学模式突出了在宏观上把握教学活动的整体性和逻辑性；作为活动程序，教学模式则突出了具体教学实施中的有序性和操作性。对教学模式的理解与把握，为研究因材施教教学模式提供了指导。因材施教教学模式是对如何实施因材施教的教学思想和实践经验的总结，通过模式框架具体规定教学过程中师生双方如何互动与如何实施个性化、差异化教学等。教学模式是师生双方教与学活动的指南，实施因材施教的操作程序，应符合学生个性特征，尊重学生个体差异。[①] 随着因材施教大量实践的开展，人们在认识和理解因材施教上虽然表现出多样化、丰富化的时代特点，但是在其教学模式层面则逐渐形成了"识材—施教—发展"的统一理解。因材施教教学模式突破了因材施教只是作为教学理念或教学思想的局限，弥补了传统课堂教学模式创造性的缺失，使学生真正能够得到全面发展，为一线教师提供了可操作的教学指导。

　　从教学过程来看，因材施教教学模式主要表现为三种实践类型：基于教学视角的因材施教实践、基于学习视角的因材施教实践和基于评价视角的因材施教实践。每种类型又包括多个具体实践方式，如基于教学视角的因材施教实践包括个性化教学、分层教学、差异化教学、精准教学等具体实践方式，基于学习视角的因材施教实践包括自主学习、个性化学习、自适应学习等具体实践方式，基于评价视角的因材施教实践包括过程性评价、多元评价等具体实践方式（详见表5-1）。由于教学实践的复杂性和多样性，因材施教教学模式在具体实践中通常表现为教学、学习、评价多种类型的交叉融合。

---

① 张会哲：《多元智能理论视角下因材施教教学模式研究》，硕士学位论文，河北大学，2012。

表 5-1　因材施教的实践方式

实践类型	实践方式	说明
基于教学视角的因材施教实践	个性化教学	以尊重学生的个体差异为前提，以促进学生个性化和多元化发展为基础，教师进行个性化地教，学生在教师引导下进行自主学习，最终达到促进学生个性发展的教学目的。
	分层教学	在教学中充分考虑到不同学生的个性差异，有针对性地对不同类别学生进行学习指导，从而使每个学生都得到最好的发展。在教学实践中，分层教学通常先对学生进行分组，在此基础上开展小组合作学习，在备课、课堂教学、作业、评价、辅导各个环节落实分层教学思想。
	差异化教学	承认学生客观存在个体差异，强调教师的教要适应学生的学；差异教学的最终目的，是促进每个学生在原有的基础上都得到最大的发展。在教学实践中，差异教学提倡积极对待学生差异，采取科学的判断和决策，实施系统性和多样性的教学方法。
	精准教学	通过技术生成精准的教学目标，开发适切的教学材料，设计适宜的教学活动进行教学，并且频繁地测量与记录学生的学习表现，以精确判定学生存在的当前问题及潜在问题，针对判定的问题，采用适当的数据决策技术以对教学策略进行精准的优化和干预。①
基于学习视角的因材施教实践	自主学习	学生自觉主动地确定学习目标、营造学习环境、选择学习方法、监控学习过程、评价学习结果。②
	个性化学习	学生根据个人需求选择学习内容，依照自身特点选择学习方法，参照自我期待制定学习目标，从而满足自身学习的需要。个性化学习尊重学生的个体差异，能够让每位学生都得到适宜的发展。
	自适应学习	基于学生个性特征差异提供个性化的学习服务，记录、挖掘和深入分析学习行为的历史数据信息，以可视化的方式呈现数据结果，用于评估学习过程、发现潜在问题、预测未来表现，并在此基础上进行个性化干预、指导，促进有效学习的发生。当前自适应学习依托大数据技术，对学生学情进行精准分析与诊断，为学生提供自适应学习内容、自适应学习评估和自适应学习序列，一般运用于网络学习空间、大规模在线开放课程等在线学习平台中。

---

① 彭红超、祝智庭：《面向智慧学习的精准教学活动生成性设计》，载《电化教育研究》，2016(8)。
② 李红美：《网络环境下自主学习模式的探讨》，载《电化教育研究》，2004(4)。

续表

实践类型	实践方式	说明
基于评价视角的因材施教实践	过程性评价	对所有学生学习过程中涉及的各种智力和非智力因素进行评估,实时地向学生反馈其各个阶段的学习成绩,教师有针对性地调整教学方法,以此提高学生的学习效果。过程性评价注重教与学的过程,强调学生禀赋的不同,注重不同个体的差异性发展,促进个性化的人才培养。
	多元评价	通过设置多元的评价目标,从学业成绩、思想品德、综合素质等多个维度对学生进行评价,避免了"一把尺子衡量学生"的弊端,帮助学生在学习中获得更多的积极体验,减轻学生学习的心理负担。根据多元评价结果,分层布置作业和实施有针对性的教学辅导,可以充分发挥每一位学生的潜能,让每一位学生都能体验到学习成功的感受。

5.1.2 因材施教教学模式的构建原则

尽管因材施教教学模式在实践中表现出多样性和层次性的差异,但是不同类型的教学模式仍然具有相对统一的构建特性。因材施教教学模式的构建应遵循以下原则。

(1)思想性原则

教学离不开理论思想的指导,教学理论思想的价值在于能够指导具体的教学实践。教学是教师依据教学理论思想,运用适当的方法技术,引导学生主动学习,以达成教育目标的活动。教学理论思想渗透到教学的各个要素之中,制约和规范着教学的操作程序和方法。因材施教教学模式的构建也要在主体教育思想、多元智能理论等理论思想的指导下进行。

(2)完整性原则

教学模式是由理论依据、主题、教学目标、操作程序、实现条件、教学评价等要素构成的有机系统,体现了理论上的自圆其说和过程上的有始有终。因材施教教学模式揭示了在因材施教过程中诸因素之间的动态联系(如目标、理论基础、操作程序、结果评价等),从全局上把握教学过程的始末。

(3)操作性原则

教学模式并不是单纯的理论描述,其表述要便于教师学习、运用和推广。

因材施教教学模式把因材施教的理论和实践中最核心的部分用简化的形式呈现出来，为人们提供了一个比理论具体得多的"教学行为范型"①，具体地规定了教师的教学行为，使教师在课堂教学中有章可循。

(4) 规范性原则

教学模式是对大量教学实践经验的一种抽象概括，在一定程度上揭示了教学活动的普遍性规律。通常，人们把教学模式理解为开展教学活动的一套方法论体系，既是教学理论的具体化，又是教学经验的系统概括。因材施教教学模式以简化的形式表示关于因材施教活动的基本程序和框架，为教育工作者提供规范性的参考。

(5) 个性化原则

由于学生的知识背景和认知能力存在差异，因此学习过程和学习进度经常不能统一。因材施教要求关注每个学生的学习过程并给予全程动态反馈，根据学习结果及时调整个性化的学习路径，以满足不同学生的学习需要。因此，因材施教教学模式的构建应当遵循个性化原则，通过有针对性的知识学习、能力训练等，帮助学生激活已有知识架构，督促他们批判性地学习新知识，从而促进他们全面而有个性的发展。②

5.1.3　因材施教教学模式的基本框架

目前，专门研究因材施教教学模式的著作还不多见，但对差异化教学模式的研究已经取得不少成果。差异化教学研究的知名学者汤姆林森在其著作《以差异化教学回应全体学生的需求》当中指出，教师实施差异化教学包括四个领域：内容（Content）、过程（Process）、成果（Product）和学习环境（Learning Environment）。国内学者贺斌在《智慧教育视域中差异化教学模式研究》中提出了差异化教学模式的内容、过程、成果和环境四大组件。通过借鉴差异化教学模式的研究成果，结合教师在一线实施因材施教的现实场景，因材施教教学模式的一般框架主要包括学习者、施教活动、教育结果三大要素，与

---

① 李朝辉：《教学论》第2版，164页，北京，清华大学出版社，2016。
② 靳晓颖、冯峰、刘翠：《基于知识链与核心技能耦合的高职 SPOC 教学模式构建》，载《教育与职业》，2019(7)。

"因材施教"三个层面的内涵"识材""施教""发展"分别对应。其中"施教活动"又包括目标、内容、过程、环境、评价五个组件。因材施教教学模式的基本框架如图 5-1 所示。

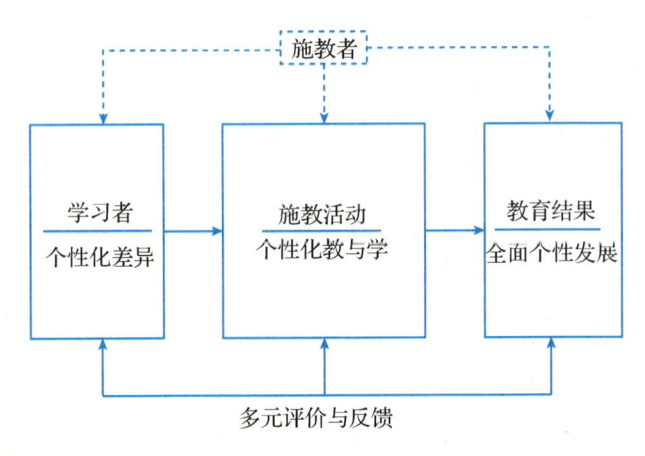

图 5-1 因材施教教学模式的基本框架

上述框架体现了因材施教教学模式的诸要素之间的基本逻辑关系：首先，三大组成要素——学习者、施教活动(包括目标、内容、过程、环境、评价五个组件)、教育结果之间，遵循因材施教从"识材"到"施教"再到"发展"的逻辑路径，即依据学习者的个性化差异，实施个性化教与学，促进学习者全面而有个性的发展。其次，隐含的"施教者"与三大要素之间相互作用、相互影响，与学习者形成以不同的"教"适应不同的"学"的特殊的教与学关系，体现了"因材施教"本质上是面向每一个人、适应每一个人的教学。最后，对教育结果进行多元反馈与评价，评价结果为下一步的教学改进提供决策依据，促进学生全面而有个性的发展，形成了因材施教持续发展的闭环。由此，诸要素和组件系统化地构成了相对稳定的因材施教教学模式的基本框架。这些要素和组件的具体含义如下。

(1) 学习者

学习者是因材施教中的"材"。在因材施教实践中，首先要了解和把握学生的生理、心理和社会等各方面的共同特征和个性差异，尤其要了解和把握与教学实施相关的学生的个性特点、学习情况和学习能力等，这是实施因材施教的前提。

(2)施教活动

施教活动是"施教"的主体性活动,包括显性的和隐性的"施教"主体的教育教学活动。施教活动包括目标、内容、过程、环境和评价五个组件。

目标,即为何而教,是教学的起点。它要求在尊重学生差异的基础上,为学生制定分层目标,满足不同学生的学习期望和需求。

内容,即教什么,是教学输入环节,回答了"教什么"的问题。内容是指学生需要知道的信息,包括要求学生学习的概念、原理、技能和经验等,这些信息要与国家课程标准保持一致。根据学习者之间的差异,在教授相同课程时,教学内容可以在质(难易)上或量(多寡)上有所不同。

过程,即怎么教,是教学活动环节,回答了"如何教/如何学"的问题。为了理解和掌握所学内容,学生需要参与一系列活动,以确保能够掌握关键技能,建构核心观点,理解信息意义。只有在活动中学生才能把观点和信息弄明白。此外,教师还要清楚地知道,学生在进入某一教学过程时所处的水平,要为学生提供不同水平的支架,进而帮助他们在原有经验基础上建构知识体系。

环境,即在什么条件下教,是教学/学习活动得以顺利开展的支撑性条件,回答了"在哪儿教/学""和谁一起学"的问题。学习环境是促进因材施教的重要条件,是指学生学习时身处的物理时空、人际环境、技术环境、心理氛围和文化背景等。面对学生的诸多差异,教师要为每位学生创设积极的、安全的、结构化的支持性学习环境,让他们能够以多种方式灵活地参与学习,如在教室里设置个人工作区或者团队协作工作区等。

评价,即对"教得怎么样"的价值评判,评价重视动态的、实时的学习过程和学习效果,通过在学习进程中对学生进行实时评价,将评价过程与学习过程融合在一起,为学生提供及时的反馈、引导、激励和调节等方面的学习支持。过程性评价重视学习持续发展和变化的过程。

(3)教育结果

教育结果指的是学生全面而有个性发展的程度,是教学输出环节,回答了"学到了什么"的问题。它反映了学生实际的学习结果,即他们已经知道(Know)的、理解(Understand)的或者能做(Do)的东西(汤姆林森称之为KUD)。学生需要将学习成果以适当的方式展示出来。按照汤姆林森的说法,这里所说的成果更侧重于"最终成果"(Culminating Product)，或者学生创作出来的用于展示学习的主要部分，而不是指学生每天课程学习中产生的"片段化工作"(Pieces of Work)。教学结果通过多元反馈作用于学生，既是某个施教活动的最终阶段，也是下一个施教活动的初始阶段，指导新一轮因材施教活动的实施，同时贯穿于整个施教过程中，形成教学闭环。

5.1.4　智能技术对因材施教教学模式的支撑作用

因材施教教学模式的实施离不开智能技术的支持。进入21世纪以来，多种新兴的信息技术快速融入教育领域，对各级各类教育的深化改革产生了重大而深刻的影响。物联网、云计算、移动互联网、大数据、人工智能等技术具有前所未有的优势，对个性化学习和因材施教发挥了重要的支撑作用。[①] 具体而言，对于因材施教教学模式的三个层级——"识材""施教""发展"，智能技术提供了不同场景的技术支撑，包括针对学生的学情诊断与分析技术、针对施教活动的个性化教与学技术、针对结果评价的生涯规划与发展评价技术，如图5-2所示。

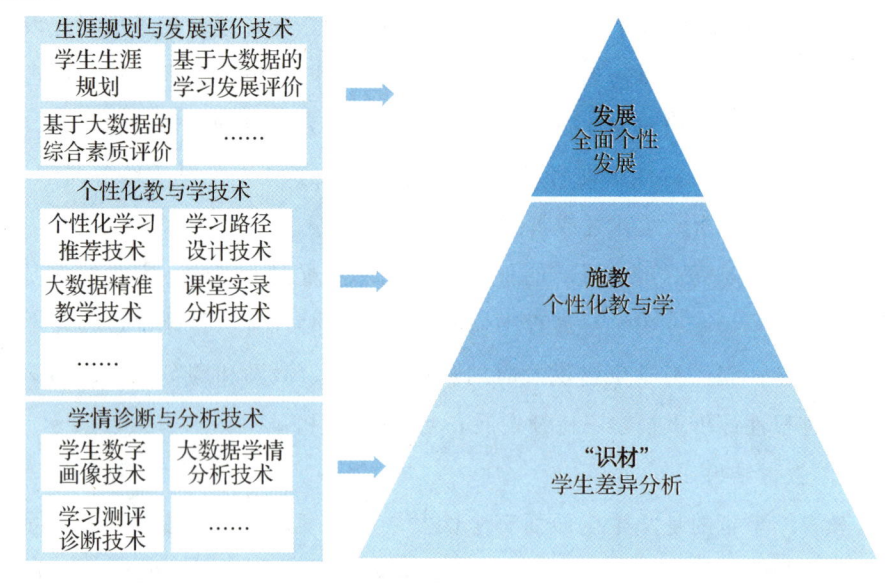

图5-2　智能技术对因材施教教学模式的支撑作用

---

① 刘邦奇、吴晓如：《智慧课堂：新理念 新模式 新实践》，69页，北京，北京师范大学出版社，2019(1)。

第一，对于"识材"层级，智能技术主要应用于对学生差异分析的技术支撑，包括学生数字画像技术、大数据学情分析技术、学习测评诊断技术等。透彻了解学生是因材施教的前提，教育者首先要了解和把握学生的生理、心理和社会等各方面的共同特征和差异，尤其要了解、把握与教学实施相关的学生的个性特点、学习情况和学习能力等。通过学习行为采集、学生生理信号采集等大数据采集技术，能够全面采集知识水平、学习风格、认知特点、学习动机等相关学生数据；再通过数据挖掘技术与机器学习技术，依据学生数据对学生动态建模，进行学情分析与预测[①]；最后，结合大数据可视化技术，形成学生画像，将分析结果提供给教师，助力教师分析学生差异，并为后续教学进行精准预设，合理规划教学资源[②]。

第二，对于"施教"层级，智能技术主要应用于对教育教学活动的技术支撑，包括基于学科知识图谱的个性化学习推荐技术、学习路径设计技术、课堂实录分析技术、大数据精准教学技术等。学情分析犹如"病症"诊断，教学策略与教学资源恰似"药方"，必须做到对症下"药"。教育者要结合社会需要和教学内容，针对学生的不同情况，采取不同的教育方法，提供适合的教育教学服务。基于学情分析的数据以及在教学系统中学生学习新产生的过程性数据，通过学科知识图谱与个性化推荐等大数据应用技术，可为学生构建个性化学习路径，并推送个性化学习资源。将学生差异分析的结果反馈给教师，可帮助教师根据学生个性化差异，制定差异化教学策略，实施差异化教学互动方式，提供差异化教学内容，并可辅助教师为学生提供精细化辅导和个性化关怀，从而实现个性化的精准教学。

第三，对于"发展"层级，智能技术主要应用于对教育结果的规划与评价，包括学生生涯规划、基于大数据的学习发展评价和综合素质评价等。教育者在施教过程中要面向全体学生，使之既能全面发展，又能学有所长。传统的教学评价，因评价数据单一化和评价方式主观化，存在评价不全面、不科学的问题。多元智能理论认为，教育的目的是开发每个学生的多种智能，强调

---

① 何克抗：《促进个性化学习的理论、技术与方法——对美国〈教育传播与技术研究手册(第四版)〉的学习与思考之三》，载《开放教育研究》，2017(2)。
② 郝祥军、王帆、祁晨诗：《教育人工智能的发展态势与未来发展机制》，载《现代教育技术》，2019(2)。

从多个维度评价学生，促进学生发展。① 大数据与多元智能的融合，可以更为准确地判断学生的个性、学习程度、学习特长等，促进教学评价的多元化，从而助力开发学生多种智能，实现学生全面发展。此外，根据学生学习与成长过程性数据分析，为学生规划发展路径，可以提供精准的教育目标、教育计划，推送发展建议，助力学生个性化发展。

▶ 5.2 基于大数据精准教学系统的因材施教教学模式

5.2.1 大数据精准教学系统为因材施教提供了全过程数据支撑

早期的精准教学概念由奥格登·林斯利于 20 世纪 60 年代基于斯金纳的行为主义学习理论提出，是指教师通过手动记录学生每天的表现，衡量学生的学习发展情况，预测学生的发展趋势，从而指导教师改变教学方法，制定教学决策。后来，我国学者祝智庭等人通过引入教育数据挖掘、学习分析和机器学习等技术，从教育信息化带动教育变革的角度提出了"精准教学 2.0"概念，并认为其是一种面向高效知识教学的、精准的、系统的评估教学策略与课程的方法。② "精准教学 2.0"通过将信息技术与智能技术引入教学中，为基于大数据精准教学系统的因材施教的发展奠定了基础。在"精准教学 2.0"理念的指导下，利用大数据与人工智能等技术打造的智能教学系统，通过对教学过程的记录、分析与评测，为教师在教学活动中的决策与干预提供数据支撑，使得精准教学能够兼顾学生的个性化发展。③ 长期以来，由于受到"大班额"班级授课环境、技术发展等因素的制约，教师难以及时精准地了解众多学生的学情，使因材施教教学模式难以有效地在一定规模范围内落地应用。大数据精准教学系统通过对教学过程的数据采集、分析和可视化，可以精准把握学生

---

① 许晓川、王爱芬：《大数据与多元智能在教育教学中的深度融合》，载《教育理论与实践》，2017(25)。
② 祝智庭、彭红超：《信息技术支持的高效知识教学：激发精准教学的活力》，载《中国电化教育》，2016(1)。
③ 龙虎、王小雪：《大数据技术下的精准教学模式构建研究》，载《电脑知识与技术》，2019(20)。

个性特征，助力教师开展针对性的教学指导，赋予了课堂新的活力。具体来说：

(1)学情分析支撑科学"识材"

在班级集体授课环境下实施因材施教，教师需要对全班学生的学情有全面充足的了解，才能够有效开展精准的教学活动。大数据精准教学系统可以对历次教学过程中的历史性数据进行记录与分析，向教师提供班级学情报告与学生学情报告，助力教师精准把握学情，科学"识材"。例如，针对班级共性情况，系统可以向教师提供近一段时间内的班级学情，包括学科知识点数量、薄弱知识点数量、班级掌握情况、班级共性错题情况等。此外，系统还可以针对每一位学生的个性特点，提供个性化学情分析报告，显示每位学生的知识点掌握情况、个人知识点得分率以及与年级得分率的对比，帮助学生精准了解自己的学情。

(2)智能推荐支撑精准"施教"

基于预先设置的知识库与资源库，通过智能推荐引擎为教师精准推荐适合当前班级教学的资源和策略。具体来说，依据学生学情分析的结果，教师可以精准掌握每位学生的个性化特点，明确本节课的教学重点。系统针对需要重点教学的内容，为教师精准推送教案、课件、视频等教学资源，帮助教师精准"施教"。

(3)智能评价支撑个性"发展"

大数据精准教学系统记录了整个精准教学过程中产生的数据，包括学生学习行为数据、学业评测数据等，并将其以可视化报告的形式反馈给师生，直观展示了学生的发展变化趋势。在基于客观数据的基础上，系统还可以辅助教师从多个维度评价学生的发展情况，从而指导教师更加精准地开展因材施教，促进学生个性化发展。例如，教师可以通过学业评价报告了解学生对某一知识点的掌握程度，对于知识掌握较好的学生，可以为其精准推送拓展性学习资源，鼓励其个性发展；对于知识掌握较薄弱的学生，可以为其精准推送巩固性学习资源，帮助学生解决短板问题。

5.2.2 基于大数据精准教学系统的因材施教教学模式框架

基于大数据精准教学系统的因材施教教学模式是在主体教育与多元智能

等理论指导下，结合大数据精准教学系统，为实现因材施教教学目标而构建的一种教学活动框架。针对因材施教的个性化教学特征，基于当前精准教学的技术环境、实践流程和教学内容，形成了基于大数据精准教学系统的因材施教教学模式框架，如图 5-3 所示。

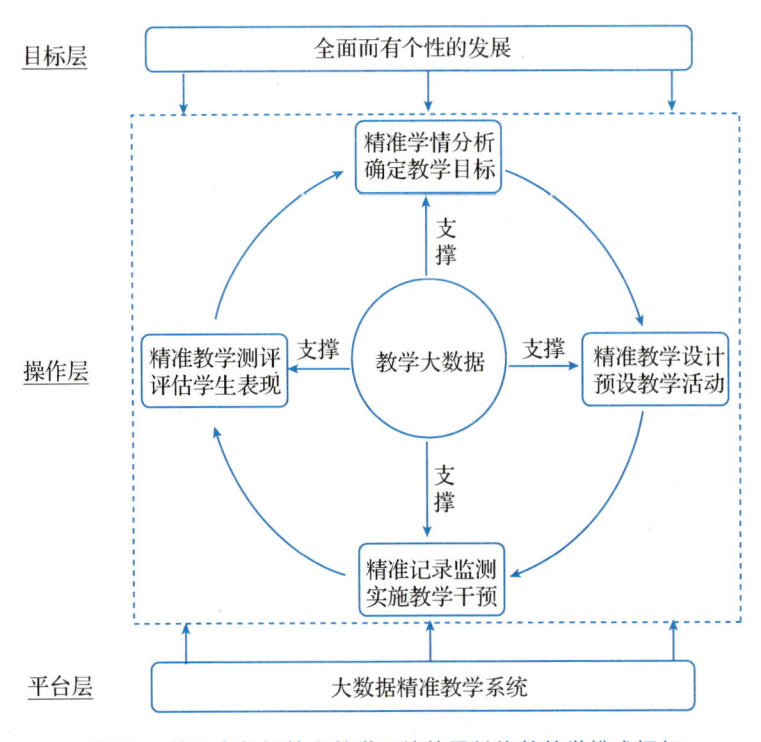

图 5-3　基于大数据精准教学系统的因材施教教学模式框架

基于大数据精准教学系统的因材施教教学模式框架总体上由平台层、操作层、目标层三个部分构成。各个部分的具体含义如下。

(1) 平台层

平台层是基于人工智能、大数据等智能技术构建的大数据精准教学系统，是支撑该模式实现的技术平台。大数据精准教学系统通过对教学全过程中师生产生的各类数据进行记录、存储、分析与挖掘，实现"学情分析数据化""智能推荐精准化""智能评价过程化"，从而为班级集体授课环境下的因材施教提供支撑平台。

(2) 操作层

操作层是精准教学活动在大数据环境支撑下的教学环节与步骤。大数据驱动精准教学的前提是海量的教学大数据。教学大数据是支撑整个因材施教教学过程的核心，是教学各环节产生的数据集合，包括结构化、半结构化、非结构化等多种类型的数据。在教学大数据的支撑下，教师可以对学生的行为过程及学习结果进行精准分析，掌握每个学生的个性差异与学习需求，从而实现科学"识材"。教师在实施教学过程中也可以依据记录和监测的教学大数据，确定教学目标，调整教学策略，开展精准"施教"。此外，依托教学大数据还可以生成测评报告并反馈给师生，作为下一阶段开展学情分析和确定教学目标的依据。

（3）目标层

目标层主要是指基于大数据精准教学系统的因材施教活动使学生达成提升与发展的目标，即通过精准教学使学生得到全面而有个性的发展。

5.2.3　基于大数据精准教学系统的因材施教教学模式操作程序

基于大数据精准教学系统的因材施教教学模式是根据学生学习全过程数据，进行精准学情分析、精准施教、精准评价，为实现因材施教教学目标而构建的一种教学活动框架。其操作程序如图5-4所示。

精准学情分析 确定教学目标	精准教学设计 预设教学活动	精准记录监测 实施教学干预	精准教学测评 评估学生表现
个性诊断、学情分析 学情掌握、确定目标	选择策略、推荐资源 教学设计、预设活动	数据记录、课堂监测 实时评测、干预调整	个性推题、课后评测 发现问题、巩固练习

下一轮精准教学

图5-4　基于大数据精准教学系统的因材施教教学模式操作程序

（1）精准学情分析，确定教学目标

大数据精准教学系统支撑下的学情分析数据主要包含以下四种：一是关于学生基础信息的数据，如年级、班级、性别、兴趣特长、历史成绩记录等；二是关于学生在某一单元或者某一学期的学习数据；三是关于学生在上个知识点或上节课练习与作答情况的评测数据；四是关于学生在本节课即将学习的知识点和本节课预习过程中产生的相关预习数据。大数据精准教学系统通过对各种来源的数据进行整合、统计、分析、挖掘，并以可视化学情报告的形式提供给教师，可以帮助教师快速、精准地掌握学生学情，从而设定科学、合理的教学目标。教学目标的设定实质上是在学生特征与教学预期之间建立一种准确的映射关系。祝智庭指出精准教学的目标是一棵目标树，目标树的根节点是所要掌握的知识或技能的总目标，目标树中的子节点是学生个体需要完成的子目标，这些子目标因学习者而异，具有个性化特征。① 教师需要在掌握学生认知水平等方面的个性化与差异化特征的基础上，综合考虑学生学习现状和学习偏好，为不同学生精确设定不同的教学目标。②

(2)精准教学设计，预设教学活动

大数据精准教学系统提供的数据报告，能够帮助教师精准设计课堂教学起点(课堂教学最适宜从哪里开始)、教学重点(学生有疑问的内容)和教学难点(学生不能理解的内容)，进行精准教学设计。③ 基于大数据精准教学系统建立的教学资源库，可以根据学生个性需求与教学进度，为教师精准推荐教学方案、教学课件、视频、图片等多媒体教学资源。通过将精准教学理念与现有教学策略(如直接教学、分组教学、个别辅导、翻转课堂等)相结合，教师可以依据个性化教学目标设计精准高效、灵活多样的教学活动形式。如果学生在预习中表现不佳，教师可以最大化讲授时间，采用直接教学完成课堂内容；如果部分学生遇到学习困难，教师则通过异质分组的形式，让学生通过小组研习讨论解决问题；如果学生都能够顺利完成预习过程，教师则采用"自主学习＋个别辅导"的教学策略，在课堂教学中增加知识的深化与应用训练，培养学生高阶思维能力。

(3)精准记录监测，实施教学干预

大数据精准教学的最大价值，在于能够精准地针对学生某一知识或技能学习时所遇到的具体问题进行教学，从而在准确度方面实现百分百教学。④ 基

---

① 祝智庭、彭红超：《信息技术支持的高效知识教学：激发精准教学的活力》，载《中国电化教育》，2016(1)。
② 武法提、李彤彤：《基于远程学习者模型的差异化教学目标设计》，载《现代远程教育研究》，2013(3)。
③ 雷云鹤、祝智庭：《基于预学习数据分析的精准教学决策》，载《中国电化教育》，2016(6)。
④ 祝智庭、彭红超：《信息技术支持的高效知识教学：激发精准教学的活力》，载《中国电化教育》，2016(1)。

于大数据精准教学系统,可以对课堂中学生的学习行为和表现进行记录和监测,如学生的学业数据、浏览行为、互动行为、评价行为、作业提交等方面的信息,为教学干预提供依据。一方面,通过数据统计、数据分析、数据挖掘以及数据可视化等技术手段,对记录和监测的学生数据进行严格的数理分析与逻辑建构,可以全面反映出学生学习过程的全貌,为教师实施教学干预提供基础。另一方面,通过精准记录与过程监测,可以给予教师及时的教学反馈,帮助教师实时调整教学干预策略。例如,针对个别学生的特殊问题,可以进行实时点对点的练习纠正;针对某一知识点掌握程度较差的部分学生,可以依据该薄弱知识点为学生推荐个性化错题变式练习;针对反映比较多的普遍问题,可以基于共性问题统一推荐强化练习。

(4) 精准教学测评,评估学生表现

精准教学活动开展后,需要对教学活动效果进行测评。基于大数据精准教学系统的因材施教,主要通过两种途径对学生的表现进行评价:一种是实时性评价,即对学习过程中的行为数据进行实时记录与评价反馈,教师可以根据实时反馈结果及时调整课堂教学内容和教学策略;另一种是非实时性评价,即在学习活动结束后,通过大数据精准教学系统的学情分析报告帮助教师发现学生在学习过程中存在的潜在问题与缺陷,精准推荐个性化的巩固练习与下阶段的预习资源,评估学生发展成长路径。通过不断评估学生水平与教学目标的差距,教师循环迭代各个教学环节,这个过程直至全部学生达到教学目标所要求掌握的知识或技能水平时才终止。[①] 通过精准教学测评形成了整个教学实践活动的闭环,为下阶段的教学提供了参考。

▶ 5.3 基于自适应学习系统的因材施教教学模式

5.3.1 自适应学习系统为因材施教提供了个性化学习路径

国内外学者对自适应学习系统进行了广泛的研究。美国匹兹堡大学教授布

---

① 付达杰、唐琳:《基于大数据的精准教学模式探究》,载《现代教育技术》,2017(7)。

鲁希洛夫斯基于1996年提出了适应性超媒体系统（Adaptive Hypermedia System）的概念，并将其定义为一种为用户提供适应性学习内容展示和适应性导航支持的超媒体学习系统[①]，该系统被众多学者认为是自适应学习系统的前身。美国教育部教育信息化办公室指出自适应学习系统通过跟踪每个学生如何回答问题，可以动态地改变学习内容以及内容呈现方式、学习策略等，有效促进学生的个性化学习。国内学者余胜泉[②]认为使用适应性学习系统可以支持个性化学习，其关键环节在于学习诊断、学习内容动态组织呈现及学习策略设计与选择，也就是根据学习诊断的结果以及学生的学习历史记录，动态地组织呈现与学生当前学习能力最相关的学习内容。祝智庭等结合美国教育部简报对自适应学习环境的定义，进一步完善了自适应学习系统的信息反馈回路数据流，使教师可以根据系统的反馈，掌握学生整体和每个学生的学习情况。[③]

通过梳理国内外学者关于自适应学习系统的研究发现，自适应学习系统具有"以评促学、动态调整、教师监督"的特点。其中，"以评促学"体现了自适应学习过程中学生的主体地位，系统通过适应性测试为学生和教师提供了实时的发展性评价，给予学生自我判断的决策依据，促进了有效学习的发生。"动态调整"指的是自适应学习系统可以根据学生在课程学习过程中反馈回来的信息，动态地改变学习内容以及呈现方式、学习策略等，为学生推荐不同的学习路径。"教师监督"强调了自适应学习过程中教师的"引导者"和"监督者"角色，教师要对学生的学习进度和学习过程进行及时监督与指导。

自适应学习系统作为机器导师，突破了传统教师无法兼顾所有学生的局限，可以根据学生的学习风格、能力水平和行为倾向进行学习过程的动态调整，为因材施教提供了个性化学习路径。相比传统因材施教将目光集中于学生行为表现层面的"显性"施教方法，自适应学习系统采取计算机动态调整的"隐性"施教方法，以此来满足不同学生的个性化学习需求，深化了因材施教的价值内涵。这种隐性化的因材施教，主要是指施教方式的隐性化，即系统借助学习分析技术，准确诊断学生的学习需求，进而提供适合个体特征的学习支持，帮助学生

---

① Brusilovsky, P., Methods and techniques of adaptive hypermedia. User Modeling and User Adapted Interaction，1996，6(2-3)，87-129.
② 余胜泉：《适应性学习——远程教育发展的趋势》，载《开放教育研究》，2000(3)。
③ 祝智庭、沈德梅：《基于大数据的教育技术研究新范式》，载《电化教育研究》，2013(10)。

主动学习、内化和建构知识体系。自适应学习系统在教学实践中不仅关注个体知识水平和能力起点的差异，而且将个体的内在动力、情感、需求等差异因素也考虑在内，给予了学生自我组织学习活动、自主制订学习计划、自主选择学习策略、自我评估学习效果等方面的自由。不仅如此，自适应学习过程中的隐性化因材施教的理念并不局限于某一学习环节，而是贯穿于整个学习过程。自适应学习系统收集和分析学生的动态行为数据，将学习结果通过可视化方式反馈给教师和学生，帮助其精准掌握学习进度。在自适应学习系统支持下，学生的学习过程主要依靠学生自己的主动探索。教师不再是教学的控制者，而是学生学习的协助者，关注学生作为因材施教主体的现实需求，让每个学生都发挥自身能动性，主动探究知识、获取智慧、习得持续发展的能力。[1]

5.3.2　基于自适应学习系统的因材施教教学模式基本框架

基于自适应学习系统的因材施教教学模式主要以行为主义、认知负荷、元认知等教育学、心理学理论为指导。行为主义理论认为学生的学习行为可以通过强化训练来塑造，为学生推送不同的练习题并给予实时反馈，可以强化每一个学生的知识理解。[2] 认知负荷理论认为人的学习是存在认知负荷的，通过技术手段为学生匹配恰当的学习资源，可以减少学生的无效认知负荷，从而将认知负荷维持在一个符合学生个体需要的合理区间。[3] 元认知理论认为学生在进行学习活动时会对自己的学习过程进行重新审视，通过元认知监控可以提高学生的自主学习水平。[4] 基于自适应学习系统的因材施教教学模式根据学生学习的个性化心理特点给予有针对性的技术支持，进而提高学生的个性化学习效果。据此，围绕因材施教的目标要求，结合自适应学习系统的特点，参考史密斯、雷根[5]和西尔斯、格拉斯哥[6]的教学设计模型，构建形成基于自适应学习系统的因材施教教学模式基本框架，如图5-5所示。

---

[1] 张广君、张琼:《当代"因材施教":生成论教学哲学的审视》，载《课程·教材·教法》，2015(4)。
[2] 余江敏:《斯金纳的强化理论及其在教学中的运用》，载《曲靖师范学院学报》，2001(1)。
[3] 李韧:《自适应学习：人工智能时代的教育革命》，114~129页，北京，清华大学出版社，2019。
[4] 王菲菲、杨雪、黄海林:《我国元认知理论与实践研究综述》，载《高教研究与实践》，2012(3)。
[5] 盛群力等:《教学设计》，25页，北京，高等教育出版社，2005。
[6] Uzunboylu, K., Comparison and Evaluation of Seels & Glasgow and ADDIE Instructional Design Model. International Journal of Sciences and Research, 2017, 73(6): 98-112.

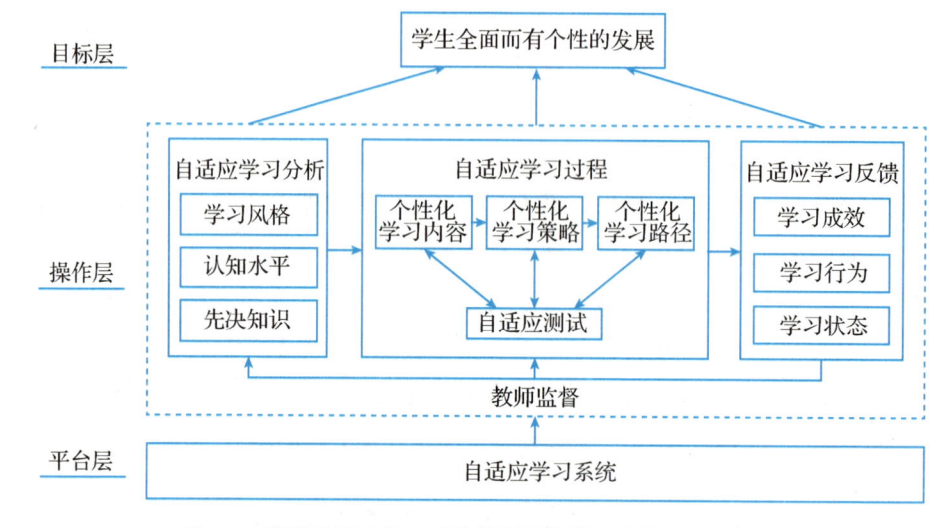

图 5-5　基于自适应学习系统的因材施教教学模式基本框架

基于自适应学习系统的因材施教教学模式基本框架主要由平台层、操作层和目标层三个部分构成，各个部分的具体含义如下。

(1)平台层

基于自适应学习系统的因材施教教学模式离不开自适应学习平台的支撑。学生与自适应学习系统的交互数据储存于系统平台中，预测模型通过抽取学生的学习数据和背景数据，对学生特征进行建模，从而实现科学"识材"。系统平台可以将学习分析结果传递至自适应学习引擎，据此对学习过程进行适应性调整。

(2)操作层

操作层包括学习分析、学习过程、学习反馈三个阶段。学习分析阶段通过分析学习风格、认知水平和先决知识以确定学习起点，为自适应学习做准备。学习过程是学生在系统平台的支持下，从推送学习内容、选择学习策略、匹配学习路径和自适应测试四个方面开展个性化学习的过程。学习结果从学习成效、学习行为和学习状态三个方面对学生的学习效果进行评价，为后续学习调整提供依据。

(3)目标层

基于自适应学习系统，学生可以进行自我评价和发展，探索与形成一条与他人不同的学习路径，充分发挥个性特点，在优势领域发挥所长。教师也可以基于自适应学习系统的反馈结果，更加准确地评估学生的不同发展情况，并采用适切性的教学资源和策略帮助学生提升综合素质，促进学生全面成才。

5.3.3 基于自适应学习系统的因材施教教学模式操作程序

基于自适应学习系统的因材施教教学模式是根据学生的行为表现和交互数据而动态调整学习过程的一种非线性教学方式，其操作程序如图 5-6 所示。

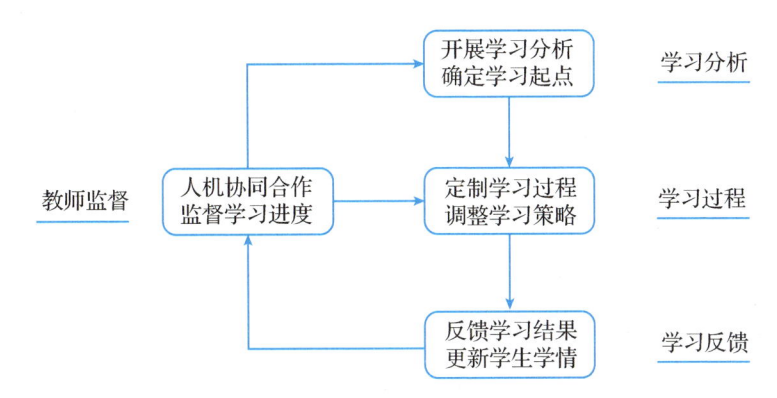

图 5-6 基于自适应学习系统的因材施教教学模式操作程序

(1) 开展学习分析，确定学习起点

学习准备环节通过综合分析学习环境、学习者特征和学习目标，确定学生的个性化学习起点。在基于自适应学习系统的因材施教教学活动中，学习环境分为线上和线下两大类。线上的自适应学习环境即虚拟的学习环境，是一种由信息技术构建起来的多媒体学习系统，如虚拟学习社区、教育网站平台、移动学习终端等。线下的自适应学习环境即物理学习场所，指教室、图书馆、走廊等。线上线下相融合的学习环境，可以满足不同学生的环境偏好。学习者特征分析是自适应学习的关键。学生初次登录自适应学习系统时，需要填写学习风格的测量问卷、基本学习情况、个人信息等，这些信息帮助系统确定学生的学习起点。此外，教师可以引领学生完成学前测试，测验结果可以进一步补充学生学情，提高学习者特征分析的精准性。系统主要从认知、情感和行为三个维度来分析学生，如学习风格、认知水平、先决知识、学习偏好、学习能力等。学习风格反映了学生个体特有的学习方式；认知水平反映了个体从事学习活动所需具备的信息处理能力，主要包括专注力、判断能力、思维能力、记忆力等；先决知识反映了学生在当前学习内容上的必备知识基础；学习偏好反映了学生个体对学习方式和学习环境的偏爱；学习能力反映了个体从事学习活动所需具备的心理特征。自适应学习系统可以根据学生的个性特征，分析推断出最适合学生当前学习水平的学习目标。教师也可以通过平时的教学观察以及对学生的了解，结合学生的自适应学习情况来干预学习目标的制定和学习内容的修改，以此提高学习的针对性。

（2）定制学习过程，调整学习策略

自适应学习过程是由推送学习内容、选择学习策略、匹配学习路径和自适应测试四个主要环节组成的一个操作循环。自适应学习系统根据学生的适应性练习结果，持续动态地更新学生的能力水平参数，并根据新的能力水平进行学习策略调整。

①推送学习内容。系统根据前期对学生个性化特征和学习目标的分析，自适应地动态提供适合该学生的"材料呈现方式或者序列组合"[1]。学习内容的适应性主要体现在两个方面：一是系统能够根据学生的认知水平、学习能力推送不同难度水平的学习内容，如基础性的概念知识还是探索性的拓展知识；二是系统可以根据学生的学习风格、学习偏好推送不同程序形式的学习内容，如学习材料的多媒体表征形式和排列组织形式等。

②选择学习策略。在基于自适应学习系统的因材施教教学实践中，自适应学习系统能够根据学生的个性化特征自动适配学习策略。如果学生擅长抽象概括和理论反思，则增加提纲、总结的时间和拓展资源推荐的频次；如果学生擅长视觉学习，则推送动画和视频类型的资源；如果学生擅长听觉学习，则推送音频资料。教师在这个过程中主要承担监督角色，必要时也可以为学生补充一些学习资源，帮助其顺利开展自主学习。

③匹配学习路径。为了满足不同学生的学习需求，自适应学习系统能够基于学生个性化的学习特征和学情为其推荐最适合的学习策略和学习序列，帮助学生自定步调开展学习。[2] 在学生自适应学习的过程中，系统会持续收集学生的学习数据信息，通过算法和预测模型，自动地改变学生的学习内容和

---

[1] 郭朝晖、王楠、刘建设：《国内外自适应学习平台的现状分析研究》，载《电化教育研究》，2016(4)。
[2] 牟智佳：《学习者数据肖像支撑下的个性化学习路径破解——学习计算的价值赋予》，载《远程教育杂志》，2016(6)。

学习知识点的顺序，并对学生的学习情况进行持续诊断。

④自适应测试。在学生学完一个知识点或学习一段时间后，系统对其进行自适应测试，通过固定数量的问题来评估学生对知识的掌握程度，评估学习内容、学习策略和学习路径推送的合理性和适切性。系统再进一步根据学生的答题情况作出判断和改进，若学生达到了此次测试的要求，则会进行下一个知识点的学习。反之，系统和教师则会进一步补充学习资源，辅助学生调整学习策略，优化后续学习。

(3)反馈学习结果，更新学生学情

尽管自适应学习系统能够根据学生的个体差异以及对学习过程的动态评估来反馈学习效果，但是对于教师和学生而言，这个过程依旧是个"黑箱"。因此，在经过一段时间的自适应学习之后，系统生成学习成效、学习行为和学习状态等方面的学习报告，提供给教师和学生作为下一步改进学习的依据。系统可以实时记录学生与系统之间的交互和反馈数据，如查阅学习资料的类型、学习时长、浏览及下载次数，参与论坛讨论的发帖量、读帖量与留言量，参与测试、练习和小组协作任务次数等学习行为数据。系统可以将学生的学习行为数据进行可视化分析，形成学习报告反馈给学生，帮助学生进行自我判断，调整心态和学习进度。教师也可以根据反馈报告监督学生学习进度，发现需要帮助的学生，有针对性地为学生提供个别辅导与答疑。

(4)人机协同合作，监督学习进度

基于自适应学习系统的因材施教不仅要依靠"机器导师"作用的发挥，人类教师的作用也同样重要。目前自适应学习系统还有一些需要改进之处，如学习内容的推荐精确度不高、学习者模型构建得不够完善、习题视频等学习资源不足等，还需要通过教师的监督干预来提升学生的学习效果。[①] 教师并不是直接干预学生自适应学习中发生的自动推荐、学生学习和适应性学习诊断等过程，而是通过系统报告监督学生学习的进度，判断系统的自动推送是否达到预期效果，如果有所偏移则采取措施为学生补充学习资源，甚至帮助优化推送策略和规则，保障有效学习的发生。教师逐渐从教学主导者的角色转

---

① 李韧：《自适应学习：人工智能时代的教育革命》，181～187页，北京，清华大学出版社，2019。

向教学监督者，监控学生的学习进度并提供支持。[①] 人类教师和"机器导师"之间的相互协作，逐渐形成一种双向赋能的生态支持机制，实现"机器导师"与人类教师协同发展，共同影响教学活动结果。[②]

▶ 5.4 基于智慧课堂信息化平台的因材施教教学模式

5.4.1 智慧课堂为因材施教提供了智能化技术平台

在传统教学环境下，由于客观环境条件无法满足，进行个性化学习和规模化因材施教是一件较为困难的事情。新兴产物智慧课堂与历史悠久的因材施教教学思想之间的碰撞，为因材施教的规模化落地应用带来了新的可能。智慧课堂是利用物联网、云计算、大数据、人工智能等智能信息技术打造的智能、高效的课堂，其目的是推动学科智慧教学模式创新，真正实现个性化学习和因材施教，促进学习者转识为智、智慧发展。[③] 智慧课堂打造的网络化、数据化、交互化、智能化教学环境，支持线上线下一体化、课内课外一体化、虚拟现实一体化的全场景教学应用，可实现"教学决策数据化、交流互动立体化、评价反馈即时化、资源推送智能化"。智慧课堂在价值取向上呈现出智能高效、以学定教、智慧发展等特征，与因材施教的价值追求具有高度的一致性。智慧课堂与因材施教在理论层面上的有效联结正是建立在这一共同的价值取向之上的，使智慧课堂与因材施教形成了完整科学的内部机理，为因材施教教学模式的构建奠定了基础。智慧课堂环境的构建与应用为因材施教的实现提供了先进的技术平台。智慧课堂能够贯彻"以学生为中心"的思想，准确把握情境创设、协商会话、信息提供等关键要素，增强学生的主体地位，激发学生的学习兴趣和主动学习意识，

[①] Chad E., Autumn E. and Spence P. R., et al. I, teacher: using artificial intelligence (AI) and social robots in communication and instruction. Communication Education, 2018, 67(4): 473-480.

[②] 逯行、沈阳、曾海军等:《人工智能时代的教师：本体、认识与价值》，载《电化教育研究》，2020(4)。

[③] 刘邦奇、吴晓如:《智慧课堂：新理念 新模式 新实践》，1、69页，北京，北京师范大学出版社，2019。

促进学生主动建构知识体系。基于智慧课堂的学习环境根据学生的个体差异，可以提供个性化的学习诊断、学习建议和学习服务，并记录学习历史数据，便于数据挖掘和深入分析，助力评估学习过程、预测未来表现和发现潜在问题。[1] 作为因材施教的智能化技术平台，智慧课堂对因材施教的支持主要有以下几个方面。

(1) 开放共享的教学资源

智慧课堂基于开放、共享与联结的互联网思维，让教学资源得到了高效的整合和开放共享，形成内容丰富、形式多样的资源库，为课堂教学从单一转向多元提供了基础条件。将平台化技术与大数据技术相结合，通过数据挖掘和智能分析，可以对资源库中的资源进行分层，如依据学生知识点的掌握情况进行排列分层，排在靠前位置的是较多学生不能掌握的知识点的相关资源，便于教师和学生轻松获得符合学习需求的资源。另外，利用教学资源的实时选取与推送功能，可以支持课堂动态的即时生成，随时根据教学中的实时需要将资源推送到每个学生的移动终端上，实现灵活、方便的学习应用。

(2) 全时空、立体化的课堂互动

智慧课堂的互动技术为师生的沟通交流以及教学形式的多样化提供了条件。课堂内多种终端设备的无缝连接和智能化运用，打破了传统意义上的黑板、讲台和时空概念，使传统课堂布局、形态和环境都发生了重大变革，师生之间、生生之间可以在课前、课中或课后无障碍地进行不受时间、地点限制的沟通与交流，实现了教与学的全时空、立体化交互。依托智能学习终端、智能穿戴设备等移动终端，让每个学生都能参与到精心创设的数字化情境中，并支持上传他们自己的微视频、学习作品等，让情境化教学立体呈现，实现真正的入情入境。智慧课堂的互动技术给了学生在课堂学习上的话语权，体现了学生的主体地位。

(3) 基于数据的决策和评价

借助智慧课堂信息化平台，利用大数据挖掘技术，对课堂教学数据进行诊断分析，实现了基于数据的教学决策和过程性的评价与反馈，有效解决了传统教学决策经验化的难题。利用智能化学习分析技术，给教师提供个性化的学生学情信息，方便教师关注每个学生的学习过程，精准获得学生的学习表现数据，

---

[1] 祝智庭、沈德梅：《学习分析学：智慧教育的科学力量》，载《电化教育研究》，2013(5)。

据此开展全过程的个性化教学和因材施教。例如，通过课前发布富媒体预习材料和作业进行预习测评和学情分析，优化教学设计，便于精准教学；通过课中推送随堂测验，进行实时化测评和即时反馈，便于及时改进教学策略，调整教学进程；通过课后作业数据分析，实施针对性学习支持，为学习者即时推送合适的个性化学习资料，实现个性化辅导。

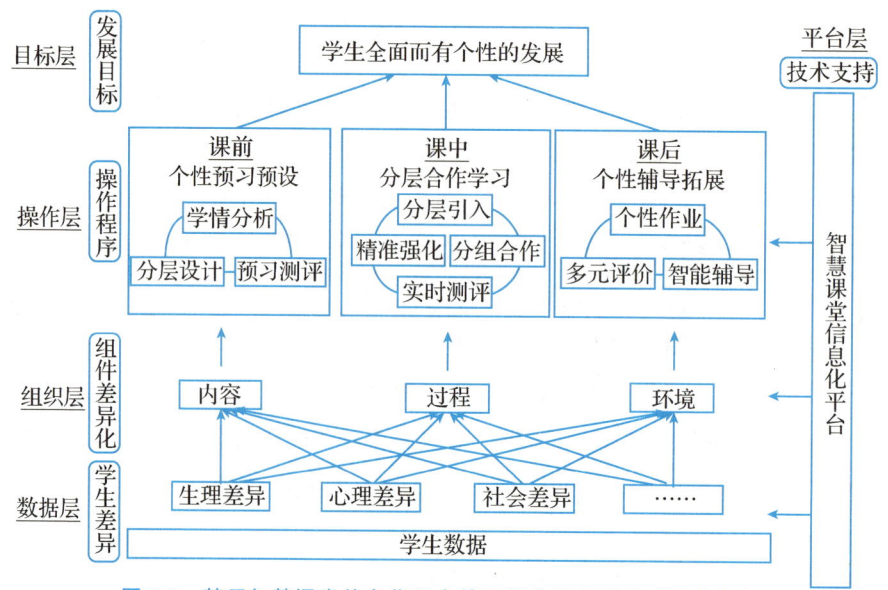

5.4.2 基于智慧课堂信息化平台的因材施教教学模式基本框架

根据因材施教教学模式的一般框架，参考有关研究者对翻转课堂教学模式、双目标教学模式、差异化教学模式的设计框架，基于智慧课堂信息化平台的因材施教教学模式设计遵循"平台为支撑、数据为基础、活动为核心、发展为宗旨"的设计要求。"平台为支撑"，即以智慧课堂信息化平台为支撑，为因材施教提供全过程的智能技术支持服务。"数据为基础"，即以学生数据为学情分析和教学决策的基础，使得教学决策和评价由经验走向科学化。"活动为核心"，即以教育教学活动为核心，基于智慧课堂信息化平台设计适切性的内容、过程、环境等组件和操作程序。"发展为宗旨"，即以促进学生的智慧发展为宗旨，达成因材施教的目标。据此，构建基于智慧课堂信息化平台的因材施教教学模式基本框架，如图5-7所示。

图 5-7　基于智慧课堂信息化平台的因材施教教学模式基本框架

基于智慧课堂信息化平台的因材施教教学模式框架总体上由平台层、数据层、组织层、操作层、目标层五个部分组成。各个部分的具体含义如下。

(1)平台层——智能化技术支撑

采取"云—台—端"的服务方式，部署和应用智慧课堂信息化平台，提供学习资源管理、教育信息管理、多元化评价等功能与服务。智慧课堂建设以教室智能平台为核心，结合智能教育云服务以及各类智能"教""学""管"终端和智能环境终端，形成智能化的课堂教学服务支撑平台。同时，针对课内外不同的应用场景，衍生出智慧课堂教学和智慧学习服务两类应用方式，涵盖备课、教学、作业、测验等全过程，为师生日常教学和学习提供了全场景的信息化、智能化支撑，实现了基于数据的针对性教、个性化学的智慧教学应用服务。

(2)数据层——学习者差异分析

以学生数据为基础，利用教育数据挖掘和学习分析技术，分析学生个性化特征。学生数据通常包括学习记录(保存在学习平台中)、交互性练习、观察数据、诊断性测量、感知风格问卷调查、学习风格问卷调查、先前知识经验与学习兴趣前测、标准测验、项目作业、学生自我报告数据等。基于学生数据所反映的学生差异主要包括：能力水平差异、感知风格差异、学习风格差异、学习兴趣差异等。

(3)组织层——差异化活动组件

活动是因材施教的核心要素，主要包括内容、过程、环境三个组件。通过组织协调机制，对教学内容、教学过程、教学环境等活动组件进行适当的差异化安排，以此来适应学生在经验、能力、兴趣、风格等方面的差异，进而实现因材施教。将活动组件差异化进一步具体化，进入可实施的操作层面，划分为课前、课中和课后三个阶段，形成适切性的教学流程。

(4)操作层——适切性教学流程

操作层是教学模式的核心成分，它将因材施教的操作程序划分为课前、课中和课后三个阶段。虽然这与传统课堂教学的流程划分并无二致，但在智慧课堂教学中三个阶段的含义已经大不一样，其操作程序吸收借鉴了智慧课堂已有的"三段十步"教学流程，并进行了升级改造，提出了适应因材施教的教学流程。适切性教学流程是智能化教学应用流程，是基于智慧课堂信息化平台的应用与服务，提供因材施教的操作程序和方式，实现课前、课中、课后的全过程个性化教学和因材施教。

(5)目标层——全面而有个性的发展

目标层处于教学模式的最顶层，是教学系统要达成的目标，体现了因材施教的目的和宗旨。就目标本身来说，教学系统要达成的目标是多层次的，可以是提高学生学习成绩，也可以是促进教学改革、提升教学质量，还可以是促进教育公平、发展教育民主等。但归结到教育目的和宗旨上，基于智慧课堂信息化平台的因材施教教学模式的最终目标是实现学生全面而有个性的发展，提升学生的核心素养，使学生获得能够适应终身发展和社会发展需要的必备品格和关键能力。

5.4.3 基于智慧课堂信息化平台的因材施教教学模式操作程序

操作程序是特定的教学活动程序或者逻辑步骤，是教学模式的核心部分。智慧课堂教学模式的一般流程是"三段十步"教学流程。[①] 基于智慧课堂信息化平台的因材施教教学模式操作程序仍然由课前、课中、课后三个阶段组成，但每个阶段的具体步骤和内容已经发生了变化，因此称之为"新三段十步"教学流程，如图5-8所示。

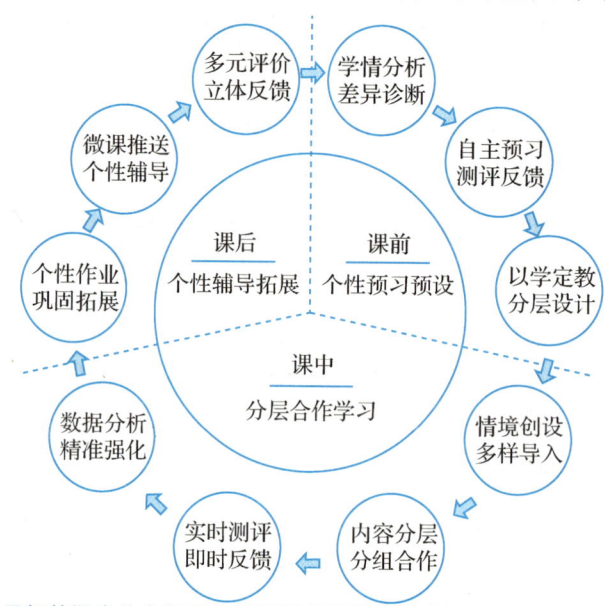

图5-8 基于智慧课堂信息化平台的因材施教教学模式操作程序(新三段十步模式)

---

① 刘邦奇：《"互联网+"时代智慧课堂教学设计与实施策略研究》，载《中国电化教育》，2016(10)。

(1)课前阶段——个性预习预设

课前阶段是因材施教的开始阶段。课前阶段的主要任务是个性预习预设。通过对学生个体特征和学习基础进行分析,诊断学生的差异,推送预习资源由学生自主预习,并基于预习测评结果进一步了解学生已有的认知基础,做到以学定教,进行弹性预设。

①学情分析。教师通过智慧课堂信息化平台提供的学生特征档案数据、学习行为数据、学生作业数据、考试成绩数据等,精准地掌握学生的第一手学情资料,对学生的个性特征和差异进行分析诊断。

②预习测评。根据学生的个体特征和过去的学习情况,教师可以针对性地推送微课、富媒体材料等预习内容,学生进行自主预习,并完成和提交预习测试题。教师还可以在论坛或平台上与学生就预习中的问题进行讨论交流,并根据预习反馈报告进行针对性的预习调整。如对学习兴趣较弱的学生,可推送情境性较强的视频资源,以引发学生的学习兴趣;对探究能力较强的学生,可推送知识性较强、可探究空间较大的资源,引导学生深入思考。

③分层设计。根据上述学情分析和学生预习测评反馈结果,实现课前教师与学生的反馈联结,明确教学活动的内容与目标,达到"以学定教"。依据学生的反馈情况与教材在知识层面所要达到的要求,首先确定教学活动的总体目标,即全体学生所要达到的共同目标;然后再依据学生的预习数据分析结果,明确学生对教学内容最感兴趣与最不感兴趣的知识点、能够较易理解与较难理解的知识点、不同学生在不同知识点上的思维方式以及提出的问题等。在此基础上,分层次确定差异化的教学目标、教学内容、教学方法等,进行弹性预设和教学方案的定制,为学习者推荐个性化学习路径。

(2)课中阶段——分层合作学习

课中阶段是因材施教的主要活动阶段,主要任务是开展分层合作学习,实现差异化教学。通过创设学习情境,教师根据内容组织学生分层分组合作学习,并进行实时测评和即时反馈,基于过程性数据分析对教学进度和方法进行调整,做到分层教学和精准强化。

①分层引入。为适应不同学生的需要,教师采取多种方法创设多样化的教学情境,分层导入新课内容。在智慧课堂教学中,情境创设的目的除了激

发学生的学习兴趣外，更重要的是发现问题，以问题为导向开展教学活动。教师可以结合学生提交的预习测评情况、学生生活中与教学内容相关的经验背景以及学生学习风格、学习兴趣等，利用智慧课堂信息化平台提供的丰富资源和互动工具，精心创设适切性情境，导入新课题，亦可让学生展现课前自学成果，围绕新课导入进行演讲展示、分享观点等。

②分组合作。在智慧课堂信息化平台支持下，依据学情分层和目标分层，进一步进行内容分层及学生分组，最终实现精准化的课堂教学。同层次间与不同层次间学生与教师、学生与学生可以进行立体化、多样化的交流与协作，以便于学生发散思维，找准兴趣偏好，体现出其差异性和多样性。根据教师下达的分层学习任务和成果要求，学生开展分组合作探究学习，如通过小组合作探究、游戏学习等方式，进行互动讨论，最后分组提交成果并展示。

③实时测评。学生完成分组合作探究任务后，教师基于平台进行实时测评诊断和分层反馈。针对不同学生逻辑思维、言语思维、实际操作等能力的差异，采取不同形式的练习测试，如习题、情境训练、实践与实验操作应用等。此外，对实时测评的反馈机制也是分层的，如练习知识性习题的学生可以将习题答案通过学生终端提交反馈给教师，解决情境问题的学生可以将解决方案实时推送给教师，教师进行不同方式的分层反馈。这种分层反馈，能够实时高效地反映每个学生的意愿，让每个层面的学生都能有与其个人发展相适应的反馈机制，促进每个学生的个性化发展。

④精准强化。通过系统收集、整理分组合作探究、实时测评和分层反馈等各个层面的学生学习数据，依托大数据分析技术，以数据化的形式为教师呈现教学活动的发展动向，以及每个学生在学习过程中的动态学情。教师依靠数据精准把握教学活动的动态发展过程，及时调整教学策略和进度，对学生的知识重点、难点掌握情况进行总结和点评，对薄弱环节进行补充讲解和强化训练。

(3) 课后阶段——个性辅导拓展

课后阶段也是因材施教不可或缺的重要组成部分，主要任务是开展个性化辅导，进行多元化评价与反馈。通过个性化课后作业的布置，进行个性化复习资源推送与辅导，同时对学生的发展进行多元化评价与反馈，使得学生的知识掌握、综合素质和个性特长得到进一步巩固和发展。

①个性作业。基于智慧课堂信息化平台，教师可以设计个性化课后巩固方案，高效便捷地为学生布置弹性分层作业。在作业内容选择上，教师可以基于大数据分析技术对学生精准把脉，从教学资源库选取对应学生薄弱知识点的习题，自动生成一份补弱巩固类型的作业题，或者针对优秀学生的拓展学习需要，自动生成拓展训练类课题，为每个学生推送真正适合自己的作业。对课后作业的布置形式，教师可以基于移动终端技术的应用改变传统的作业布置方式，将确定好的作业内容全部传入云端储存空间，由学生自己在任意时间去下载，打破了时间与空间的限制，并且教师可以随时登录云端查看学生的下载情况以及完成情况。

②个性辅导。针对学生课中学习和课后巩固练习中出现的疑难问题，基于智慧课堂信息化教学平台，教师可以依据学生课堂学习表现和学习特点，结合作业批改情况，录制疑难问题的讲解微课，或者将同类型的学生作业讲解录制成微课，推送给相关的学生，进行针对性的课后辅导，也可以采取"学生在线观看教师所录制的解题微课—同学与教师在线讨论交流—教师进行在线指导"的方式，进行个性化的辅导答疑。与传统课堂有别的是，智慧课堂课后辅导打破了传统物理空间和教学时间的限制，学生可以随时随地进行师生、生生交流，给予了学生更多的学习自主权。

③多元评价。课后评价及反馈是因材施教的重要环节，由于智能技术的支持与对个性化教学的追求，评价主体、评价形式与评价内容都呈现出多元化发展的特点。在评价主体上，对学生进行评价时，可以同时进行学生自评、学生互评与教师评价，尤其分层教学多以小组教学展开，学生之间的评价也更加真实。在评价形式上，基于互联网支持，可以采取线上与线下混合评价的方式，同时将评价数据记录下来，便于分析应用。在评价内容上，涉及知识学习、问题探究、自主学习能力、合作交流能力等多个层面，可以依据平时的学习行为、测评数据和课后评价数据，自动生成分层的、个性化的评价报告内容给学生、家长和教师。

第 6 章　智慧课堂环境下因材施教实践案例

智慧课堂信息化平台作为实施因材施教的智能技术平台，能够从课前、课中、课后给因材施教实践带来全方位的支撑。本章从全国范围内精选了涵盖多个学科、多种课型的中小学优秀因材施教案例，介绍了智能技术助力因材施教的途径与方法，呈现了智慧课堂在精准化学情分析、弹性化教学预设、智能化课堂实施、个性化作业辅导、多元化学习评价等多个教学环节的不同支撑作用。

▶ 6.1　精准化学情分析

6.1.1　基于诊断性测验的学情分析

为了科学、准确地了解每个学生的不同学习基础，通过试题、问卷、量表等方式，对学生的认知水平、学习风格、心理状态等进行诊断性测验，可以更好地把握教学起点，精准地开展学情分析。因材施教要求教师的学情分析必须以学生的起点为基础，不能凭主观的分析或解释去代替学生的真实情况。基于诊断性测验的学情分析，可以帮助教师详细测量出学生在某一学科、某一方面的现实基础，进而根据学生具体薄弱点的类型去分析原因和寻找补救方法，从而在教学过程中形成有针对性的因材施教策略。信息时代，学生获取知识与信息的途径更加多样化，学习过程的动态变化程度可能远远超过以前的学生，因此对学生的诊断性测验尤为重要。然而，在教学实践中，许多教师仍然习惯于直接将已经学习过的内容作为学生的认知基础，以书本中的教学起点取代学生的现实起点，只考虑了学生"该的状态"，而忽视了"现实的状态"。①造成这种现象的原因主要有两个方面：一方面是教师的侧重问题，教师在教学中注重教材的讲解，对学生的实际情况不够重视；另一方面是缺乏便捷有效的测量工具，测验的试题编制、试卷分发和收取、结果分析等冗杂的工作占用了教师大量的时间，这些工作不仅费时费力，还使得测量结果难以具有时效性。

智慧课堂信息化平台拥有丰富的题库资源和便捷的师生互动工具，教师可以借助平台快速地编制诊断性测验试题，通过系统即时推送给每个学生，并根据学生测验结果进行精准的学情分析。教师借助智慧课堂信息化平台进行基于诊断性测验的学情分析的一般步骤是：第一，教师根据教学进度和教材内容编制并推送测验试题。教师通过平台的资源检索功能，按照章节、知识点、难度、题型等多种方式和维度精选适合的题目内容，编制成诊断性测验试题。题目内容可以包括认知水平、学习风格、学习动机等多种类型，其中关于认知水平的测试题目主要包括两类：一是用来考查学生学习过的旧知掌握情况的题目；二是用来考查即将学习的新内容预习情况的题目，也可随题目推送与新知预习相关的学习资源。教师通过平台向学生推送测验试题和相关测验要求，学生根据要求在规定时间内完成试题的作答并提交作答结果。第二，基于诊断性测验结果进行精准化学情分析。智慧课堂信息化平台可对学生所答题目进行自动批改并生成测验结果分析报告，报告涵盖了学生的测验提交情况、得分情况、测验用时、每题得分率、每题答错答对的学生名单等，并以百分比、直方图、柱状图、饼图等形式直观呈现测验结果。依据测验结果，一方面教师可以精准掌握班级整体学习情况，并在此基础上设计教学目标和教学活动，如学生出现的高频错误就可能是教学的难点，可以选择适切性的教学资源和针对性的教学策略进行教学；另一方面教师可以精准掌握不同学生的个体差异，并针对不同情况的学生采取不同教学策略，如对在测验中出现错误的学生在相应教学环节中给予重点关注，对已经掌握较好的学生可以给更多的表现机会等。案例 6-1-1《一次函数与方程、不等式》反映了以上基于诊断性测验的学情分析过程。

---

① 马兰、高军玉、陈琳：《以学情为基点，以目标为导向设计单元教学》，载《浙江外国语学院学报》，2008(3)。

案例 6-1-1

八年级《一次函数与方程、不等式》精准化学情分析

本案例节选自山东省临沂市第六中学数学教师闫丽云的《一次函数与方程、不等式》。① 该节课是人教版八年级数学下册第十九章第二节第一课时的内容，重点是探究一次函数与一元一次方程、一元一次不等式之间的联系，并根据数形结合思想进一步领悟它们之间的关系，能借助方程、不等式模型解决一次函数问题，并能通过函数图象直观发现方程的解、不等式的解集，体现由形到数、由数到形之间的巧妙转化。为了提高教学的针对性，教师借助智慧课堂信息化平台，开展了基于诊断性测验的精准学情分析。

一、编制并推送课前诊断性测验试题

根据教学经验，一般来说，八年级的学生学习积极性高，思维活跃，探索欲望强烈，但是抽象概括能力和对数学知识的灵活运用能力有待提高。此时，本班学生已经学习过一次函数、一元一次方程和一元一次不等式，会画一次函数的图象，但是没有建立起这些知识之间的有效联系。以上基于经验的初步学情分析为诊断性测验试题的选择指明了方向。

教师借助智慧课堂信息化平台的题库资源，根据章节知识点选择试题，编制课前诊断性测验，并将测验推送给学生。本次测验试题主要包括两个部分：第一，针对旧知的复习题目，即第1～3题，其中第1题是针对一元一次方程的复习，第2、3题是针对一次函数的复习；第二，针对新知的预习题目，即第4～7题，其中第4、6题是考查一次函数与一元一次方程的关系，第5、7题是考查一次函数与一元一次不等式的关系。具体题目内容如下。

1. 一元一次方程 $-2x+2=0$ 的解是(　　)。

A. $x=0$　　　B. $x=-1$　　　C. $x=1$　　　D. $x=2$

2. 函数 $y=-2x+2$，当 x 为(　　)时，函数值为 0。

A. 0　　　B. -1　　　C. 1　　　D. 2

3. 直线 $y=-2x+2$ 与 x 轴的交点坐标为(　　)。

A. $(0, 0)$　　　B. $(0, 2)$　　　C. $(-1, 0)$　　　D. $(1, 0)$

---

① 为了更加清晰地反映本案例的主题思想，节选时作了适当调整。

4. 一次函数 $y=2x+1$ 如图所示,则方程 $2x+1=3$ 的解是（　　）。

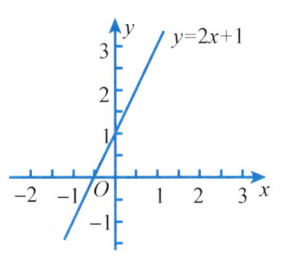

A. $x=2$　　　B. $x=1$　　　C. $x=-1$　　　D. $x=-2$

5. 一次函数 $y=3x+2$ 如图所示,则不等式 $3x+2>2$ 的解集是（　　）。

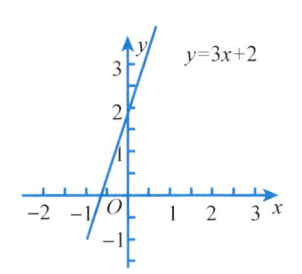

A. $x>-1$　　B. $x<0$　　　C. $x>1$　　　D. $x>0$

6. 一元一次方程 $ax+b=0$ 的解就是一次函数 $y=ax+b$,当 $y=0$ 时所对应的_____的值；从图象上看,就是一次函数 $y=ax+b$ 的图象与_____轴交点的_____坐标。

7. 从图象上看, $kx+b>0$ 的解集是直线 $y=kx+b$ 的图象位于 x 轴上方部分对应_____的取值范围, $kx+b<0$ 的解集是直线 $y=kx+b$ 的图象位于 x 轴下方对应_____的取值范围。

二、根据课前诊断性测验结果进行精准化学情分析

智慧课堂信息化平台对学生完成并提交的课前诊断性测验进行智能批改,生成本次测验的分析报告。在本次测验中,学生在各道题的表现并不均衡。在提交作业的 35 位同学当中,学生得分率较高的是第 1、2、3、6、7 题,得分率分别是 100%、97.14%、91.43%、97.14%、97.14%,反映了学生对过去所学的一元一次方程和一次函数的求解方法掌握情况较好,也通过本次预习初步感知了一次函数与方程、不等式的基本关系；学生得分率相对较低的是第 4、5 题,得分率都为 77.14%,反映了学生对一次函数图象与方程、不

等式的关系理解得不够深入，还不能灵活运用函数图象解方程和不等式。因此，教师在课堂中需要引导学生经历探究一次函数与一元一次方程、一元一次不等式之间联系的全过程，在探究过程中加深学生的理解，并将此作为该节课的教学重点。

图 6-1　课前诊断性测验结果概况

三、精准化学情分析的实践效果

基于学情分析，教师细化了该节课的教学目标，并对教学资源、教学策略、教学流程等进行了针对性设计，安排了"自主纠错""合作探究""学以致用""测评反馈"等课堂教学活动。首先在"自主纠错"环节中，组织学生分小组讨论课前学情诊断性测验中各自遇到的问题，重点关注在测验中做错了题的学生，请他们分享错误的原因和正确的解题方法，学生在智能学习终端上进行订正，平台显示订正率为100%，高效、有针对性地完成了难题、易错题的讲解；然后在"合作探究"环节中，运用数形结合的方法，小组探究一次函数与一元一次方程、一元一次不等式之间的联系，学生踊跃参与，积极构建和完善知识体系；接着在"学以致用"环节中，选择两组有难度梯度的课堂习题，加强学生灵活运用函数图象解方程和不等式的能力，这也是对课前学情诊断性测验中高频错题(第4、5题)所考查知识点的重点强化;最后在"测评反馈"环节中,通过四道选择题、两道解答题检验学生该节课学习目标的达成情况,结果表明学生的测评成绩优秀率达80%。该节课的教学效果表明,精准化学情分析有利于明确教学重点,并在课堂中展开分层教学,提高教学针对性。

【案例评析】(孙文艳　山东省临沂市第六中学西校区副校长)

　　闫丽云老师借助智慧课堂信息化平台实现了精准的学情分析,为后续教学活动的设计和实施奠定了良好的基础。事实上,闫老师在该节课进行了两次学情分析,第一次是在实施诊断性测验之前,闫老师依据经验总结了学生的认知特点,并从理论上初步判断了学生的已学和未学、已知和未知,预测了新知学习的可能难点,但这显然是粗放式、经验式的,所以在这个基础上闫老师马上进行了第二次学情分析。第二次是依托智慧课堂信息化平台展开的对学生实际水平的调查和分析,这次分析是基于数据的,是客观的、精准的。通过两次学情分析,闫老师实现了定量定性分析相结合,逐步细化了学生学情。课前老师向学生推送预习资源和诊断性测验,测验内容既包括对一次函数、一元一次方程、一元一次不等式的旧知复习题目,也包括对利用函数图像解方程和不等式的新知预习题目。通过测验,老师收集了学生初始认知和技能水平的数据并展开分析,从而实现由传统的经验式定性分析转向精准的定量分析。

　　闫老师依据精准化学情分析的结果,围绕学生在课前诊断性测验中暴露的问题知识点——运用一次函数图象解方程和不等式,选取了适切性的习题资源,设计了合作性的课堂学习活动,让学生带着问题进入课堂学习,在课堂中高效完成了针对难点的讲解点评,并重点关注了在课前诊断性测验中做错了题的学生。不同于看似内容丰富实则没有重点的走马观花式教学,该节课围绕问题展开针对性教学,教学重点突出,层次分明,化难为易,解决了学生的实际问题,让学生充分体会到了数形结合、分类、类比、转化等数学思想方法的综合运用,积累了丰富的数学活动经验,培养了学生的数学抽象和逻辑推理能力。

6.1.2 基于学习档案的学情分析

为了全面、详细地了解学生的学习过程、学习结果，以学习档案的方式记录学生的学习内容、考试成绩、作业成绩、作业时长、课堂获表扬次数、举手次数、回答问题次数等学习数据并加以整合分析，可以为学情分析提供科学依据。因材施教不仅要求教师在班级授课制的情况下抓住学生的群体特征进行高效教学，还要求教师关注学生的个体差异，为其提供适合的教学内容和方式。基于学习档案的学情分析，可以全面、客观地揭示学生群体或个体在一定时间内的学习情况，教师据此为学生提供针对性的教学，有利于贯彻因材施教理念，挖掘、发展每个学生的潜能，促进学生的个性化发展。[①] 学生的学习档案有多种类型。按照主体划分，档案数据可以分为个人学习档案和集体学习档案，集体学习档案又包括班级学习档案、学校学习档案、区域学习档案等；按照时间跨度划分，档案数据可以分为课时学习档案、单元学习档案、学期学习档案等。在教学实践中，如果没有技术工具的支持，教师在进行基于学习档案的学情分析时，可能会遇到一些困难。例如，在大班额的现实情境下，教师不容易及时发现和记录每个学生的变化，作业、测试等数据尚有迹可循，但是课堂听讲、师生互动、作业用时、课后自主练习情况等行为数据就难以便捷地进行收集。即便教师能够收集到完整的学生学习数据，对数据的统计分析也要花费较多时间，要想对学生在学习过程中产生的庞杂数据进行全面的统计分析就更加困难。

通过智慧课堂信息化平台建立学习档案，可以帮助教师有效地进行精准化学情分析。智慧课堂信息化平台借助多种终端设备和智能技术，全面收集学生的学习数据，进而对学生的多维数据进行深度挖掘和分析，并将结果可视化呈现，生成学生个人学习档案；在整合学生个人数据的基础上，又可对班级、学校等集体数据进行汇总分析，生成班级学习档案、学校学习档案等。教师可以根据教学需要查看不同类型的学习档案，展开全面、精准的学情分析。教师借助智慧课堂信息化平台进行基于学习档案的学情分析的一般步骤是：第一，根据教学需要选择学习档案类型。教师借助智慧课堂信息化平台，

---

① 刘邦奇、吴晓如：《中国智能教育发展报告》，124 页，北京，人民教育出版社，2019。

在不同的教学场景中根据需要选择不同的学习档案。如教师需要了解班级全体学生的学习情况，则选择班级学习档案；教师需要了解某个成绩波动的学生的详细学习情况，则选择该学生的个人学习档案；教师在新课教学前需要了解上节课的学习情况，则选择上节课的课时学习档案；教师在单元复习前需要了解该单元的学习情况，则选择该单元的单元学习档案；教师在学期即将结束时需要了解本学期的学习情况，则选择本学期的学期学习档案。第二，基于学习档案进行精准化学情分析。教师借助智慧课堂信息化平台的学习档案，可以详细了解学生的学情。如在学生个体方面，可以精准掌握学生的知识点掌握情况、作业提交情况、作业订正情况、课堂表现情况、课后讨论情况等学情信息；在班级整体方面，可以精准掌握全班的作业成绩分布情况、作业未完成学生名单、班级知识点得分率、课堂举手次数排名、作业提交时间排名、课堂获表扬次数排名等。这些学情信息可以反映出较为隐性的学习特征，如作业时长、提交情况、订正情况等可以反映出学生的作业习惯；作业完成和订正情况、课堂表现、课后自主学习情况等可以反映出学生的学习态度；课后学生借助平台自主搜索和学习微课的行为日志，可以反映出学生的学习兴趣或学习需要；基于知识图谱的知识点掌握情况可以反映出学生的知识结构；班级课堂举手情况、小组协作情况、师生互动情况、课后讨论情况等可以反映出班级学习氛围等。案例 6-1-2《走进法治天地》从单元复习课的视角反映了以上基于学习档案的学情分析过程。

案例 6-1-2

七年级《走进法治天地》精准化学情分析

本案例节选自重庆市璧山中学校政治教师杨静的《走进法治天地》。[①] 该节课是部编版教科书《道德与法治》七年级下册第四单元的单元复习课。本单元既是本册教材的最后一个单元，也是整套教材法律部分的起始单元，由第九课《法律在我们身边》和第十课《法律伴我们成长》组成，围绕"法治"二字展开，从学校生活领域过渡到社会生活领域，着力体现学生生命成长的连续性与教育内容的衔接。经过本单元的新知学习，学生对该部分知识已经有了初步的

---

① 为了更加清晰地反映本案例的主题思想，节选时作了适当调整。

了解，但仍存在知识点遗漏、知识系统性不足和重难点未掌握牢固等问题。该节课的主要目的是：一方面对教材知识点进行梳理，回顾和巩固重难点知识；另一方面带领学生进一步了解相关法律知识，提高法治意识。为进一步提升该节课复习的针对性，教师在课前查看了本单元的单元学习档案，档案内容包含知识点掌握情况、成绩分布、作业完成和提交情况、学生课堂表现、课后自主学习情况等，并基于学习档案进行了精准学情分析。

一、学生单元知识点掌握情况分析

单元学习档案将学生的作业、练习、考试情况与具体知识点模块进行关联，数据化呈现了本单元各知识点的掌握情况和得分率。在本章的学习中，学生单元知识点掌握情况如图6-2所示。班级各知识点的得分率与年级得分率相差不大，对"法治的脚步""法律的产生""法律的本质""运用法律手段对未成年人进行特殊保护"这些法律基本内容的知识点掌握情况较好，班级平均知识点得分率分别为90.71%、98.10%、92.86%、100%，但对"法律的作用""依法办事"这些法律在生活中的实际应用方面的知识点掌握情况不理想，班级平均知识点得分率只有38.40%和31.40%。因此，该节课的复习重点是加深理解法律与实际生活的关系，巩固"法律的作用""依法办事"等知识点。

知识点	对应题号	知识点权重	年级得分率	七年级2班均分	得分率
法治的脚步	4,14	0.06	90.8%	7.26	90.71%
法律的作用	11,15	0.07	37.20%	7.94	38.40%
法律的产生	14	0.04	97.63%	5.89	98.10%
法律的本质	1,13	0.04	88.24%	5.57	92.86%
依法办事	16	0.06	29.17%	7.34	31.40%
特殊保护	7	0.01	98.48%	2	100%

图6-2　学生单元知识点掌握情况

二、学生单元作业成绩分布情况分析

本单元的作业成绩分布数据显示，在全班41名学生中作业成绩为"优秀"（得分率90%~100%）的有23人，占比56.10%；作业成绩为"良好"（得分率80%~89%）的有9人，占比21.95%；作业成绩为"及格"（得分率60%~

79%)的有7人，占比17.07%；"不及格"（得分率0%～59%）的有2人，占比4.88%。数据说明班级学生整体的知识掌握情况较好，大多数学生的作业成绩取得了"优秀"和"良好"的结果，共占比78.05%；但是学生个人的作业成绩差距较大，有的学生得分率可达到100%，有的学生则得分率不理想，最低的仅有42.10%。

三、学生学习态度分析

学生的作业完成和订正情况、课堂表现情况、课后借助平台进行自主学习情况等可以反映学生的学习态度。班级学习档案中的作业提交和订正数据显示，本单元的作业提交情况很好，提交率达100%；但作业订正情况较差，历次作业的订正完成率普遍低于60%，其中3月22日的政治练习作业中全班41人提交作业，只有22人及时订正，订正率为53.66%。这说明学生已经基本养成按时完成作业的习惯，但及时订正作业的良好习惯养成效果不理想。在今后的教学中，教师需要帮助学生认识到及时纠错对知识理解和巩固的重要价值和意义，并督促学生对作业进行及时订正，促进学生良好学习习惯的养成。

通过班级学习档案查看学生的课堂获表扬次数、举手次数、回答问题次数等课堂表现数据，教师发现其分布情况与作业成绩分布情况存在一定程度的一致性，在课堂中获表扬次数较多、表现积极的学生，作业成绩也都处于"优秀"和"良好"水平。在接下来的课堂中，教师既要鼓励这些课堂表现积极、作业成绩较好的学生，更要关注那些课堂表现不够积极、作业成绩相对较差的学生。

班级学习档案数据显示，学生课后借助平台进行自主学习的投入时间和观看微课数量都存在较大差异。有16名学生利用智慧课堂信息化平台在完成教师推送微课的学习之外，还自主搜索并观看了微课视频。其中多数学生观看微课的累计时长为1小时左右，平均观看微课数量为4个；最高时长为2.3小时，最低时长为0.2小时；观看的微课数最多为8个，最少为1个。针对这种情况，教师需要对自主学习投入高的学生加以鼓励，并个性化地推送一些适合其学习水平的优质富媒体资源；对自主学习投入一般的学生，推送一些有趣的学习资源，引导他们体会学习的乐趣和成就感，激发他们自主学习的积极性；对自主学习投入较低、作业情况不理想、课堂表现不积极的学生提出明确具体的要求，并给予进一步的个别指导，引导他们积极自主学习。

四、精准化学情分析的实践效果

该节课从以上单元知识点掌握情况、单元作业成绩分布情况、学习态度三方面进行精准化学情分析后，给全体学生发送了本单元的整体知识梳理视频，并根据单元作业成绩分布情况给不同的学生发送了个性化的课前预习任务。对于作业保持在"优秀"或"良好"水平的学生，他们的主要预习目标是将知识进行系统化梳理，因此教师向他们发送的是制作本单元思维导图的任务；对于作业成绩处于"及格"或"不及格"水平的学生，他们的首要预习目标是补齐知识短板，因此教师向他们发送的是个人薄弱知识模块的对应学习资源和习题练习任务。

在课堂教学过程中，教师通过"激趣导入""单元知识框架梳理""重难点回顾""探究提升"等活动实施课堂教学，其中与学情分析相关的课堂活动列举如下。

①在"单元知识框架梳理"环节，让知识点掌握较好的学生领学，在电子屏幕上展示单元知识框架思维导图优秀作品，带领同学们梳理单元知识框架。

②在"重难点回顾"环节，先是明确告知学生本单元的重难点——"法律的作用"和"依法办事"，再组织学生通过阅读加深对法律理论知识的掌握和理解，创设多种法律在实际生活中的运用情境，突破本单元的重难点，最后通过多种类型的习题加以巩固，提高学生理论联系实际的能力。

③在课堂提问等师生互动中，重点关注本章相应知识点掌握较差的学生，加强其对知识的掌握。

在课堂教学结束后的课后测验中，学生在"依法办事""法律的作用"方面的知识点得分率分别达到 93.29%、92.68%，分别比之前提高了 61.89%、54.28%，对本单元重难点内容的理解和掌握有了很大提升。该节课的教学效果表明，基于学习档案的学情分析提高了教学的针对性，此次单元复习课取得了有效成果。

【案例评析】(孙绍颖　重庆市璧山区教师进修学校教研员)

该节课是一节单元复习课，杨静老师摒弃了传统的经验式学情分析，通过智慧课堂信息化平台进行了全面的、精准的学情分析。基于单元学习档案，杨老师数据化分析了学生的单元知识点掌握情况、单元作业成绩分布情况和学习态度。其分析过程既关注了学业上本单元的阶段学习结果，又关注了学生的平时学习行为习惯、学习态度等过程因素；既关注了班级中学生共同存在的问题，又关注了学生个人学习情况的差异性。根据班级共性的单元知识点掌握情况分析，杨静老师精准定位了知识薄弱点——"法律的作用"和"依法办事"，并作为课堂教学的重难点进行攻关讲解，所以课堂实施重点突出，针对性强；根据单元作业成绩分布情况，杨静老师对不同学生制定了不同的复习目标，向学生推送了个性化的学习资源和课前任务，并在课中针对学生的不同情况采取不同的教学策略；根据学生的学习态度分析结果，杨老师明确了在以后的教学指导中对不同学生的不同侧重方向，初步制定了学生个性化指导方案，践行了因材施教理念，从而发挥了学生的长处，弥补了学生的不足，激发了学生的兴趣，树立了学生的信心，促进了学生的全面发展。

6.2　弹性化教学预设

6.2.1　弹性化教学目标预设

　　弹性化教学目标预设是教师依据课程标准要求和学生个体差异，为不同层次的学生设计不同层次的教学目标（如基础目标和拓展目标）的过程，并以此作为设计和开展课堂教学活动的依据。因材施教要求教师以学生为中心，充分考虑学生的知识基础差异、认知能力差异、创造力差异等因素，设计适合不同学生情况的、可调整的教学目标，为在课堂教学中开展动态生成性教学创造条件，以满足不同层次学生的学习需要。然而在教学实践中，有些教师为了强调教学的学科知识逻辑，可能会直接将教材上的要求作为教学目标，或者在教学目标中对所有学生提出统一化的要求，造成教学目标"一刀切"的现象。教师在教学中重视教材分析固然重要，但对教学目标的预设不能只考虑教材要求，还要重视学生的真实情况和个体差异，只有这样预设的教学目标才能不脱离学生实际，更加符合每个学生的需求。

　　在智慧课堂情境下，教师可以借助智慧课堂信息化平台精准掌握学生的作业得分情况、成绩分布情况及知识点掌握情况，快速了解不同层次学生的学习难点和薄弱环节，并在此基础上进行弹性化教学目标预设。① 教师借助智慧课堂信息化平台预设弹性化教学目标的一般流程是：第一，学习需求分层分类。教师通过智慧课堂信息化平台查看学生课前预习任务和作业练习的完成情况，精准把握每位学生对课堂教学内容的预习情况，明确学习的重点和难点，在信息技术的帮助下分析学生的不同需求。第二，确定不同学生的教学目标。教师依据学生学习需求的分层分类结果，结合课程标准要求和教学内容特点，先确定全班同学都能达到的基础目标，再为知识掌握情况较好、学习能力较强的学生设置更高要求的拓展目标；在后续的教学设计中，将基础目标和拓展目标分层细化到主要教学活动中，并围绕教学目标准备适切性的教学资源和策略，让不同层次的学生按照不同的要求完成教学活动，各自达成差异化的教学目标。案例6-2-1《一滴水经过丽江》展示了教师借助智慧课堂信息化平台，设计基础目标、拓展目标及其相对应教学活动的过程。

案例 6-2-1

八年级《一滴水经过丽江》弹性化教学目标预设

本案例节选自内蒙古农业大学附属中学语文教师李千的《一滴水经过丽江》。② 该节课是部编人教版八年级语文下册第五单元的第20课。本单元共四篇游记，该篇相较其他三篇文艺性更浓。作者阿来以一滴水的经历为线索来"移步换景"，并"寓情于景"，描述从玉龙雪山到丽江四方街沿岸的风土人情等，展现了一幅立体丽江图，表达了对丽江古城的喜爱、赞美之情。游记以第一人称的口吻描述了一滴水从玉龙雪山的重生到山下玉河瀑布的奔流，再到落水洞、黑龙潭的沉睡苏醒，后来流经丽江四方街几个重点场景中的所见所闻。课前，为了使每位学生都可以通过该节课的学习在已有知识经验基础上获得知识、发展能力，教师依据课程标准和学生的实际情况，对该节课的教学目标进行了弹性化预设。

---

① 包莹莹、岳井玉：《挖掘、定位、决策——智慧课堂学习数据支持下教学目标精准设定的策略研究》，载《中小学信息技术教育》，2019(12)。
② 为了更加清晰地反映本案例的主题思想，节选时作了适当调整。

一、学习需求分层分类

课前，教师通过智慧课堂信息化平台向全班学生发布预习任务：①自学课文中重点字词，理解文章内容；②完成关于重点字词和文章内容的练习题；③朗读课文。平台对学生提交的练习题和录制的课文朗读音频进行自动批改，生成关于预习任务完成情况的分析报告。

报告显示，在全班55位学生中有53人在规定时间内完成了关于重点字词和文章内容的练习题，其中44人正确率为100%，占全班学生人数的80%；9人成绩为良好（正确率80%~89%），占全班学生人数的16.36%；2人未提交，占全班学生人数的3.64%。在规定时间内完成朗读课文任务的学生有49人，朗读次数最低4次，最高11次。在智能语音技术的支持下，平台对学生的朗读成绩进行自动评分，其中成绩为优秀的占42.86%，良好的占46.94%，及格的占4.08%，不及格的占6.12%。数据表明，班级中大部分学生已经掌握了课文中的重点字词和文章大致内容，能够较为熟练地朗读课文，他们的学习需求高于课文本身的基础知识，需重点训练学生理解课文独特的游记写作技巧和作者情感。然而，也有部分学生还不能正确理解重点字词和熟练朗读课文，需要重点训练学生对课文的理解和仿写。因此，学生在文章基础知识、内容理解和写作手法方面都有着不同的学习需求。

此外，为了解学生游记写作的基础水平，教师在智慧课堂信息化平台查看了学生过往游记写作练习的情况。在本单元中学生已经学习了3篇游记，并在第18课《在长江源头各拉丹冬》进行了游记写作练习。练习结果显示：写作成绩优秀人数为28人，占全班人数的50.91%；写作成绩良好人数为16人，占全班人数的29.09%；写作成绩及格人数为9人，占全班人数的16.36%；写作成绩不及格人数为2人，占全班人数的3.64%。这表明学生的游记写作能力存在较大差异，在游记写作训练方面存在着差异化的学习需求。

二、确定基础目标和拓展目标

1. 确定基础目标

该节课的基础目标主要针对知识掌握程度和游记写作能力相对薄弱的学生的学习需求，这些学生包括重点字词掌握程度较差、课文朗读得分低于80分、未进行预习和游记写作能力较弱的学生。依据学生实际情况，结合《义务教育语文课程标准(2011年版)》对八年级学生阅读和写作的基本要求,基础目标的具体设计如下。

基础目标1:梳理游记内容。关于八年级学生的阅读能力,课程标准要求"在通读课文的基础上,理清思路,理解、分析主要内容,体味和推敲重要词句在语言环境中的意义和作用。"经过预习,仍有部分学生不能准确理解文中重点字词。因此,本目标的具体内容是:"通过圈点勾画文中关键词,梳理文章内容。"

基础目标2:掌握游记写作手法。八年级的学生需了解游记的特点,把握作者的游踪、写景的角度和方法,并揣摩和品味语言,积累欣赏精彩语句。预习结果表明,仍有部分学生不能熟练朗读课文,难以通过语言品析,感悟丽江古城的文化底蕴。作者阿来采用独具一格的写作手法,从"一滴水"的视角,描述了所见所闻,使本文极具艺术性。这是本文最大的写作特色,每位学生都需要了解,以提升游记写作能力。因此,本目标的具体内容是:"厘清'一滴水'的游踪,知道什么是'移步换景'和'寓情于景'。"

基础目标3:训练游记写作能力。课程标准对八年级学生写作能力的要求是"能从文章中提取主要信息,进行缩写;能根据文章的基本内容和自己的合理想象,进行扩写;能变换文章的文体或表达方式等,进行改写"。在写作时要"注重写作过程中搜集素材、构思立意、列纲起草、修改加工等环节,提高独立写作能力"。此外,学生以往作业结果表明,班级中部分学生的游记写作能力较为薄弱。因此,本目标的具体内容是:"仿照《一滴水经过丽江》,补全游记短文。"

2. 确定拓展目标

该节课的拓展目标主要针对知识掌握程度和游记写作能力相对较好的学生的学习需求,这些学生包括重点字词掌握较好、课文朗读得分不低于80分和游记写作能力较强的学生。为使这部分学生获得适合自己学习需求的进步,拓展目标的具体设计如下。

拓展目标1:梳理游记内容。思维导图是学生系统性描述与分析知识的重要手段,可以激发学生的想象力,但对学生的思考能力有较高的要求。学情表明,部分学生已经初步具备了用思维导图总结游记线索的能力。另外,经过预习,部分学生对课文中的重点字词和课文已经较为熟悉。因此,本目标的具体内容是:"学会用思维导图的方式梳理、概括游记线索类型。"

拓展目标2：掌握游记写作手法。在语文教学中，仿写句子是引导学生运用想象进行创造的起步，可以让学生在了解写作手法内容的基础上，深刻理解写作手法的应用技巧。因此，本目标的具体内容是："画出文中'移步换景'和'寓情于景'的句子，并进行仿写。"

拓展目标3：训练游记写作能力。学生通过独立完成游记写作，创造性表达自己的感受和认识，可以进一步理解和应用文中的特色游记写法手法，抓住该特色写作手法的特征。此外，部分学生已经具备了较强的游记写作能力。因此，本目标的内容是："仿照《一滴水经过丽江》，写一篇100字左右的小作文。"

三、弹性化教学目标预设的实践效果

围绕基础目标和拓展目标，借助智慧课堂信息化平台，教师在课堂教学实践中设计了适合不同层次学生的教学活动，对学生提出了不同的要求。主要的教学活动内容如下。

1. 针对基础目标达成的教学活动

(1)自主探究游踪活动。在"内容探究"环节，组织学生默读课文，勾画出文中关键字词，回答下列问题：

①一滴水经过了哪些形态变化？

②一滴水到达了哪些地点？

③本文运用了哪些顺序？

(2)重点突破游记线索活动。在"重点突破"环节，组织学生开展合作探究，引导学生归纳出常见的游记线索，即"游踪""情感""方位""物线"等。

(3)游记仿写活动。在"学以致用"环节，教师借助平台"分组作答"功能，将游记仿写练习题推送给学生，该题改编自教师通过智慧课堂信息化平台筛选出的练习题。

假如你是在内蒙古草原长大的，准备写一篇内蒙古草原的游记，你准备化身什么来写？为什么？

①请你拟一个题目：_____经过_____

②时间游踪：_____

③地点游踪：_____

④挑选旅途中一处你最喜欢的地方，仿照课文中诗意的语言写几句，最

好有自己的感受和评述。

我是_____。我经过_____，我看见了_____，看见了_____，还看见了_____。_____（写一句感受或评价性的有哲理的话）。

2. 针对拓展目标达成的教学活动

(1)探究梳理游踪活动。在"内容探究"环节，组织学生根据文中重点字词和课文内容大意，利用智慧课堂信息化平台"思维导图"功能，梳理游记内容，完成思维导图。

(2)关键句仿写活动。在"重点突破"环节，组织学生在理解重点句子的基础上，画出能够体现"移步换景"和"寓情于景"的句子，并仿写句子。

(3)游记独立写作活动。在"学以致用"环节，教师在智慧课堂信息化平台推送写作练习题，组织学生独立完成游记小作文，训练学生对本文特色游记写作手法的理解和应用。练习题具体内容如下。

以《一阵风吹过草原》为题，写一篇100字左右、关于家乡内蒙古的小作文。要求：

①仿照本文，以"一阵风"为线索进行构思。

②仿照本文，从"自然"和"人文"两方面选取内容。

通过以上围绕弹性化教学目标设计的教学活动，学生参与并完成了适合自己水平的不同任务，梳理了游记内容，厘清了作者独特的写作视角以及"移步换景""寓情于景"的写作手法，并通过不同难度的写作任务，训练了以"物"为叙述角度进行写作的手法和技巧，提升了借助语言文字表达对家乡内蒙古热爱之情的能力。

【案例评析】（车潇玉　呼和浩特市赛罕区教育局教研室教研员）

游记是一种特殊而又传统的文体，阅读及写作游记是提升初中生阅读理解及写作能力的重要途径。对于初中生来说，字词仍是影响他们阅读并理解课文的重要因素之一。在课前，李老师利用智慧课堂信息化平台中的资源推送、智能批改和语音评测等功能，检测了学生对字词和课文的掌握情况，报告表明学生的预习效果较好。教师以此为依据设置了教学基础目标和拓展目标，在教学活动中对不同水平的学生提出不同层次的要求，从整体到细节打破了课堂教学中统一要求、统一教授的问题，遵循了新课改把学习者原有的知识经验作为新知识的生长点的要求，让每位学生都获得适合自己的发展。

学生的差异是多方面的，也是客观存在的。语文课堂教学必须坚持面向全体学生、面向每位学生。李老师设置的基础目标和拓展目标，凸显了素质教育理念。李老师利用智慧课堂的"全班作答""分组作答"等功能，非常便捷地让不同层次的学生开展不同要求的学习活动，让每位学生都能通过动笔练习掌握游记的写作手法，感悟家乡的壮丽景色和文化底蕴，让每位学生都有所收获，体验到成功的喜悦。

6.2.2 弹性化教学资源预设

弹性化教学资源预设是教师依据学生的知识掌握情况、学习习惯，围绕教学目标和教学内容的要求，准备不同类型、不同难度教学资源的过程。教师开展弹性化教学资源预设，可以为因材施教提供有效支撑，满足学生个性化和多样化的学习需要。近年来，随着国家教育信息化的建设和应用，数字化教学资源总量已经十分庞大，教师可以较为便捷地从网络上获取教学设计方案、教学课件、习题试题、音视频素材等多种类型的教学资源。然而，弹性化教学资源预设的主要困难不在于资源的总量，而在于资源的针对性，即如何找到与学生个性化学习需要相匹配的适切性资源。由于当前网络上的视频、音频、图片、动画、文本等数字化教学资源存在同质化严重、质量良莠不齐等问题，所以教师在实际教学设计过程中，往往要花费较多精力去分析资源的优劣、难度，才能获得满足学生需要的教学资源。在当前班级中，学生人数较多。在课堂教学中，学生对同一知识点的学习效果和同一能力的训练效果存在较大差异，这也增加了教师为学生匹配适切性教学资源的难度。因此，教师在教学中需要加强对教学资源的弹性化预设。

智慧课堂信息化平台通过人工智能、大数据等智能技术建立的教学资源库，通过设置难度、知识点、类型等不同维度的标签对教学资源进行分层分类，并且能够结合学生的知识掌握情况和教学进度进行自动推荐，为教师进行弹性化教学资源预设提供了智能、便捷的技术支持。教师通过智慧课堂信息化平台进行弹性化教学资源预设的一般过程是：第一，明确弹性化教学资源预设的需求。

智慧课堂信息化平台的数据分析系统可以帮助教师快速而精准地了解学生在知识点、课时、单元、学期等不同层面的学习情况，评估所需教学资源的难度、深度和类型。另外，系统数据也为教师了解学生的认知风格、学习动机、学习习惯等方面提供了参考，可以有效帮助教师进一步明确所需教学资源的类型和呈现形式。第二，获取高品质的教学资源。教师可以在智慧课堂信息化平台以"一键添加"的方式获取平台依据教学进度自动推荐的高品质个性化教学资源，也可以借助智慧课堂信息化平台，以知识点关键词、教学进度、难度层次、资源类型、资源评分、分享次数、引用次数等标签为筛选标准，在平台资源库、校本资源库中高效获取所需的教学资源。第三，个性化修改教学资源。智慧课堂信息化平台中的教学资源编辑功能，可以帮助教师通过调整改编教学资源中的已知条件、问题难度、问题表述形式，对教学资源的难度、深度、类型进行个性化修改。智慧课堂信息化平台中智能多样的学科教学工具，可以帮助教师根据实际课堂教学效果和学生实际学习需要选择合适的资源呈现方式，进一步提升了弹性化教学资源预设的空间。案例6-2-2《空间几何体的三视图》展示了教师利用智慧课堂信息化平台弹性化预设课堂教学资源的过程。

案例 6-2-2

高二年级《空间几何体的三视图》弹性化教学资源预设

本案例节选自山西省大同市第三中学校数学教师赵娜的《空间几何体的三视图》。[①] 该节课是高中数学人教A版必修2教材第一章1.2的教学内容。课程标准对本节内容的基本要求主要有："能画出简单空间图形（长方体、球、圆柱、圆锥、棱柱等的简易组合）的三视图，能识别上述三视图所表示的立体模型，会用斜二测画法画出它们的直观图""会用平行投影与中心投影两种方法，画出简单空间图形的三视图与直观图，了解空间图形的不同表示形式"。该节课的教学重点是帮助学生掌握由小正方体搭成的组合体的三视图画法，教学难点是识别三视图所表示的几何体，掌握空间几何体及其三视图的相互转化。为帮助不同层次的学生突破教学重难点，教师针对组合体的三视图画法和空间几何体及其三视图的转化，设计了不同难度的习题资源。

---

① 为了更加清晰地反映本案例的主题思想，节选时作了适当调整。

一、通过课前检测明确课堂习题资源需求

课前，教师通过智慧课堂信息化平台发布课前预习测评任务，主要检验学生对空间几何体三视图基本概念、规律和画法等基础知识的预习效果。课前测验由四道选择题和两道填空题组成。其中，第1、2题考查识别三视图所表示的几何体，第3、4题考查组合体三视图的画法，第5、6题考查三视图的基本概念和规律。具体题目如下。

1. 若一个几何体的某一方向的视图是圆，则它不可能是（　　）。

A. 球　　　B. 圆锥　　　C. 圆柱　　　D. 长方体

2. 一个几何体的正视图和侧视图都是长方形，那么这个几何体可能是（　　）。

A. 正方体　　　　　　　B. 圆柱或正方体

C. 长方体或圆台　　　　D. 长方体或圆柱

3. 下图中几何体的侧视图是（　　）。

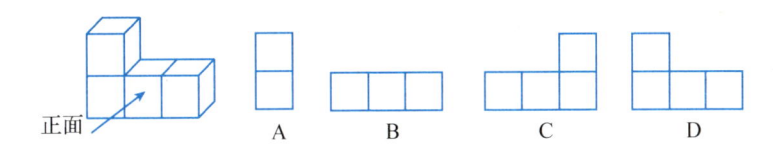

4. 右边物体的正视图是（　　）。

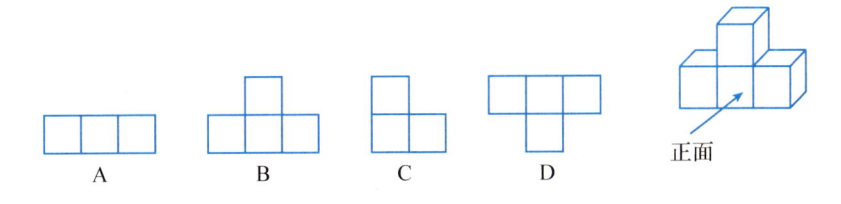

5. 投影的定义：由于光的照射，在_____物体后面的屏幕上可以留下这个物体的_____，这种想象叫作_____，把_____叫作投影线，把_____的屏幕叫作投影面。中心投影的定义：_____，它的特征：_____。平行投影的定义：_____，它的特征：_____。平行投影的分类：_____。

6. 正视图的定义：_____。侧视图的定义：_____。俯视图的定义：_____。规律：一个几何体的正视图与侧视图的_____一样，正视图和俯视图的_____一样，侧视图与俯视图的_____一样。

教师利用智慧课堂信息化平台对学生提交的答案进行批改，并查看系统即时生成的分析报告。报告显示：在全班49人中，共有47人在规定时间内提交了答案。其中第2题在选择题中得分率最低，只有29.79%，说明学生根据三视图判断几何体的能力不足。第4题得分率较低，只有40.43%，说明学生对正方体所搭成的组合体三视图的画法掌握不熟练。第5、6两道填空题的得分率都偏低，分别只有22.97%和32.43%，说明部分同学对三视图的基本概念理解不够清晰。这反映出学生对重难点知识的预习效果不理想，且学生的知识掌握程度存在较为明显的差异。具体来说，班级中课前检测成绩一般或较差的学生需要难度一般或较易的习题资源，巩固训练组合体三视图和空间几何体及其三视图相互转化的基本知识和基本规律；知识掌握较好的学生需要难度较高的习题资源，进行重难点知识的拔高训练。由于学生在三视图基本概念、空间几何体及其三视图相互转化方面的得分普遍较低，预习效果较差，因此需要准备较多的习题资源进行巩固训练。

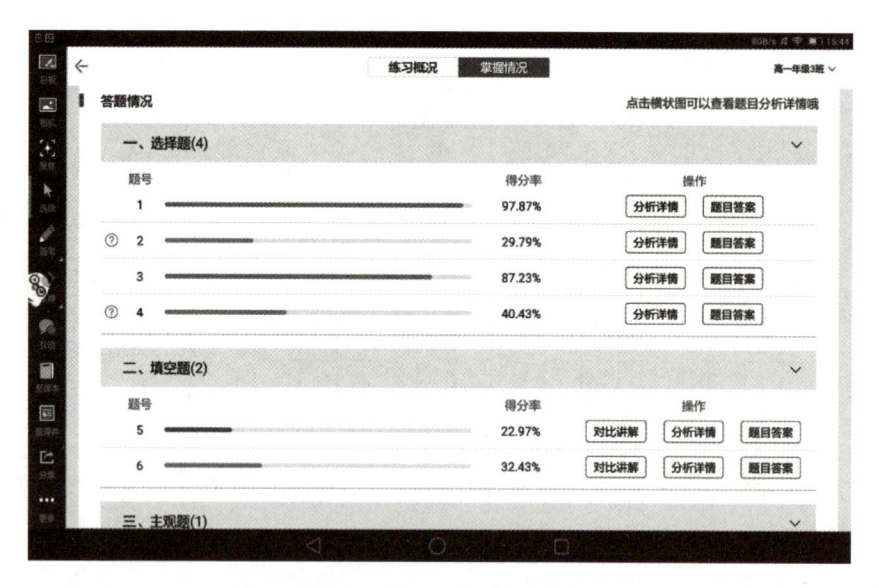

图6-3　课前检测答题情况

二、筛选三类不同难度的高品质习题资源

依据确定的课堂习题资源需求，教师借助智慧课堂信息化平台，分别以"小正方体搭成组合体的三视图""空间几何体及其三视图的相互转化"为关键词，在平台资源库中筛选出五道不同难度的练习题。具体来说，以"较易"为难度标签，在平台资源库中筛选出一道较易难度的练习题，满足知识掌握较差的学生进行基础巩固训练的需求；以"一般"为难度标签，筛选出两道一般难度的练习题，满足知识掌握一般的学生进行基础巩固训练的需求；以"较难"为难度标签，筛选出两道较难难度的练习题，满足知识掌握较好的学生进行拔高训练的需求。具体如图 6-4 所示。

图 6-4　一般难度的组合体三视图练习题筛选情况

(一)较易难度的习题资源

1. 某三棱锥的三视图如图所示，如果网格纸上小正方形的边长为 1，那么该三棱锥的体积为(　　)。

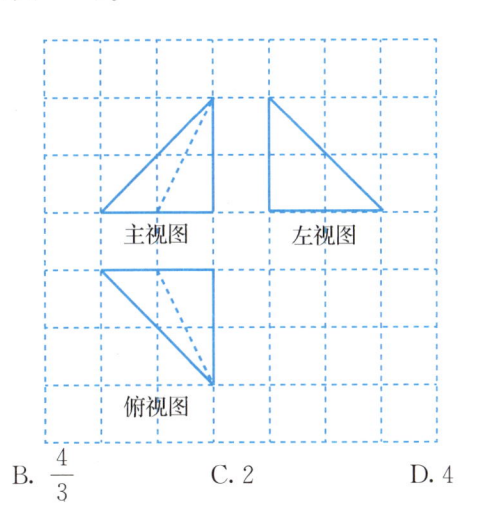

A. $\dfrac{2}{3}$　　B. $\dfrac{4}{3}$　　C. 2　　D. 4

(二)一般难度的习题资源

2. 下图是由几个小立方体搭成的几何体的俯视图，小正方形中的数字表示在该位置小正方体的个数，请画出这个几何体的正视图和侧视图。

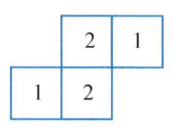

	2	1
1	2	

3. 如图所示，已知几何体的三视图，请用斜二测画法画出几何体的直观图。

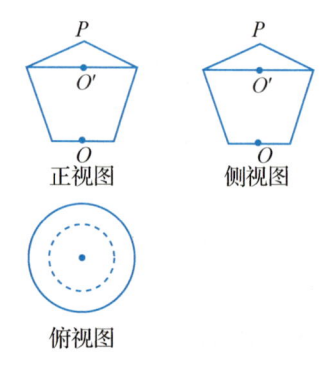

正视图　　侧视图

俯视图

(三)较难难度的习题资源

4. (2014 高考辽宁卷文第 7 题)某几何体三视图如图所示，则该几何体的体积为(　　)。

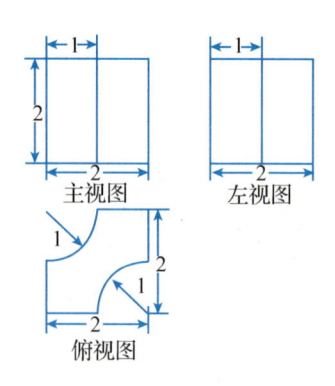

主视图　　左视图

俯视图

A. $8-\dfrac{\pi}{4}$　　　　　　　　B. $8-\dfrac{\pi}{2}$

C. $8-\pi$　　　　　　　　　D. $8-2\pi$

5.（2014高考安徽卷文第8题）一个多面体的三视图如图所示，则该多面体的体积为（　　）。

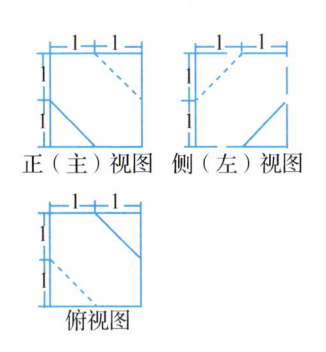

正（主）视图　　侧（左）视图

俯视图

A. $\dfrac{23}{3}$　　B. $\dfrac{47}{6}$　　C. 6　　D. 7

三、通过改编调整习题资源难度

为进一步满足对组合体三视图掌握较差的学生课堂巩固训练的需要，帮助学生更好地掌握组合体三视图做题思路和方法，教师需要为学生提供更多针对性的较易难度的习题资源。但是，由于暂时在平台资源库中没有找到完全符合要求的练习题，因此教师对已筛选出的第2题"组合体三视图练习题"进行了个性化改编，形成了第6题。具体改编方法如下：改编题中已知条件，即给出组合体的几何体图，降低学生思维难度，从而生成了较易难度的"组合体三视图练习题"改编题。改编题内容如下。

6. 下图分别是由几个小正方体搭成的几何体的俯视图及其几何体图，小正方形中的数字表示在该位置小正方体的个数，请画出这个几何体的正视图和侧视图。

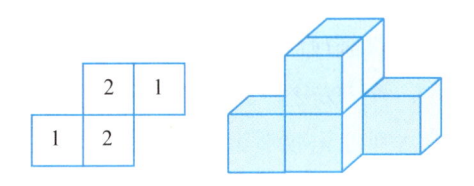

四、习题资源弹性化预设的实践效果

在实际教学过程中，教师借助智慧课堂信息化平台的互动和智能批改功能，及时掌握不同层次学生在新知探究环节中的表现，再将课前设计好的不同难度的习题资源分层定向推送给不同的学生，组织学生运用适合自己的练

习题进行巩固训练。训练结果显示,所有学生都选择了适合自己水平的习题进行练习。学生在规定时间内的答题提交率为 100%,得分率都在 90% 以上。该节课教学表明,课前设计的习题资源有效支撑了不同层次学生的课堂巩固训练,巩固了重难点知识的学习,使不同层次的学生都能在原有基础之上获得不同程度的提升。

【案例评析】(祁技文　山西省大同市第三中学校高级教师)

在信息化时代,教学资源是用来支持数学信息化教学活动开展的重要资源。在数学教学中,适合学生最近发展区的高品质教学资源是达成教学目标的物质基础。在该节课中,赵娜老师向我们展示了如何通过智慧课堂备课系统进行弹性化教学资源预设。一节课是否是好课的评判标准不是有多少科技、有多少花样,而是是否体现了学生的主体地位,是否关注每一位学生,是否让每一位学生都能获得进步、成长的机会,获得成功的体验。我们可以发现在该节课的教学活动中,弹性化教学资源预设让每一位学生在课堂中都有适合自己水平的练习题可练、有让自己有所收获的事可做。学生在课堂巩固训练中积极参与、主动探究的热情也表明了该节课习题资源预设的成功。在该节课中,赵老师利用智慧课堂在精准分析学情、资源推荐等方面的优势,通过筛选和自主修改,使习题资源的难度、深度符合学生在组合体三视图及其相互转化等重难点知识掌握上的要求,做到了"以学定教",让不同层次的学生都能"吃得饱"又"吃得好"。

6.2.3　弹性化教学策略预设

弹性化教学策略预设是指为了适应学生的个体差异和学习过程的动态变化及生成性要求,教师在课前预测课堂可能出现的变化情况,并针对这些情况预设不同的教学内容、教学方法、教学组织形式、教学流程和教学媒体等,提升课堂教学的针对性。弹性化教学策略为学生在课堂中自主学习和主动参与预留了一定的弹性空间,使学生可以自由、充分地发表观点并提出需求,从而调动学生的主动性、积极性,促进学生的个性化发展。"认真钻研教材内容,精心设计教学过程,以达到教学效果的最优化"一直是教师在进行教学设计时的不懈追求。① 教师注重课前精心设计的"教学脚本"本身并没有错误，但是过于强调"教学脚本"的唯一性和"教学脚本"执行的严格性，可能会让教学走向封闭和僵化。教师从既定教案出发不容易关注到每个学生的个体差异，虽然完成了教学计划，但不利于学生个性化的培养，阻碍了因材施教的落地。造成这种现象主要有以下三个方面的原因：第一，教师忽视了"学生作为学习主人"的主体地位，过分看重课前预设的准确性和唯一性，忽略了学生心理活动和课堂情况的多样性与即时性；第二，缺少有效测量手段，难以快速、精准地把握学生的学习基础状态，从而据此预测课堂的可能情况；第三，传统教学情境缺乏有效支撑预设多种情况的教学策略的工具与方法。

  智慧课堂信息化平台有助于教师进行弹性化教学策略预设，充分发挥教师的主导作用和学生的主体地位。平台通过大数据采集和分析技术实现精准化学情分析，教师可以据此科学预测课堂的可能情况，并充分利用平台多样的课堂互动、实验演示、富媒体资源推送等功能设计多种教学策略。在实践中，教师借助智慧课堂信息化平台进行弹性化教学策略预设的一般过程是：第一，明确进行弹性化教学策略预设的需求。通常来说，弹性化教学策略预设的需求主要来自新知探究、课堂练习、学生汇报展示等容易产生课堂生成性内容的环节。在新知探究环节，学生在自主学习、小组探究、课堂讨论、实验操作等活动中有多种可能情况，或者有不同的思路，或者产生不同的问题，或者对所探究的问题持不同的态度和观点；在课堂练习环节，学生可能由于个性化的思维方式和知识掌握情况的差异，产生不同的解题思路、错误类型和练习结果；在学生汇报展示环节，也具有学生准备情况、观点归纳情况、语言表达情况、课堂反馈情况等诸多不确定因素。因此，对以上几个方面在课前不宜作统一的课堂情况预测，往往需要进行弹性化教学策略预设。第二，根据实际教学需要弹性化预设多种教学策略。教师根据学生的知识水平和思维特征，预测课堂教学中可能发生的情况，并根据不同的情况针对性预设不同的教学策略。例如，在新知探究环节，教师可以利用智慧课堂信息化平台的互动工具选择分组类型，快速组织学生实施随机分组、成绩分组、异质分组等不同的分组策略，开展小组探究活动；在课堂练习环节，教师可

---

① 李祎：《新课程课堂教学：从弹性预设到动态生成》，载《当代教育科学》，2005(10)。

以将学生的练习作答情况进行投屏展示或定向推送,便捷实施教师纠错、集体纠错、自我纠错、同伴纠错等不同的纠错策略;在学生汇报展示环节,教师可以根据不同情况针对性设计引导式点评、反思式点评、迁移式点评、总结式点评、提升式点评等不同的点评策略。案例6-2-3《在文化生活中选择》从新知探究方面、案例6-2-4"You can buy everything on the Internet"从课堂练习方面、案例6-2-5《果酒和果醋的制作》从学生汇报展示方面反映了以上弹性化教学策略预设的过程。

案例 6-2-3

高二年级《在文化生活中选择》弹性化教学策略预设

本案例节选自山西省晋中市榆次第二中学校思想政治教师张晓璇的《在文化生活中选择》。① 该节课是人教版思想政治必修三《文化生活》的第四单元第八课第二框的教学内容。第八课主要讲解为什么要加强先进文化建设的问题。其中,第一框介绍色彩斑斓的文化生活,让学生对当前我国文化生活现状有了直观认识,感知丰富多彩的文化生活。第二框在前一框的基础上,指导学生深入认识当前文化生活的复杂性,辨析落后文化和腐朽文化,自觉选择健康向上的文化生活,理解大力加强社会主义文化建设,发展当代中国的先进文化的必要性,为学习第九课《建设社会主义文化强国》打基础。因此,该框内容起着承上启下的作用。该节课内容立足现实文化生活,对学生的文化选择行为具有较强的现实指导意义。该节课的主要目标是引导学生提高辨别不同性质文化的能力,自觉选择健康向上的文化,抵御落后和腐朽文化,培养科学精神和法治意识素养;明确选择文化生活的意义,认识加强社会主义文化建设、发展先进文化的重要性,培养政治认同、公共参与素养。由于学生在新知探究过程中可能会存在不同的讨论结果,因此教师在课前进行了弹性化的教学策略预设。

一、明确新知探究部分的弹性化教学策略预设需求

该节课的教学活动围绕全民直播现象展开,在新知探究部分设计了三个层次递进的探究问题,学生对问题进行小组讨论,逐步达成教学目标。第一

---

① 为了更加清晰地反映本案例的主题思想,节选时作了适当调整。

个探究问题是"全民直播是利大于弊还是弊大于利？为什么？"，引导学生正确认识网络直播，认同加强文化建设的必要性；第二个探究问题是"如何促进直播行业的健康发展？"，进一步讨论促进直播行业健康发展的措施，在讨论中理解加强社会主义文化建设的要求；第三个探究问题是"如果你和你的组员共同运营一个直播间，你们想直播哪些内容？"，将该节课知识与实际应用联系起来，引导学生自觉进行正确的文化选择，理解当代中国先进文化的作用和地位。

在新知探究中，学生对全民直播现象的了解程度和认知态度是教师需要关注的重要因素。一方面，本班学生具备开展本活动的基本知识与能力，他们已经积累了一些政治理论、文化理论和法律知识，对网络世界和文化现象有了较为广泛的了解，并具备一定的获取信息的能力、辩证思维的能力、多角度多主体思考问题的能力。另一方面，学生的逻辑思维发展尚不成熟，生活经验不够深入和全面，多数学生的生活局限于课堂和学校，对文化生活中各种现象的辨识和对先进文化的认同处在朴素、自发的阶段，尚未达到理性认识的高度。在进行以网络直播为主题的小组合作探究活动时，可能部分学生对网络直播的看法片面、主观、偏激，不能对网络直播中的不同性质文化做出全面辨析。针对这种情况，教师在课前需要设计不同的分组策略，保障思政课的育人价值。

二、新知探究部分的弹性化教学策略预设

在探究第一个问题"全民直播是利大于弊还是弊大于利？为什么？"的过程中，教师依据学生的讨论情况选择适合的分组策略展开后续教学，分两种情况。

分组策略一：如果学生能全面、客观地看待网络直播，那么将学生按座位分为2人一组，快速、流畅地整理和表达观点，重在引导学生在小组合作中锻炼逻辑清晰地论证和准确阐述自己观点的能力，形成对网络直播较为理性和科学的认识。按座位分组，可在较短时间内将整个班级分成一个个小组，可操作性强，时间成本低，而且小组成员之间较为熟悉，可迅速展开讨论，增强小组同伴的认同和互动。

分组策略二：如果学生对网络直播有较为片面、偏激的看法，就组织学生按照观点分为"利大于弊"和"弊大于利"两个大组，再每4~6人分为一小组进行合作探究。学生展开小组辩论，并借助智慧课堂信息化平台检索资料，佐证和交流各自的观点。通过小组辩论，可深化学生对话题的讨论，利用同伴群体影响学生的极端观点，使其逐步树立对待网络直播现象客观、全面、理性的认识。按照观点进行分组展开辩论，可调动学生的探究热情和发言积极性，也可锻炼学生的表达能力和批判性思维能力，提高学生用全面发展的眼光看待事物的能力。

第二、三个探究问题的开放性较强。通过对第一个问题的探究，小组的团队意识和合作默契已经初步形成，故在后续探究过程中教师组织学生继续保持既有分组情况，进一步提升小组协作能力，把教学重点放在鼓励、引导学生从多个角度阐述观点上，最后总结归纳出促进网络直播健康发展的措施，并在生活中正确运用直播平台。

三、弹性化分组策略预设的课堂实施效果

在课堂实际教学中，教师在开展新知探究活动时进行了引导性提问："全民直播是利大于弊还是弊大于利，为什么？"，并借助智慧课堂信息化平台发起班级讨论，记录、分析学生的讨论过程和观点。分析学生的回答情况发现，有些学生持主观、片面、偏激的观点，只关注了当下网络直播的具体现象。例如，某同学说道："直播都有作秀、演戏的成分，还有一些色情、虐待动物等不良信息，应该严格控制全民直播，甚至是取消。"因此教师在课堂中选择将学生按观点分成两大组，每4~6人一个小组合作展开问题探究与辩论。学生在活动中积极参与，充分发表自己的观点，课堂气氛活跃。小组辩论后，某小组总结道："我们刚刚查了资料，了解了全民直播的种类和规模，我们认为全民直播是信息时代催生的新事物，直播中既有先进、优秀的文化内容和形式，也有落后、腐朽的文化内容和形式，但直播本身只是一种媒介、平台、手段，不能简单地概括直播是'利大于弊'还是'弊大于利'，而应该看人们利用直播传递什么样的内容，所以我们需要对直播进行规范和引导，加强文化建设。"其他小组也提出了类似观点。相较活动前，学生已经可以较为全面地看待网络直播现象，理性认识网络直播的本质，区分先进文化与落后文化、腐朽文化，自觉抵制落后文化和腐朽文化，并认同加强文化建设的必要性，

落实了活动目标。

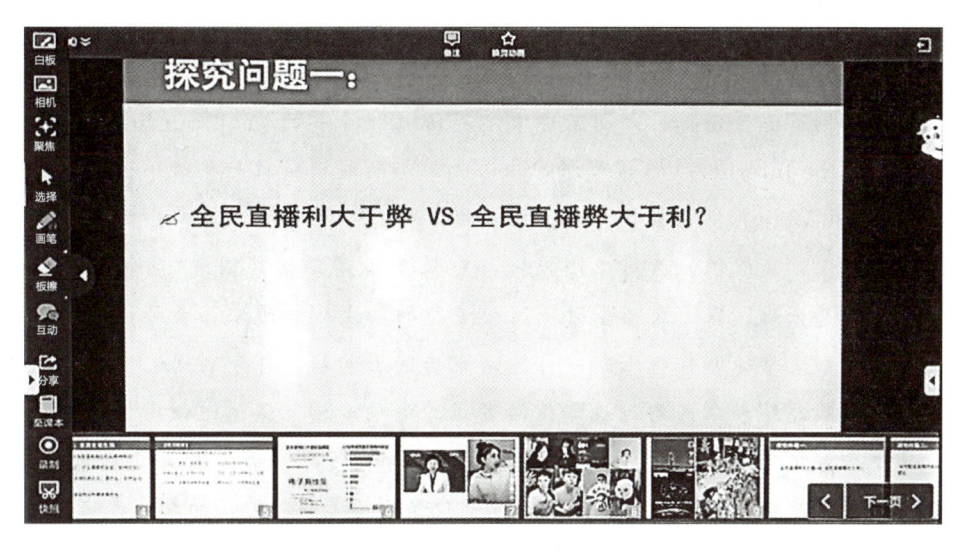

图 6-5 学生探究全民直播利弊

【案例评析】(郑鹏 山西省晋中市榆次第二中学校教研室副主任)

张晓璇老师选择当前比较火热的网络直播现象作为课堂教学切入点，并贯穿课堂始终，既调动了学生的学习和讨论热情，又将课本知识与社会生活结合起来。在新知探究部分，张老师在进行教学策略预设时，根据高二年级学生的年龄特点和认知特征，预测了有可能出现的学生对直播现象的认识情况，并设计了两种针对性的学生分组策略。在课堂教学中，如张老师所料，学生中果然出现了比较稚嫩、偏激的观点，于是张老师按照预设组织学生按照观点分组，在辩论中引导学生辩证地看待文化现象，并能理性选择，提高了学生辨析落后文化和腐朽文化的能力，使学生主动接受健康向上的文化的熏陶，进一步提高加强社会主义文化建设重要性的意识，积极参与中国特色社会主义文化建设。这充分体现了对政治认同、科学精神、法治意识、社会参与素养的培养。学生的课堂学习结果表明张老师课前预设的弹性教学策略有效应对了学生在课堂上表现的个体差异，贯彻了因材施教的教育理念。

案例 6-2-4

七年级"You can buy everything on the Internet"弹性化教学策略预设

本案例节选自合肥一六八新桥中学英语教师辛航的"You can buy everything on the Internet"。[①] 该节课是外语教学与研究出版社七年级下册英语第五模块"Shopping"中的教学内容。该模块以"购物"为话题，与学生的实际生活息息相关，交际性、应用性比较强。对话及语篇都紧紧围绕"购物"展开，学生比较感兴趣。课文介绍了时下比较流行的网上购物现象，教师通过阅读使学生掌握文章的写作特点，即先总结概括网上购物，再分别阐述网购的利与弊，最后总结未来网购对我们生活方式的影响。该节课通过设定任务，帮助学生理解文章的逻辑顺序，培养良好的阅读技巧，为语言输出奠定基础。教师针对学生课堂练习的可能结果，弹性化预设了多种练习后的纠错策略。

一、明确课堂练习部分的弹性化教学策略预设需求

该节课采用PWP教学模式，通过"阅读前（Pre-reading）""阅读中（While-reading）""阅读后（Post-reading）"三个主要教学环节帮助学生理解课文，并掌握该节课主要的单词和短语等知识点，随后通过课堂练习来考查学生知识点的掌握情况，并在练习后进行批改、纠错，最后师生总结该节课的所学内容。

课堂练习部分通过九道选择题来考查该节课生词和短语的运用。练习题目比较多，但总体难度较低，题目间的难度相差不大，而且知识点分散，每小题对应了不同的知识点。学生的课堂练习结果有多种可能，为了提高课堂效率，需要对练习后的纠错策略进行弹性化预设。

课堂练习的具体练习题目内容如下。

1. He had to retire（退休）early ＿＿＿＿＿＿ poor health.
　　A. as a result　　　B. because　　　C. so　　　D. because of

2. —Do your friends often communicate with you on Wechat（微信）?
　—Yes. Sometimes it's ＿＿＿＿＿ we enjoy doing at weekends.
　　A. something　　B. anything　　C. everything　　D. nothing

[①] 为了更加清晰地反映本案例的主题思想，节选时作了适当调整。

3. Mr Smith has to _____ for the house on his own. It's not easy for him.

A. pay　　　B. buy　　　C. spend　　　D. take

4. _____ in the river is not safe.

A. Swim　　　B. Swims　　　C. Swimming　　　D. To swimming

5. Tell me some good ways _____ things.

A. to buying　　B. of buying　　C. of buy　　D. buy

6. Lisa often _____ too much money for the books. She is interested in reading.

A. takes　　　B. spends　　　C. costs　　　D. pays

7. Lucy is sending a letter to her parents. They will _____ it in five days.

A. buy　　　B. leave　　　C. receive　　　D. shop

8. My cousin is _____ heavy because he often eats _____ fast food. (　　)

A. too much; too many　　　B. too many; too much

C. much too; too much　　　D. too much; much too

9. Uncle Green's shop is _____ from 8:00 am to 8:00 pm every day.

A. open　　　B. opens　　　C. opening　　　D. to open

二、课堂练习部分的弹性化教学策略预设

在该节课的课堂练习环节，教师需要根据学生的练习结果选择不同的纠错策略，具体分以下两种情况。

纠错策略一：如果学生的课堂练习正确率较低，错误题目较多，则采用教师集体讲解策略。教师针对错误率高的题目集中讲解，之后通过智慧课堂信息化平台推题进行再训练。错误率高的题目正是学生学习产生困难的地方，也说明教师在之前讲解新知时可能存在讲解不到位或遗漏的问题。这时需要发挥教师的主导作用，进行集中讲解与指导，高效解决学生的问题。

纠错策略二：如果学生的课堂练习正确率较高，错误题目较少，则采取同伴互相纠错策略。具体的做法是通过智慧课堂信息化平台的分组功能，把学生分为2~4人的小组，有错误的小组针对出现的错误，借助智能学习终端查阅资料并讨论，进行互相纠错和讲解，之后由教师针对性推题进行强化训练，没有错误的小组进行其他知识点的巩固练习。学生在帮助同伴纠错时，也会对同伴的错误产生警惕之心，进一步加深对知识点的印象。通过小组互相纠错，既能培养学生自主分析和解决问题的能力，又能培养学生的交流与合作能力，有利于发挥学生的学习主体地位。

三、弹性化纠错策略预设的课堂实施效果

在课堂实际教学中，学生通过智能学习终端在规定的时间内全部完成了课堂练习题目并提交，平台对学生的作答情况进行了即时自动批改。如图6-6所示，学生课堂练习的总体正确率较高，每题的正确率都在95%以上，且错误题目比较分散，2~9题均有少数学生出现错误。针对这种情况，如果教师逐题讲解会花费较长的课堂时间，效率低下，故在课堂中采取同伴互相纠错策略。

图 6-6 课堂练习题答题情况

学生2人一组，互相纠错并分析错题。学生积极参与，课堂气氛热烈。学生小组互相纠错后，通过教师推送的习题进行错题变式再练，正确率达100%。整个纠错过程只用了4分钟。结果表明，该节课采用同伴互相纠错策略高效完成了练习纠错任务，促进了学生熟练掌握知识。

【案例评析】（胡春阳　合肥市经开区初中英语兼职教研员）

该节课是关于网络购物的英语阅读课，辛航老师在预设课堂练习部分的纠错策略时，根据该节课练习题目的特点和学生的答题情况，预设了不同的纠错策略。在常见的教师纠正、自我纠正、同伴纠错三个类别的纠错策略中，辛老师选择性地预设了其中两种可能适合该节课的策略，授课过程表明这两种策略符合教学实际。在课堂教学中，辛老师借助信息化手段及时掌握了学生的练习结果数据，选择了同伴纠错策略，提升了课堂教学效率和效果，同时也打破了学生对老师的依赖，通过让学生纠错的方式，帮助学生养成了积极主动解决问题的好习惯，对培养学生的自信心和自主学习能力具有积极的指导意义。辛老师教学思路清晰，目标定位准确，设计新颖，灵活运用信息技术进行教学策略的弹性化预设和选择，在课堂教学中有效落实了因材施教的教育理念。

案例 6-2-5

高二年级《果酒和果醋的制作》弹性化教学策略预设

本案例节选自安徽省淮南第二中学生物教师程梦露的《果酒和果醋的制作》。[①] 该节课是人教版高中生物选修一《生物技术实践》专题1《传统发酵技术的应用》中课题1的教学内容，对于专题1乃至整本教材的学习有着举足轻重的作用。该节课的主要内容是：了解酵母菌、醋酸菌的特点和反应原理，掌握制作果酒、果醋的注意事项和其发酵装置的选择。该节课通过探究果酒和果醋的制作原理和过程，重在培养学生设计实验、动手操作、收集证据等科学探究的能力。教师在课堂教学的展示汇报部分，弹性化预设了多种点评策略，对学生进行个性化的点评与指导。

一、明确学生汇报展示部分的弹性化教学策略预设需求

该节课采用翻转课堂教学模式，借助智慧课堂信息化平台，在课前两周将学生分成三组，对每组发布不同的课题任务，并要求在课中进行小组汇报展示。三个小组的汇报展示内容由教师根据该节课知识点的内部层次逻辑确定，第一组介绍酵母菌、醋酸菌的相关知识；第二组录制制作果酒和果醋的

---

① 为了更加清晰地反映本案例的主题思想，节选时作了适当调整。

实验视频，并介绍实验操作中需要注意的环节；第三组汇报记录果酒和果醋发酵现象的观察结果。

课堂教学活动以三个小组的学生汇报展示活动为主线展开，各个小组分享各自负责的课题，其他小组成员聆听汇报时可以提出问题和展开讨论，随后教师及时进行课堂测评，检查学生对该课题相关知识点的掌握情况。在课堂教学中学生的汇报展示在准备程度、讲解准确性、课堂讨论情况等方面存在多种可能，教师需要根据情况进行不同方式的点评，因此需要对点评策略进行弹性化预设，以确保学生在课堂学习中知识掌握和技能训练的效果。

二、学生汇报展示部分的弹性化教学策略预设

在学生展示汇报部分，教师需根据每组学生的汇报展示情况进行点评策略的选择，主要有以下三种情况。

点评策略一：如果学生的课题任务准备情况不佳，存在方法层面的错误，则采用反思式点评策略，帮助学生找出问题和原因所在，明确行动改进方式，帮助学生获得经验提升。

点评策略二：如果学生的课题任务准备情况较好，只是在汇报展示时语言表达上存在遗漏、模糊不清的情况，则采用总结式点评策略，及时对讲解不充分的部分进行补充讲解，并帮助学生梳理知识点和归纳方法，将零散的知识点系统化、清晰化。

点评策略三：如果学生的课题任务准备情况较好，汇报展示时讲解思路清晰、语言准确、结构完整，则采用提升式点评策略，在鼓励学生的同时对学生提出更高的要求，引导学生从更高的层次思考问题。

三、弹性化点评策略预设的课堂实施效果

在课堂实际教学的汇报展示过程中，三个小组的汇报展示情况各不相同，教师分别选择了不同的点评策略。

第一小组介绍了酵母菌和醋酸菌的相关知识，内容准备充分，并制作了展示课件，但是该部分知识点多而零散，学生在讲解时不够清晰，故教师选择总结式点评策略，将酵母菌和醋酸菌从生物学分类、代谢方式、生长条件、生活生产应用等方面进行对比，并利用表格进行梳理，帮助学生将零散的知识点进行系统化整理。

第二小组展示了课前制作果酒和果醋的实验视频，并按照实验的操作步骤介绍了实验操作中需要注意的环节，讲解清晰有条理，故选择提升式点评策略，肯定第二小组的课前准备和课堂表现，并引导学生思考和归纳设计实验的一般流程，进一步提高学生的科学探究能力，同时提升学生的抽象概括能力。

第三小组介绍了对果酒和果醋发酵现象的观察记录结果，通过图片展示了发酵的过程，但是发酵现象不明显，不能通过汇报展示来感知发酵过程中果酒和果醋的变化情况，故采用反思式点评策略，指导学生反思实验过程，总结实验的成功和不足之处，明确成功之处是实验数据的及时记载和实验材料的创新，不足之处是学生没有按照时间要求进行操作实验，而观察发酵过程一般需要十天以上，实验时间不充足导致上课时发酵还不充分。师生明确下一步行动计划，学生今后要严格按照时间要求进行实验，并在该节课结束后继续进行果酒和果醋发酵实验和现象记录，记录的结果通过智慧课堂信息化平台分享。

该节课的教学效果表明，课前预设的教学点评策略得到了有效应用，教师充分尊重了学生的主体地位，关照到了学生的差异情况，提高了课堂教学的针对性。

图 6-7　学生进行汇报展示

【案例评析】（刘金军　安徽省淮南市第二中学生物教研组长）

程梦露老师采用翻转课堂教学模式，在课前提前发布分组实验和汇报展示的任务要求，借助智慧课堂信息化平台构建了"课前学生小组预习—课中学生自主解疑—课后学生及时巩固"的教学组织形式，将学生个体学习（自学）、小组学习（互学）、全班学习（共学）等活动结合起来，打破了传统教学以全班集体教学为唯一组织形式的格局。由于该节课的教学活动重点是以学生的小组汇报展示为主线，不确定因素较多，因此程老师对学生汇报的点评策略进行了弹性化预设，根据不同情况设计了反思式点评、总结式点评、提升式点评三种点评策略。智慧课堂信息化平台帮助程老师在教学中开展了多种形式的交流互动，教师可以根据学生的汇报展示情况进行灵活的针对性点评。这三种点评策略分别适应三个小组汇报展示的不同情况，让每组学生都得到了个性化的指导。学生既在过程中学到了知识，又在自主学习、合作学习、探究学习中体验到了学习的成就感。本堂课有效促进了学生对果酒和果醋的制作原理、制作过程的理解，培养了学生的生命观念、科学思维、科学探究、社会责任四大核心素养。

▸ 6.3　智能化课堂实施

6.3.1　适切性情境创设

适切性情境创设是围绕教学目标和教学内容的要求，基于学生在成长环境、生活经验、认知水平等方面的差异，通过实物、图片、动画、音频、视频等方式，创设能够适应学生认知水平、满足学生学习需要的教学情境的过程。根据情境创设的目的和呈现的内容，适切性情境创设可以包含故事情境、问题情境、真实生活情境、实验情境、虚拟现实情境、合作探究情境等不同类型。在不同类型的情境中，学生会产生不同的学习行为，也会获得不同的学习体验。适切性情境创设充分考虑了学生的共性特征和个性差异，在落实因材施教的过程中有着不可或缺的教学价值，能有效保障每一位学生在情境中发生意义建构，学有所得。具体来说，一是体现在调动学生参与度与积极性方面。它有助于将教学内容以更符合学生年龄特征和认知规律的方式生动、灵活、立体地呈现出来，激发学生的学习兴趣，调动学生参与课堂的积极性与主动性，使每个学生都能参与到课堂学习中。二是体现在兼顾不同学生的认知差异方面。它能够为每个学生提供接近真实的感官体验，帮助学生弥补因生活经验不同而产生的认知差异，让不同认知起点的学生都能够更加高效、全面地理解和掌握学习内容，获得适切的发展。三是体现在抽象内容具体化、降低知识理解难度方面。它能够将抽象的内容具体化、形象化，让不同学习基础的学生都能够便捷地获得具象的认识，降低知识理解难度，高效地掌握新知识。适切性情境创设既包括教师课前对情境的设计和资料准备的过程，也包括在课堂教学中运用各种手段和方式创设适合教师教、学生学的场景氛围的过程。在传统课堂教学环境中，由于网络教学资源复杂泛化，学生学情分析精准性不高、时效性不强，存在教师创设适切性教学情境的难度较大、效率低下的问题，难以有效满足不同学生的学习需求。

智慧课堂信息化平台利用人工智能、大数据等多种智能技术，可以通过精准学情分析、教学资源智能推荐等手段方式，使教师高效、便捷地创设符合学生实际学习需要的教学情境，助力因材施教的落实。在智慧课堂信息化平台的支持下，教师实现适切性情境创设的步骤一般有：第一，适切性情境设计。教师结合教学目标和教学内容，从多个维度精准了解班级整体学情和学生个体学情；依据学情，选择需要的情境类型，检索、获取合适的富媒体教学资源，开展兼顾班级学生共性特征和学生个体差异的教学情境设计。第二，适切性情境实施。教师根据预先的设计和准备，在教学过程中结合情境开展教学，并基于学生表现的实时动态变化灵活调整创设情境的方式方法，保障学生跟上教学节奏，促进达成教学目标。本部分通过三个典型案例来呈现适切性情境创设对于落实因材施教的操作过程。其中，案例6-3-1《两位数加一位数进位加法》侧重于体现故事情境创设在调动学生参与度和积极性方面的作用，案例6-3-2《农业区位因素》侧重于体现真实生活情境创设在弥补学生认知差异方面的作用，案例6-3-3《带电粒子在电场中的运动》侧重于体现实验情境创设在抽象内容具体化、降低知识理解难度方面的作用。

案例 6-3-1

一年级《两位数加一位数进位加法》适切性情境创设

本案例节选自河南省洛阳市涧西区东升第三小学数学教师张继刚的《两位数加一位数进位加法》。① 该节课是人教版一年级数学（下册）第六单元《两位数加一位数、整十数》的第二课时。学生已经经历了实物操作（小棒、计数器操作）——表象操作（学生在头脑中重现分一分、摆一摆的过程）——符号操作的思维过程，也学习过两位数加一位数不进位的口算。结合教学要求和学生学习的认知起点，该节课的主要教学目标是使学生通过探究学习，理解和掌握两位数加一位数进位加法的口算方法，提高运算能力（课标核心概念）中的口算能力、合作学习能力、动手操作能力和语言表达能力，领会逻辑推理、数形结合的数学思想。该节课主要渗透数学学科逻辑推理的核心素养。教师根据学生的思维特点，创设了动画故事情境，在情境中培养学生运用数学知识来解释、解决问题的意识和能力。

一、"喜羊羊与灰太狼"故事情境的设计

一年级小学生处于具体形象思维阶段，且有效注意的时间较为短暂。同时，小学生有着争胜好强、表现欲强的心理特点。通过平时的观察，教师发现学生们能够熟练并乐于进行小棒实物操作，也有合作学习的愿望。虽然学生已经学习过两位数加一位数不进位加法的口算方法，但两位数加一位数进位加法的口算方法需要在前者的基础上推理得出，对一年级学生来说仍有一定的抽象性和理解难度。借助智慧课堂信息化平台，在该节课的教学中，教师利用一年级学生喜欢的动画片《喜羊羊与灰太狼》中的故事，将两位数加一位数进位加法的知识融入《喜羊羊与灰太狼》的三个故事情境中，将抽象的逻辑知识转化为有趣的动画形象。

在"复习旧知、情境导入"环节，教师设计了"参观羊村"的故事情境，通过播放"羊羊们准备棒棒糖欢迎参观羊村的同学们"的 flash 动画，唤醒学生已经学过的"两位数加一位数不进位加法"的口算知识储备，培养学生观察、捕捉数学信息的能力和发现问题的意识。在"合作学习、探索新知"环节，教师

---

① 为了更加清晰地反映本案例的主题思想，节选时作了适当调整。

设计"羊羊送糖"故事情境，通过播放"羊羊们送出棒棒糖"的动画，帮助学生归纳两位数加一位数进位加法口算方法的顺口溜。在"练习巩固、及时反馈"环节，教师设计"羊羊运动会"故事情境，通过呈现"羊羊运动会"的动画以及"羊羊拍球比赛""羊羊射箭比赛""羊羊举重比赛""羊羊跳伞比赛""羊羊团体接力赛""羊村运动会颁奖大会"等的动画和图片，将学习问题分解到一个一个的比赛游戏中，引导学生在有趣的游戏氛围中，分层次巩固知识，帮助学生练习和运用两位数加一位数进位加法的方法，使学生掌握其规律，提高学生学习的信心，培养学生自主学习、协作解决问题的能力。

二、"喜羊羊与灰太狼"故事情境创设的课堂实践

1."复习旧知、情境导入"环节通过情境激发兴趣、导入教学主题

教师使用教学平板投屏至教室大屏播放"羊羊们分发棒棒糖"的flash动画，呈现师生去羊村游玩的故事场景："老师今天带着同学们到羊村玩，喜羊羊、沸羊羊、美羊羊准备了棒棒糖来欢迎大家。喜羊羊说自己准备了24根棒棒糖，沸羊羊说自己准备了5根棒棒糖，美羊羊说自己准备了9根棒棒糖。"故事播放完后，教师通过提问的方式引导学生用数学语言提出问题并解决问题，导入该节课的主题。

师：羊羊们用棒棒糖欢迎我们，小朋友们一定很开心吧。哪位小朋友能提一个我们会做的数学问题呢？

生1：喜羊羊和沸羊羊的棒棒糖加起来一共有多少根？

师：你的声音真好听，哪位同学能够列个算式解决她提出的问题呢？

生2：24+5=29。

师：算式列得很准确。

（教师在黑板上板书学生列出的算式，并带领学生回忆两位数加一位数不进位加法的口算方法）

师：很好！我们解决了这个问题。同学还能提出其他问题吗？

生3：沸羊羊和美羊羊的棒棒糖加起来一共有多少根？

师：很好，谁能列式解决这个问题？

生4：5+9=14。

师：回答得很好！这个问题我们也解决了。还能提出其他问题吗？

生5：喜羊羊和美羊羊一共有多少根棒棒糖？

师：很好的问题，谁能帮忙解决这个问题呢？

生6：24+9=33

生7：24+9=33

生8：……

（有个别学生可以答出33，但也有很多学生答不出）

师：答案到底是不是33呢？今天我们就来继续学习两位数加一位数。

（教师在黑板上板书学生列出的算式24+9=33，并板书该节课的主题"两位数加一位数"）

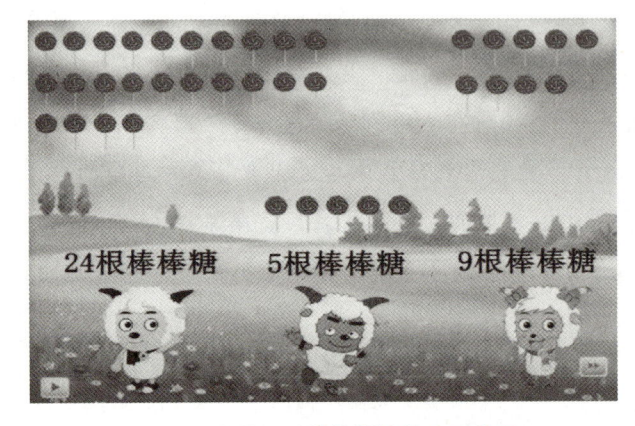

图6-8　羊羊们分发棒棒糖的动画截图

2."合作学习、探索新知"环节通过情境探究两位数加一位数进位加法

教师用教室大屏播放"羊羊送糖"的动画：喜羊羊送给我们24根棒棒糖，美羊羊送给我们9根棒棒糖。组织小组合作，让学生利用手边的小棒解决问题。

师：羊羊们太体贴了，那么请问它们总共送出了几根棒棒糖呢？现在请各小组在2分钟内摆小棒，算一算。

（学生分组讨论，教师巡视课堂，查看各小组完成情况，拍照指导）

师：好，同学们已经摆好了。我们来看看这个小组的摆法，请你还原小棒，再摆一次。

（小组代表重新摆放小棒，教师使用教学平板投屏直播学生的摆放过程）

师：这一组同学是把24根小棒分成23根和1根，将1根和9根摆在了一起。

（教师一边描述，一边用教学平板呈现24＋9＝？的第一种算法，并将算式板书在黑板上）

师：好，现在请这个小组的代表到讲台上跟大家分析一下这个算法的过程。

生1：我们把24分成23和1，1加9等于10，23加10等于33。

师：你讲得真好。我们再看看这一个小组是怎么摆的，也请你还原小棒，重新摆一次。

（教师使用教学平板直播另一小组的小棒摆放过程）

师：大家发现没有，这个小组的摆法和上一个小组不一样。他们是把24根小棒分成20根和4根，将4根和9根摆在了一起。

（教师一边描述，一边用教学平板呈现24＋9＝？的第二种算法，并将算式板书在黑板上）

师：好，现在请这个小组的代表到讲台上跟大家分析一下这个算法的过程。

生2：我们把24分成20和4，4加9等于13，20加13等于33。

师：你回答得很好。其他小组还有与他们不同的摆法吗？好，现在我们回顾一下这两种不同的算法。

（教师用教学平板播放"24＋9＝？"的动画，呈现两种不同算法的过程）

师：好，同学们现在想一想24＋9与24＋5的区别，能不能总结出"两位数加一位数"的秘诀？

（教师在学生讨论反馈之后，通过课件呈现"两位数加一位数"顺口溜：两位加一位，拆数后凑整，再加余下数；两位加一位，个位加个位，满十向前进）

3."练习巩固、及时反馈"环节通过情境巩固两位数加一位数进位加法的算法

教师利用智慧课堂授课系统展示播放"羊羊运动会"的动画，根据学生的选择依次呈现了"拍球比赛""射箭比赛""举重比赛""跳伞比赛""团体接力赛"和"颁奖大会"的动画和图片，在有趣的比赛游戏情境中，组织学生利用"两位数加一位数进位加法"的相关知识提出问题、解决问题。

师：同学们，羊村运动会正在激烈地进行着，你们想去看看吗？

生（齐）：想。

师：羊村运动会有"拍球比赛""射箭比赛""举重比赛""跳伞比赛""团体接

力赛"和"颁奖大会",你们想先去看哪个呢?

生(齐):拍球比赛。

师:好,喜羊羊参加拍球比赛,她先拍了27下,后来又拍了4下。你能提出什么数学问题吗?

(教师课件呈现拍球比赛动画和图片)

生1:喜羊羊一共拍了几下?

师:这个问题提得很好,谁能列出算式解决一下呢?

生2:27+4,先把27分成20和7,7加4等于11,11加20等于31。

师:很好,这是她的想法,接下来请同学们拿出答题纸圈一圈再填一填,算一算喜羊羊总共拍了多少下。

(教师巡视课堂进行指导和点评,并将学生的优秀作业拍照投屏至教室大屏上同屏展示)

师:大家一起来看,先算7+4=11,圈出小棒,再算20+11=31。全对了,给他100分。

(教师结合同屏展示的学生作业进行讲解,并给学生的作业在平板电脑屏幕上批注100分)

……

教师按照学生的选择顺序,继续完成了"射箭比赛""举重比赛""跳伞比赛""团体接力赛"和"颁奖大会"等活动的教学。

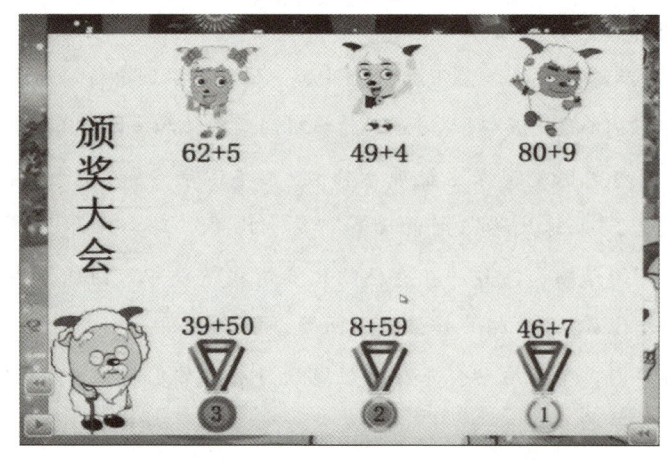

图6-9　羊羊运动会颁奖大会动画截图

三、"喜羊羊与灰太狼"故事情境创设的实践效果

该节课在智慧课堂信息化平台的支持下，运用本班学生熟悉的《喜羊羊与灰太狼》动画中的角色，创设了生动、有趣的故事情境。学生在轻松愉悦的课堂氛围中，带着强烈的好奇心和浓厚的兴趣，积极主动参与课堂教学，动手、动口与动脑相结合，复习巩固了"两位数加一位数不进位加法"的已学知识，推导建构了"两位数加一位数进位加法"的新知识体系，并进行了有效的巩固训练。将数学知识融入生动形象的故事中，不仅培养了一年级学生找出有关数学信息的能力和提出问题的能力，而且提升了学生运用知识解决实际数学问题的能力，使学生初步感知了算法多样化的数学思想。

【案例评析】（梁建中　河南省洛阳市涧西区电教馆副馆长）

张继刚老师借助智慧课堂信息化平台，通过独立设计 flash 动画，成功为学生创设了符合其年龄特征和生活经验的课堂教学情境，与一年级学生具体形象思维和注意力难以长时间集中的心理特征相适应，激发了学生参与课堂、探究知识的兴趣，使精心设计的教学策略和教学活动达到效益最大化，有效帮助学生理解了两位数加一位数进位加法的算理和算法，培养了学生合作探究学习的能力。

整节课都紧扣新课程标准"以学生为主体"的教学理念。一方面，结合学生的认知特征和特点，寓教于乐。张老师设计巧妙，实施到位，以一年级学生喜欢的动画片《喜羊羊与灰太狼》的故事为主情境，从导入、新课探究到练习巩固以羊羊们的故事贯穿，将两位数加一位数进位加法的算理和算法等学科知识渗透于故事情境中，运用生动活泼的教学语言，引导学生在动手操作和互动交流过程中初步感知数学算法的多样化，领会逻辑推理、数形结合的数学思想，提升了学生的数学学科核心素养。另一方面，有趣、生动的情境使教学策略更有效，使学生的学习更加高效。张老师借助喜羊羊、棒棒糖等学生喜欢、熟悉的角色和物品创设了学生熟悉的故事情境，使该节课的"先行组织者"策略得以在有趣、轻松的氛围中落实，有效帮助了学生在导入环节巩固旧知，并引入新知学习。此外，教师通过启发性问答、组织学生小组合作摆小棒、拍录展示学生计算的过程等方法，使每一个学生都在同伴互助、教师精准辅导中了解了新知识的推理过程，理解了两位数加一位数进位加法的

算理，有效建构了新知识体系，培养了数学学科逻辑推理的核心素养。

案例 6-3-2

高一年级《农业区位因素》适切性情境创设

本案例节选自山西省晋中市榆次第二中学地理教师冯毓霞的《农业区位因素》。[①] 该节课是湘教版高一地理必修Ⅱ第三章《区域产业活动》第二节《农业区位因素与农业地域类型》的第一课时。《普通高中地理课程标准（2017年版2020年修订）》提到，学生要能够结合实例，说明农业的区位因素。学生在必修Ⅰ教材学习的基础上已经初步具备了区域地理及自然地理整体性、差异性的基本知识。根据课标要求和学生学习基础，该节课的主要教学目标是让学生能够结合真实的农业生产案例，分析影响农业生产的主要因素；学会判断某地或某种农业区位选择的主导因素，掌握区位分析的方法。教师借助智慧课堂信息化平台，创设了贴近生活的农业生产发展情境，弥补了学生生活经验的不足，帮助学生掌握农业区位因素的分析、判断方法。

一、真实农业区位情境的设计

学情数据显示，班级45名学生大都来自山西省晋中市，有的来自农村，有的来自城市，而且学生的生活经验大多局限于校园，对于农业生产发展的实际了解得并不全面且存在差异。该节课借助智慧课堂信息化平台，在"激趣导入""自主探究""合作交流""拓展应用"等环节，利用实物、视频、图片等资源，设计真实的、贴近生活的教学情境，有助于将课堂教学与实际生活相联系，弥补学生对于农业生产发展的认知差异，保障不同认知基础和生活经验的学生都能理解影响农业生产的主要因素，掌握农业区位因素的分析方法，提升解决实际地理问题的实践能力。

在"激趣导入"环节，设计利用番茄实物和现代化番茄温室大棚的视频、图片等资源，为学生创设现代农业发展的真实情境，激发学生的学习兴趣，促进学生提取已有的农业知识，引入教学主题。在"自主探究"和"合作交流"环节，设计利用区域农业发展的相关图片和现代化番茄温室大棚的视频，为学生创设自然因素和社会经济因素的真实情境，让不同程度的学生可以自定

---

① 为了更加清晰地反映本案例的主题思想，节选时作了适当调整。

步调，多感官感知影响农业区位因素的自然因素和社会经济因素，学会自主辨识某地或某种农业区位选择的主导因素，掌握对某区域农业生产进行区位分析的方法。在"拓展应用"环节，设计基于真实案例《我国某地城郊农业的区位选择》的区位分析问题，引导学生在真实的情境中应用所学的地理知识解决问题，认识到在农业生产的过程中要因地制宜、因时制宜，树立人地协调观。

二、真实农业区位情境创设的课堂实践

借助智慧课堂信息化平台，教师在课堂中通过营造真实的教学情境，帮助学生理解农业区位因素和掌握区位分析方法，具体过程如下。

1．"激趣导入"环节通过情境引入教学主题

教师通过大屏播放了现代化番茄温室大棚的视频、图片，展示了番茄实物，并介绍了番茄的故事，引导学生在感受现代农业魅力的过程中积极思考，回顾农业和区位的概念，引出该节课的教学主题。

2．"自主探究"环节通过情境探究农业区位自然因素

首先，教师通过智慧课堂信息化平台的"同屏分享"功能在教室大屏上依次播放了葡萄、哈密瓜、香梨和石榴的图片，并结合生动有趣的新疆四大名果民谣——"吐鲁番的葡萄哈密的瓜，库尔勒的香梨人人夸，叶城的石榴顶呱呱。"——介绍了图片内容，激发学生联想关于新疆的生活记忆和自然地理知识。接着，在真实有趣的氛围中，教师提出问题："为什么新疆的瓜果这么有名，这么香甜？主要是哪种自然因素在影响？"并组织学生在智能学习终端的讨论区作答。全班有35名学生积极在讨论区中发表了"昼夜温差大""光照时间长"等不同观点。结合学生的作答数据，教师引导学生共同总结发表了"新疆地处我国内陆，昼夜温差大，光照充足。其中，光照是主导区位因素"等观点。

随后，教师播放了海南三季水稻的图片，并设置抢答问题："这是海南的三季稻，所谓三季稻，就是说一年能收三次，一年三熟，那同学们想一下影响海南三季稻的主导因素是什么？"全班有40名学生积极参与了抢答，发表了"光照强""热量足""水分足"等观点。结合学生的作答数据，教师通过授课系统推送了反映海南省、东北地区地理特点的图片、视频，并发布了三个探究问题，辅助学生有效联想，引导学生进一步讨论农业区位因素之自然因素中

的气候因素。问题是：

（1）东北的水分也很足，所以除了水分，海南的地理特点是什么呢？

（2）影响海南农业发展的主导因素是什么呢？

（3）东北是一季稻，中原是两季稻，可见，自然区位因素会影响什么呢？

最后，结合以上真实区域农业发展的图片，教师引导学生共同总结得出："影响农业的区位因素有光照、水分、热量，这些都属于自然因素中的气候因素，它们会影响农作物的种类、分布和耕作制度等。"

3."合作交流"环节通过情境探究农业区位因素之社会经济因素

教师首先同屏播放了现代化番茄温室大棚视频——山西本地"小郭寻宝"栏目中《住"豪宅"的小番茄》的视频片段，视频内容主要是：晋中市太谷县范村镇在培育番茄的玻璃温室中，利用无土栽培、种子培育、熊蜂授粉等农业创新技术，结合智能控制系统、机械化作业农业设备革新技术培育番茄的过程。教师边播放边介绍了自己去实地参观时的趣事和见闻："这里的番茄是绿色有机的……目前已经出口新加坡，接下来准备出口欧洲，作为山西的本土化农业产业是不是很自豪啊……"通过本土真实的农业产业发展情境，教师既激发了学生的自豪感和联想，又让学生对农业产业发展有了真实的感知和体会。

播放完视频后，教师将现代化番茄温室大棚视频和学习材料通过智慧课堂信息化平台推送给五个小组，并引导学生结合案例资料，在真实的案例情境中继续开展小组探究："请同学们结合材料和视频，小组协作，试着总结一下田森杜氏番茄产业为什么能发展得这么好，影响田森杜氏番茄产业发展的社会经济因素有哪些。梳理一下写在笔记本上，小组完成后，请拍照上传，我将对比点评。"

各个小组结合对农业产业发展的不同认识程度自定步调安排学习，有的小组先分别观看视频，再查阅资料，一起讨论；有的小组在观看视频的过程中边暂停边积极讨论，边梳理答案；有的小组先梳理答案，然后观看视频和资料补充完善。教师循环指导。五个小组都梳理提交完成后，教师进行对比讲解，对各小组的讨论结果进行点拨评价，引导学生概括出影响农业区位的社会经济因素有科技、政策、市场、劳动力、交通运输和冷藏保鲜技术等，并引导学生用结构图梳理了区位因素分析的框架。各小组结合教师的点评，修改调整答案并提交。结合真实的本土产业案例，不同经验和程度的学生均在教师的引导下开展了适合自己的协作探究，掌握了分析农业区位社会经济因素的方法和框架。

4."拓展应用"环节通过情境综合分析农业区位因素

教师屏幕广播呈现案例《我国某地城郊农业的区位选择》，并提出问题："我国山西省某地要在'十三五'期间大力发展小麦、乳牛、花卉、养鱼、果园等农业类型，请你根据下图中的信息为政府建言献策，说明应怎样进行区位选择及其原因。"

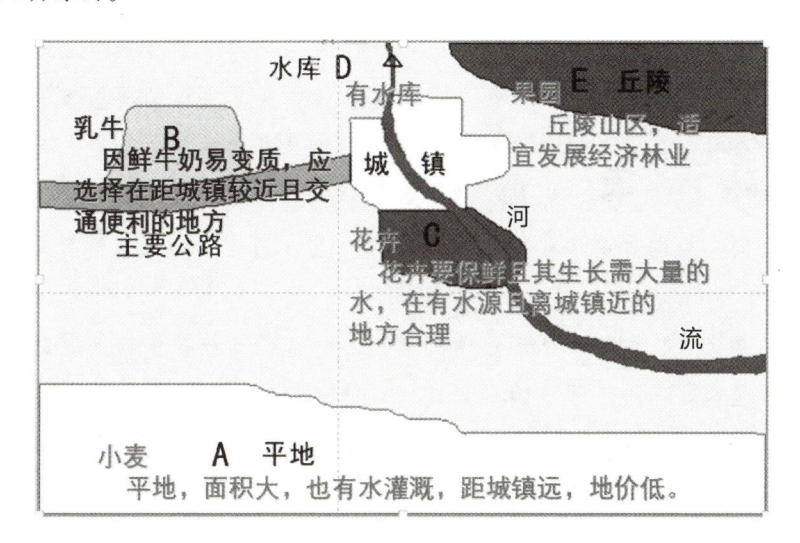

```
水库 D         果园 E 丘陵
乳牛   有水库           丘陵山区，适
    B  城 镇            宜发展经济林业
因鲜牛奶易变质，应
选择在距城镇较近且交  河
通便利的地方
主要公路        花卉
              C
         花卉要保鲜且其生长需大量的
         水，在有水源且离城镇近的
         地方合理              流

小麦   A  平地
       平地，面积大，也有水灌溉，距城镇远，地价低。
```

图 6-10 《我国某地城郊农业的区位选择》案例资料

学生们在智能学习终端查看案例资料，首先独自完成了对该地区农业区位因素的分析，然后与小组内同学进行交流、讨论，形成小组对该地区政府的最终建议。教师通过巡视指导为各小组提供必要的帮助，并对各小组作业进行拍照讲解。学生在真实的案例问题情境中应用所学的地理知识，不仅学会了如何进行农业区位选择，而且提升了区域认知的地理实践能力。

三、真实农业区位情境创设的实践效果

教师借助智慧课堂信息化平台，通过呈现形象生动的案例视频和图文材料，在不同区位因素知识的学习中创设了丰富、多样的真实农业区位情境，不仅让学生获得了真实的情感体验，激发了学生的学习兴趣和已有知识经验，而且支持学生结合设置的问题，在真实的情境中，自定步调、由浅及深地探究、理解农业区位因素，有效照顾到了学生在生活经验、认知水平方面的差异。学生的课堂参与度和作答情况显示，五个小组的学生都积极开展了合作，提交的案例分析作业均较好地达到了教学目标。他们不仅基本掌握了影响农业区位的自然因素和社会经济因素，学会了自主辨识某地或某种农业区位选择的主导因素，掌握了对某区域农业生产进行区位分析的方法，而且培养了对家乡农业生产的自豪感，提升了地理实践能力，树立了人地协调观。

【案例评析】（贾佩琳　山西省晋中市榆次第二中学地理学科组组长）

在智慧课堂信息化环境中，冯毓霞老师灵活应用了紧扣教学主题、形象生动的视频、图片等资源，将教学内容与生活中实际发生的典型案例进行了有效的融合和串联，为学生创设了生动、形象、真实的教学情境，为学生提供了"最近发展区"支架，弥补了学生对农业生产的生活经验的不足，让每个学生都在同一个课堂中学有所得，实现了"学习生活中的地理、学习有用的地理"的课标要求。

从总体来看，该节课呈现出两大亮点，一是通过蕴含学科问题的适切性情境精准呈现，促进了学生的知识建构。冯老师利用与教学内容紧密相关的图片、视频实例等创设了适切、有趣的情境，并且将学科问题蕴含其中，不仅辅助每一个学生完成了对农业区位因素的意义建构，而且保证了知识向真实情境的迁移，体现了教学情境的深层价值。尤其是《住"豪宅"的小番茄》的案例用得恰到好处，导入和合作探究材料内容前后呼应，高潮迭起，很好地串起来该节课的内容，取得了很好的教学效果。二是情境创设灵活多样，满足了不同学生的学习需要。《农业区位因素》相关内容较为基础且紧密联系生活实际，学生在日常生活中或多或少都有所接触，但高一学生对我国典型区域内的自然环境和农业产业发展的认知经验差异较大，且知识积累不同。在智慧课堂环境中，冯老师不仅通过同屏播放图片、视频等，为班级整体学生营造了真实情境，而且通过将教学情境创设的资源分享给每一个学生，支持学生在真实情境中，自定步调开展协作学习，使不同程度的学生都能在似真的活动中学有所得，提升区域地理认知和实践的能力。

案例 6-3-3

高二年级《带电粒子在电场中的运动》适切性情境创设

本案例节选自浙江省湖州市吴兴高级中学物理教师张梦安的《带电粒子在电场中的运动》。[①] 该节课是人教版物理选修 3-1 第一章第九节的教学内容。学生在前六节已经学习过电场力和能的性质，通过课前预习，也了解了利用电场改变或控制带电粒子运动的基本知识。《浙江省普通高中学科教学指导意见（2014 年版）》提出，要让学生知道利用电场可以改变或控制带电粒子的运动和带电粒子在匀强电场中偏转运动的规律，培养学生综合应用力学知识和电学知识的能力。结合意见要求和学生认知基础，该节课的主要教学目标是使学生了解带电粒子在电场中的运动规律，掌握初速度与场强方向垂直的带电粒子在电场中的运动（类平抛运动），培养学生综合分析问题的能力，让学生体会物理知识在实际生活中的应用。教师通过智慧课堂信息化平台，创设了适切性的实验情境，帮助学生直观理解带电粒子在电场中运动的抽象知识内容。

一、"带电粒子在匀强电场中的运动"实验情境的设计

结合学情分析报告，学生课前通过视频和课件学习，已经知道了"利用电场可以改变或控制带电粒子的运动"等基本知识，但仍未掌握"带电粒子在匀强电场中偏转运动的规律"以及"如何综合运用力学和电学知识解决带电粒子在电场中的运动"等较为抽象的概念原理性知识。物理学是一门以实验为基础的学科，实验有助于加强学生对于抽象物理知识的感知，引起学生学习物理的兴趣，提升学生学习的效率。借助智慧课堂信息化平台，在课中探究活动环节，教师借助图片、实验器材、实验演示视频等创设实验情境，并用恰当的问题引导，旨在使微观带电粒子运动的过程宏观化、具体化，降低知识学习的难度，让学生能够循序渐进地理解、概括带电粒子在电场中的偏转规律，学会综合解决带电粒子在电场中运动的相关问题，体会物理知识的实际应用。

[①] 为了更加清晰地反映本案例的主题思想，节选时作了适当调整。

二、"带电粒子在匀强电场中的运动"实验情境创设的课堂实践

1."探究活动 1"通过情境探究带电粒子的加速

首先，教师引导学生复习回顾了与"电场力的性质"相关的计算公式"$E=F/q$、$F=ma$"和与"电场能的性质"相关的计算公式"$U=W/q$、$E=U/d$、$W=\frac{1}{2}mV_t^2-\frac{1}{2}mV_0^2$"。

其次，教师通过大屏展示了医用电子直线加速器的图片和模拟电子在电场中运动的图片，使学生对电子在电场中的加速运动有了清晰的感知。

最后，教师提出了六个问题，引导学生在解决问题的过程中循序渐进地理解带电粒子加速运动的相关知识。六个问题分别是"问题1：带电粒子在电场中加速用什么观点解决？问题2：带电粒子在电场中受哪些力作用？重力能否忽略不计？问题3：粒子在电场中做何种运动？问题4：在匀强电场中如何运用力和运动的观点计算加速度、时间、末速度？问题5：如何运用能量观点计算末速度？问题6：若有初速度，带电粒子在匀强电场中做匀减速直线运动，则会有哪些情况？"教师通过问题引领，让学生探究带电粒子加速运动的知识内容。例如，在匀强电场和非匀强电场中分别怎样运用力和能的性质来解决带电粒子加速运动的问题。力和运动的观点适用于匀强电场，可计算时间。能量观点适用于任何电场，但只能计算末速度，无法计算时间。

2."探究活动 2"通过情境探究带电粒子的偏转

首先，教师将教学资源库中的视频《电场中带电粒子运动模拟演示仪（示波器）》推送给了每个学生，视频内容介绍了示波器的面板和带电粒子在示波器中的各种偏转现象。学生自主观看视频，教师巡视课堂并结合学生观看进度进行补充讲解，如带电粒子本身是没有颜色的，但是为了便于观察，在示波器里面加入了惰性气体，才显示出了绿色的带电粒子束等。在视频演示实验情境中，不同位置、不同程度的学生通过自主观察和教师引导，都清楚了解了示波器操作面板上各个按键的功能和工作原理，并清晰观察到了带电粒子在电场中的各种偏转现象，对抽象的物理知识有了具象的认识。

其次，教师组织学生上台操作示波器和演示带电粒子在示波器中的各种偏转实验，并通过智慧课堂信息化平台的"拍录同屏"功能在大屏上同步展示实验操作的过程，使每个学生都能清楚地观察到真实的操作步骤和现象。结

合学生的操作和演示情况,教师进行了必要的操作指导和讲解:"先不加板间距离,使电子做直线运动,接下来,调节电压……观看向上向下的不同偏转现象"。实验演示情境不仅发挥了学生的主观能动性,培养了学生的动手能力和观察能力,而且引起了学生积极的情感体验,拉近了学生与抽象物理知识之间的距离。

图 6-11 学生操作模拟演示器进行实验探究

等学生都熟悉了带电粒子的偏转现象后,教师展示了实验过程中示波器的电子束呈现出抛物线形式的图片,并提出问题引导学生思考:"带电粒子的受力情况和运动情况是怎样的?"有的学生回答:"带电粒子受到重力和电场力的作用,但是这里的重力可以忽略不计。"有的学生回答:"带电粒子在水平方向有个初速度,竖直方向有电场力,合外力和初速度垂直,是平抛运动。"教师对学生的回答给予了肯定,并引导学生进一步总结:"带电粒子有沿垂直于场强方向(水平方向)的初速度,有受到沿场强方向(竖直方向)的电场力。粒子的初始状态及受力情况与我们前面学过的做平抛运动的物体的情形相类似,物理学中常把这种情形的物体运动叫作类平抛运动。"随后,教师提出第二个问题:"请同学们结合图片思考一下,类平抛运动的计算公式是什么?在这里我们假设这个带电粒子可以飞出电场,板长 l 就是它的水平位移,θ 为速度与水平方向的夹角。请大家写好之后拍照上传。"

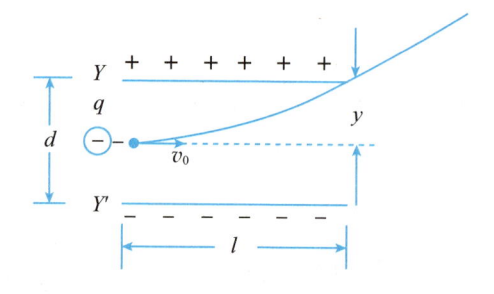

学生积极作答，教师巡回指导并观察学生的作答进度数据，数据显示有14个学生没有正确推导出公式。教师请作答较好的学生利用屏幕广播讲解推导过程，辅助每个学生都结合电子偏转现象理解了"类平抛运动的计算公式"。

最后，教师通过平台向学生推送了巩固练习题，引导学生小组协作完成。结合小组作答情况，教师引导学生回顾总结了带电粒子在电场中的运动规律："带电粒子在电场中做加速运动还是偏转运动由初速度与合外力的方向决定，加速运动的粒子初速度方向与合外力相同，偏转运动的粒子初速度方向与合外力方向垂直。"梳理巩固了综合运用力学和电学知识解决带电粒子在电场中运动问题的方法，培养了学生用物理知识解决实际问题的能力。

三、"带电粒子在匀强电场中的运动"实验情境创设的实践效果

该节课借助智慧课堂信息化平台，通过表征带电粒子在电场中的加速或偏转运动的图片、实验演示视频、操作实验展示等为学生创设了数字化、可视化的实验情境，让带电粒子这种难以直接肉眼观察的微观结构实现了由小变大、无形化有形。实验情境创设不仅激发了学生的学习兴趣，降低了学生对抽象物理知识的学习难度，而且使每个学生都清晰、全面地观察了解了实验的操作流程。学生的课堂表现情况和练习题作答数据显示，在实验情境中，通过有效的问题引导和精准辅助，每个学生都对带电粒子的运动现象有了具体的感知。他们不仅在掌握电场力和能的性质的基础上，循序渐进地掌握了带电粒子在电场中的运动规律，建立了更加完善的知识框架，而且提升了实验操作能力和协作解决问题的能力，有效达成了该节课的教学目标。

【案例评析】（严忠俊　浙江省湖州市吴兴高级中学党总支书记、浙江省湖州市特级教师联络处主任）

该节课的设计与实施都很注重因材施教，采用"理论—猜想—实验—理论"的教学方式，体现了以学生为主的课程理念。在智慧课堂教学中，张梦安老师通过图片、视频、操作演示等多种形式，将平时难以感知、有理解难度的物理知识设计为物理实验情境，结合层层递进的问题，让学生在"以物寓理、以理说物"的实验情境中自己获得规律、理解原理，不但有效调动了学生的多种感官，缓解了学生单纯学习物理理论知识的沉闷心理，激发了学生学习的积极性，而且引发了学生的有效思考、积极讨论，在观察与操作中培养了学生的物理实验核心素养。结合不同学生的作答数据，张老师还及时给予了精准的辅导和补充知识讲解，使学生的物理知识建构过程沿着"精"的路径和"准"的思路进行，逐步让不同程度、不同特点的学生都从易到难、从简到繁，循序渐进地达到了学习目标，获得了适切的发展，让学生的物理学习不再感觉到"难"。

6.3.2　自主探究式学习

自主探究式学习是学生在教师的指导下，通过独立或合作发现问题、实验、操作、调查、信息搜集与处理、表达与交流等学习活动，个性化地获得知识、技能、情感与态度发展的过程。[1] 自主探究式学习是落实因材施教的重要方式，既能发挥教师的主导作用，又能体现学生的主体地位，使学生能够结合自身学习需要，依托教师提供的"支架"，变被动学习为主动学习，从而获得适合自己的发展。自主探究式学习并不是一种具体的学习方式，而是教师在理解科学探究基本精神的基础上，在自由创设的、有结构的、能促进学生认知与情感发展的教学情境中，让学生自己动手、动脑，主动获取知识和发展能力的过程。由于自主探究式学习的方式多种多样，人们通常在教学实践中将自主探究式学习划分为不同的类型。根据探究程度的差异可以分为发现式探究、接受式探究和建构式探究等形式，根据探究规模的差异可以分为独立探究、小组合作探究、大班讨论探究等形式，根据探究过程的差异可以

---

[1]　肖川：《论学习方式的变革》，载《教育理论与实践》，2002(3)。

分为任务式探究、归纳式探究、问题式探究等形式。综合来看，依据因材施教过程中教师和学生之间的相互关系，自主探究式学习可以分为两大类型：一种是侧重于教师主导作用发挥的引导式探究，强调的是教师积极地教，通过一步步的问题引导和有意义的教学，启发每个学生的主动思考；一种是侧重于学生主体地位体现的发现式探究，强调的是学生主动地学，是通过教师提前设计好的环境、资源和条件，学生根据自身能力基础和认知特点进行差异化的学习路径规划，最终形成探究结论的过程。在因材施教的实践过程中，要想有效开展自主探究式学习活动，教师需要精准了解每个学生的学情，以此选择合适的探究活动类型，以及设计、匹配适合学生"最近发展区"的问题、资源、任务情境等内容。教师要对学生的自主探究式学习过程进行及时监控与反馈，根据学生的表现给出针对性指导建议或调整学生探究过程。

智慧课堂信息化平台弥补了传统课堂环境下开展自主探究式学习的学情分析和过程监控的不足，可以利用智能技术开展多种形式的探究活动，让不同学习基础的学生都能参与自主探究式学习活动过程，从而引发学生积极思考，获得知识发现的成功体验。基于智慧课堂信息化平台，教师开展自主探究式学习活动的优势有：第一，精准选择适合的探究活动类型。根据探究任务的难度和学生探究的能力水平，明确以教师引导为主或学生发现为主的探究活动类型，按照一定梯度设计，引导学生积极思考、主动探究。第二，提供针对性的探究活动资源。根据学生的学习经验、认知水平等学情数据，按照课程标准和教学目标的要求，将教学内容拆解成符合学生"最近发展区"的探究问题或任务，使其符合学生的知识构建逻辑和认知发展过程。同时根据探究问题或任务的要求，搜集检索音频、视频、图片等资源，并将其编辑制作成符合学生学习需要的学习素材，满足学生的探究活动需要。第三，开展个性化的探究学习辅导。教师可以根据学生的探究结果提供不同程度的辅导，引导学生结合探究过程进行记录和反思，使每个学生都能达到教学目标，得到个性化发展。本部分通过两个典型案例，来呈现自主探究式学习对于落实因材施教的支撑作用。其中，案例6-3-4《基因突变》侧重于教师引导的自主探究式学习活动的开展，通过问题串引导学生结合资料推理、判断、讨论，完成知识体系的建构；案例6-3-5《油脂》侧重于学生发现的自主探究式学习活动的开展，通过模块化的任务引导学生动手实验、操作、汇报，达成学习目标。

案例 6-3-4

高二年级《基因突变》自主探究式学习

本案例节选自湖北省武汉市第十一中学生物教师胡燕的《基因突变》。[①] 该节课是人教版高中生物必修2第5章第一节的第一课时，既是前面章节内容的延续，又是第6章《从杂交育种到基因工程》和第7章《现代生物进化理论》的铺垫，起着承上启下的重要作用。通过学习第3章《基因的本质》和第4章《基因的表达》，学生对生活中生物的变异现象已经有了初步了解，但是对于生物变异的本质还缺乏科学的认识。结合课标要求和学生已有知识基础，该节课的主要教学目标设置为：理解并能够概述基因突变的概念、原因、特点、意义，以及基因突变与蛋白质的关系；培养科学思维和科学观念，树立健康生活和关爱生命的观念。由于基因突变的知识相对抽象，因此教师在课堂教学中实施了侧重教师引导的自主探究式学习活动，通过问题串的方式逐步引导学生探究，层层递进，帮助学生逐步掌握基因突变的相关知识。

一、侧重教师引导的自主探究式学习活动的设计

生物学科核心素养所涵盖的四个方面的基本要求，需要通过每节课或每项活动来逐步培养形成。高二学生已经具备一定的提出问题、分析判断以及合作交流的能力。由于学生对基因突变的概念、原因、特点及意义等内容缺乏感性认知和科学理解，因此，教师借助智慧课堂信息化平台，在"视频导入""模拟操作"和"概念延伸"等环节设计了问题串，通过问题串的引导，帮助学生开展自主探究式学习活动。教师通过层层递进、由浅入深的探究问题，结合图片、视频、文本等真实丰富的学习资料，启发不同程度的学生对问题进行思考，挖掘问题的本质特征，不断探索解决问题的方法与策略。通过对一系列问题的解决，学生逐步掌握了基因突变的概念、原因、特点、意义和它与蛋白质的关系，完成了知识的层层建构，培养了学科能力和学科素养。具体设计如下表所示。

---

① 为了更加清晰地反映本案例的主题思想，节选时作了适当调整。

表 6-1 《基因突变》自主探究式学习活动设计

教学环节	探究问题	设计意图	探究形式
视频导入	问题1：太空种子为什么会发生变异呢？ 问题2：这种变异有何特点？	通过播放太空育种视频，引导学生结合视频内容思考问题，激活每个学生的已有知识和学习兴趣，导入教学主题。	独立探究 大班讨论
模拟操作	问题1：从基因层面，请你针对血红蛋白分子异常的原因提出科学假说。如控制血红蛋白合成的基因发生了哪些改变呢？ 问题2：碱基对改变的位点是特定的还是随机的？ 问题3：哪些改变可能对肽链没有影响？哪些改变通常对肽链的影响比较大？ 问题4：DNA中碱基对的改变，是否一定会引起蛋白质的改变？为什么？	1. 通过推送与镰刀型细胞贫血症相关的图片和科学材料，引导学生思考问题1，提出科学假说。 2. 引导学生根据假说和提供的学习材料，利用智能学习终端，自主独立探究，完成镰刀型细胞贫血症基因突变的模拟操作。再通过小组合作，逐步探究和解决问题2~4，引出基因突变的概念，分析基因突变对蛋白质的影响，突破教学重难点。	小组合作 大班讨论
概念延伸	问题1：细胞癌变的根本原因是什么？ 问题2：结合必修1的知识，思考一下，细胞的致癌因子有哪些？ 问题3：假如没有物理、化学、生物等方面的诱变因素，还会发生基因突变吗？ 问题4：结合课本第82页内容，思考一下，基因突变有什么特点？ 问题5：基因突变有什么意义？	1. 通过推送2018年中国城市癌症数据报告，引导学生温故知新，再通过解决问题1和问题2，由细胞癌变的原因自然过渡到基因突变的原因，培养学生的生命观念和社会责任感。 2. 通过推送"DNA自发突变"的资料，引导学生结合致癌因子知识，思考问题3，帮助学生理解基因突变的类型。 3. 通过推送太空椒图片、镰刀型红细胞图片、文本等相关资料，引导学生探究问题4和问题5，理解基因突变的特点和意义。	独立探究 小组合作 大班讨论

二、侧重教师引导的自主探究式学习活动的课堂实施

1."视频导入"环节

首先，教师通过大屏播放太空育种的视频，并提出问题"太空种子为什么

会发生变异?这种变异有什么特点?"计时 2 分钟,请学生结合视频内容同步思考。视频介绍了"将被带到过太空的茄子种子种植后,长出的茄子比传统茄子大很多,最重的有八斤多重。种子在太空中受到微重力和高能量辐射,往往会引起遗传变异效应。通过辐射引发变异的概率只有 10%,而在这 10%中,又往往只有 1%~3%的概率会出现正变异……"学生边观看视频内容,边在智能学习终端进行记录。

计时结束后,教师设置抢答,在 54 名学生中,有 25 名学生通过智能学习终端参与抢答,抢答成功的学生回答:"太空的高辐射和微重力,会引起物种变异,有好的变异和不好的变异,概率比较低。"教师结合学生的作答情况引入教学主题:"这种变异来源于基因突变,接下来我们将学习基因突变"。

2."模拟操作"环节

首先,教师将镰刀型细胞贫血症的图片和科学资料发送给学生,并提到"1949 年,美国科学家鲍林发现,红细胞中血红蛋白分子的异常引起了红细胞变形。"然后,引导学生提出科学问题,科学规范地开展探究:"从基因层面,请你针对血红蛋白分子异常的原因提出假说。例如,控制血红蛋白合成的基因发生了什么改变(突变)?"教师通过智慧课堂信息化平台发起讨论,学生在讨论区发表不同的观点,有的学生答出了:"控制血红蛋白基因的碱基对的序列发生了改变。"有的学生答出了:"血红蛋白分子的氨基酸的排列和普通的不一样"……教师结合学生的作答情况,引导学生回顾基因的概念,对比不同的观点,明确氨基酸排列变化的观点是从蛋白质的角度,而不是从基因的角度提出的假说,基因的碱基对序列改变才是从基因的角度提出的假说。此外,教师还引导学生总结了基因的几种不同变化:"构成基因的碱基对数目增加了叫作增添,减少了叫作缺失,数目不变但顺序改变叫作替换。"

接着,教师通过平台将学生根据特长、兴趣等特征每 6 人分为一个小组,并引导各小组根据提出的科学假说,开展镰刀型细胞贫血症基因突变的模拟实验操作:"用笔在正常血红蛋白基因的部分序列上进行碱基对替换、增添或缺失,查阅密码子表(课本第 65 页),观察基因突变后指导合成的肽链是否改变。小组交流、分工、合作、思考讨论:1. 碱基对改变的位点是特定的还是随机的? 2. 哪些改变可能对肽链没有影响?哪些改变通常对肽链的影响比较大？3.DNA中碱基对的改变，是否一定会引起蛋白质的改变？为什么？操作完成后，结果汇总以小组为单位拍照上传。"

各小组学生根据提出的科学假说和学习资料独立探究，有的翻阅课本，有的在智能学习终端查看教师发送的资料，有的结合学习需要在平台资源中心查阅检索科学资料，如科学家英格拉姆发现镰刀型细胞贫血症患者的血红蛋白肽链上，有一处的谷氨酸被缬氨酸取代……各个学生独立完成探究后，小组讨论，完成对问题的合作探究和解决，并通过智能学习终端将各小组答案拍照上传。结合各小组的作答情况，教师发现有三个小组增添了不一致的碱基序列后，引导各小组代表发表了他们的观点，并请其他小组补充讲解，结合各小组对碱基对的缺失和替换错误的共性问题进行精准点评和辅导。

最后，教师引导学生结合模拟操作的过程得出问题的探究结果，并归纳出基因突变的概念："碱基对改变的位点是随机的，替换可能对肽链没有影响，增添或缺失通常对肽链的影响比较大。DNA中碱基对的改变，不一定会引起蛋白质的改变，因为密码子具有简并性……基因突变就是DNA分子中发生碱基对的替换、增添或缺失，而引起的基因结构的改变。"

3."概念延伸"环节

在学生明晰了基因突变的概念后，教师提出："基因的结构一般比较稳定，一般什么时候容易发生突变呢？"并发起"随机点名"，请学生总结基因突变发生的时期。一位同学答出了"有丝分裂间期"，但没有回答出"减数第一次分裂前的间期"，另一位同学进行了补充回答。然后，教师结合两位同学的作答情况，及时补充讲解基因突变发生的两个时期的内容和特征，如基因突变发生时是否遗传等。

接着，教师将2018年中国城市癌症数据报告推送给每个学生，引导学生结合必修1学过的细胞癌变知识思考问题1——"细胞癌变的根本原因是什么？"和问题2——"细胞的致癌因子有哪些？"并请学生将答案发表在讨论区。有的学生答出了："原癌基因和抑癌基因突变"，有的学生答出了："有物理、化学致癌因子"，有的学生答出了："有物理、化学、生物致癌因子"……结合学生的作答情况，教师引导学生理解基因突变和癌细胞之间的关系，培养学生正确的生命观念和社会责任感。

当学生理解了基因突变的诱发因子有物理、化学和生物因素后，教师将"DNA自发突变"的文本资料发送给学生，引导学生结合致癌因子知识，思考问题3——"假如没有物理、化学、生物等方面的诱变因素，还会发生基因突变吗？"辅助学生理解基因突变的类型，其不仅有诱发突变，还有自发突变。随后，教师依次将"基因突变随机发生的介绍文本""太空椒图片""镰刀型红细胞图片"和"基因突变发生概率的介绍文本"等相关资料发送给学生，并分别提出问题4——"结合课本第82页内容，思考一下，基因突变有什么特点？"和问题5——"基因突变有什么意义？"学生在教师的引导下先自己独立思考，然后进行小组讨论，并将讨论结果拍照上传。教师观看学生完成进度，待学生作答完毕后，结合学生作答情况进行针对性点评和讲解，不仅使学生掌握了基因突变的特点和意义，而且培养了学生获取信息的能力及推理判断的能力。

三、侧重教师引导的自主探究式学习活动的实施效果

课堂教学实践表明，学生积极踊跃地参与各环节的自主探究式学习活动，全班有54名学生参与了课堂测验，结果显示，第1题和第2题的答题正确率均为100%，第3题有90.74%的学生作答正确，其他9.26%的学生在点评讲解后，也消除了知识薄弱点。总体来说，全班学生基本理解和掌握了基因突变的概念、原因、特点和意义等重难点知识，较好地达成了该节课的知识目标。教师借助智慧课堂信息化平台，通过提供大量的视频、图片和文字材料，为学生提供了大量具体的知识，结合由浅入深的问题串引导，辅助学生高效地进行探究思考，锻炼了学生的信息处理能力和分析判断能力，培养了学生的生命观念和科学思维。

【案例评析】（李炜　武汉市第十一中学特级教师）

该节课重难点突出，课堂素材丰富，有视频，有图片，有科技资料，为学生提供了大量的自主探究素材资源，学生在整个课堂学习过程中都积极踊跃，充满学习热情。胡燕老师通过将教学内容精细拆分成具有一定梯度和逻辑结构的问题串，引导学生有序开展自主探究式学习活动。在活动中，胡燕老师把问题化大为小，化抽象为具体，使学生的目标具体化，知识的构建层次化，思维的活动缜密化，从而使学生获得了较为清晰的新知。智慧课堂功能的应用不仅改善了学生的学习体验，而且在很大程度上提高了教学效率。

教师通过引导学生自主探究，深刻剖析了基因突变的概念与特点，不仅实现了课堂教学的知识目标，使每个学生在探究活动中都不同程度地掌握了基因突变的知识，而且在整个教学设计中渗透了新课改理念，培养了学生的理性思维和科学探究等生物学科核心素养。

胡老师通过智慧课堂信息化平台，有效促进了因材施教理念的落实。具体来说，一方面，胡老师为学生提供了丰富的学习素材和平等的交流机会，充分发挥了教师的引导作用。在问题解决过程中，胡老师不仅引导学生对问题进行思考，挖掘出问题的本质特征，而且结合学生的作答数据，引导学生分析与对比不同的回答观点，甄别观点之间的细微差别，进而进行自我反思和提升。同时，学生也在教师的引导下结合自身的学习需要及时利用学生终端查阅辅助的学习资源。整个教学过程不仅让学生获得了基因突变的相关知识，树立了良好的生命观念，而且使学生由浅入深、循序渐进地得到了适合的发展。另一方面，胡老师通过开展精准辅导和点评，使不同程度的学生都得到了"关注"。传统环境下探究式教学评价仅限于个别学生，而智慧课堂环境可以帮助学生拍照上传、反馈提交各小组的探究结果。胡老师通过对比分析学生的作答情况，关照到不同学生知识掌握的薄弱点，并进行针对性的讲解。例如，对于碱基的缺失和替换错误的共性问题进行统一讲解，针对碱基序列增添不一致等个性问题则引导学生讨论互评和进行个性化点评，不仅扩大了评价范围，发挥了学生的主体性，而且使每个学生都有了一种被"关注"的成就感。

案例 6-3-5

高三年级《油脂》自主探究式学习

本案例节选自河南省郑州市第四十七中学化学教师曹俊霞的《油脂》。[①] 该节课是人教版高中化学选修5第四章第一节的教学内容。该节课是烃的衍生物知识的延续和发展，也是第五章合成高分子化合物的前期知识准备，为学习合成高分子作铺垫。油脂是生命的基础有机化学物质，是人体需要的主要营养物质之一，也是一种重要的工业原料，与人的生命和社会活动息息相关。该节课的主要目标是了解油脂的概念，理解油脂的组成和结构，知道油脂的物理性质

---

① 为了更加清晰地反映本案例的主题思想，节选时作了适当调整。

及用途，理解油脂的氢化、水解和皂化反应，掌握油脂的化学性质。在该节课学习之前，学生已经学过酯化反应、高级脂肪酸等知识，并且知道乙酸乙酯的实验室制备方法和水解等性质，具备了一定的知识基础和实验探究能力。因此，教师在课堂教学中实施了侧重学生发现的自主探究式学习活动，通过设计实验、探索任务、阅读材料等方法，让学生在探究过程中培养和提高观察能力、实验操作能力和科学探究能力，感受化学对日常生活和社会发展的重要价值。

一、侧重学生发现的自主探究式学习活动的设计

课前，教师向学生推送酯化反应、高级脂肪酸等知识点的复习资源，并进行课前诊断性测验。测验结果显示学生的复习情况较好，教师可以在旧知的基础上直接开展新知教学。油脂与人们的生活息息相关，既是人体的一种重要构成成分，也是食物中常见的成分之一，其化学性质和物理性质与生活中的常见现象紧密相关，学生在一定程度上具备了进行自主探究式学习活动的生活经验与知识基础。因此，该节课的探究活动设计了侧重学生自主发现的三个典型探究任务，让学生自主探究、总结提炼关于油脂的概念与性质。三个探究任务设计如下：第一，油脂的概念；第二，油脂的物理性质；第三，油脂的氢化、皂化、水解反应等化学性质。具体任务内容如表 6-2 所示。

表 6-2 《油脂》自主探究式学习活动设计

探究任务	活动内容	活动目标	探究形式
探究任务一：油脂的概念	选择实物展台上的食物，并想办法获取该食物中的油脂，观察所获取的油脂状态。	引导学生初步感知食物中的油脂，引出油脂概念和油脂在常温下的两种状态。	独立探究
探究任务二：油脂的物理性质	利用实验装置探究油脂与水和有机溶剂的溶解性，并通过观察和实验总结油脂的物理性质。	引导学生通过观察和实验，经历探究油脂的物理性质的过程，理解和掌握油脂的溶解性、密度、黏度等物理性质。	独立探究 大班讨论
探究任务三：油脂的化学性质	根据油脂的结构推测油脂的化学性质，并利用所给的化学试剂设计实验来验证推测。	理解油脂的氢化、水解、皂化反应原理，掌握油脂的化学性质，提高实验设计和操作能力，培养合作学习、科学探究能力。	小组合作 大班讨论

二、侧重学生发现的自主探究式学习活动的课堂实施

1. 探究任务一：油脂的概念

教师在开始介绍油脂的概念之前，先回顾旧知——人体所需的六大营养素，再提问学生"在生活中，哪些物质富含油脂？"学生回答："肥肉、奶油、食用油、花生……"然后教师发布探究任务一："在实物展台上的花生、葵花子、豌豆等食物中选择一个，并想办法从中获取油脂。"

每个学生都积极动手，自主选择富含油脂的食物，并将其放在纸片上，使用直尺、量角器等工具按压，直到观察到纸片上出现油渍，说明获取油脂成功。教师选取学生的实验操作过程进行拍摄并投屏展示。学生完成操作后，教师提问："大家获取的油脂是什么状态的？"学生答："液态。"教师继续提问："你们还见过食物中什么形态的油脂？"学生答："固态的。"随后，师生共同总结油脂在常温下的两种状态，并开始油脂的概念学习。

2. 探究任务二：油脂的物理性质

教师课前在学生的实验摆台上摆好分别盛有水和四氯化碳的试管、盛有植物油的试剂瓶、滴管等实验装置，课中在完成油脂的概念讲解后，发布探究任务二："利用实验装置探究油脂与水和有机溶剂的溶解性，并通过观察和实验总结油脂的物理性质。"

在给定的自主时间内，学生自定步调、自主建构，进行了对比实验。学生分别在盛有水和四氯化碳的试管中用滴管滴入植物油，一边振荡一边观察油脂的溶解情况；通过实验观察发现，植物油不溶于水，并且油层位于水的上层，说明油脂的密度比水的密度小；植物油溶于四氯化碳溶液，没有分层现象。教师适时引导性提问："观察盛有水的试管管壁，滴入植物油之前和滴入植物油之后有什么不一样？你发现了什么？"学生进一步对比观察发现，滴入植物油之后管壁上有许多植物油残留，说明植物油的黏度很大。师生经过讨论，共同总结油脂的物理性质：油脂不溶于水，易溶于有机溶剂，密度比水小，黏度大。

图 6-12 "探究任务二：油脂的物理性质"学生活动情况

3. 探究任务三：油脂的化学性质

完成油脂的化学结构学习之后，教师明确油脂属于酯类，并且分子中含有不饱和键。为了在此基础上探究油脂的化学性质，教师发布探究任务三：根据油脂的结构推测油脂的化学性质，并利用所给化学试剂设计实验来验证你的推测。

教师首先组织学生进行大班讨论，请学生进行猜想并自主设计验证实验，教师提供实验指导。随后根据学生特点，教师将班级分为四个小组，每个小组进行不同的探究实验，在探究过程中小组成员用学生终端的摄像功能做好过程记录，实验完成后请小组成员汇报和讲解实验现象。四个小组的猜想和探究实验过程分别是：①植物油是液态的油脂，含有碳碳双键，可以与氢气发生加成反应。用 Mg 粉和 1mol/L H_2SO_4 制取氢气，植物油与之反应后由液态凝固为固态。②植物油含有碳碳双键，可以与高锰酸钾发生氧化反应。在高锰酸钾溶液中加入植物油振荡后紫色褪去。③植物油含有碳碳双键，可以与碘发生加成反应。向试管中加入 1mL 碘水，再滴入 3 滴淀粉溶液，液体变为蓝色，再滴入植物油，振荡后蓝色消失。④植物油属于酯类物质，在酸性或碱性条件下能发生水解反应。在试管中的酸性或碱性溶液中滴入植物油，用酒精灯加热后溶液中油层减少。

根据学生的小组探究结果，教师播放提前录制的《油脂的皂化反应》和《油脂水解产物的检验》实验视频作为补充，随后指导全班学生写出油脂的氢化反应方程式、酸性和碱性条件下水解反应方程式。最后，师生共同总结油脂的化学性质：油脂中烃基含有较多的不饱和键，可以发生氧化、加成反应；油脂可以与氢气发生氢化反应，由液态变成固态；油脂中含有酯基，在酸性或碱性条件下会发生水解反应，酸性条件下的水解可以制备高级脂肪酸和甘油，碱性条件下的水解可以制取肥皂，所以又叫皂化反应。

三、侧重学生发现的自主探究式学习活动的实施效果

在课堂实际教学中，学生积极参与，乐于动手，主动探究和发现，不断在教师指导下总结规律。在探究任务一中，学生将所学知识和生活经验结合在一起，自主选择富含油脂的食物进行实验并成功获取食物中的油脂，感受了化学与生活的紧密联系，增进了学习化学的兴趣。教师通过该探究活动顺利自然地引出油脂在常温下的两种状态和油脂的概念等知识点。在探究任务二中，学生在教师的引导下，通过独立观察和实验逐步探究油脂的溶解性、密度、黏度，培养了科学探究与问题解决能力。在探究任务三中，学生在小组合作探究中发挥各自特长，经历了"提出猜想—实验验证"的探究过程，在探究中理解了油脂的化学性质，并提高了独立进行实验设计和操作的能力。在课堂练习中，学生顺利地写出了油脂的化学方程式，以及氢化、水解等反应方程式，表明学生已经掌握了油脂的结构和化学性质。实践表明，该节课的自主探究式学习活动，通过让学生自主探究和发现，有效促进了学生对于油脂的知识理解与掌握。

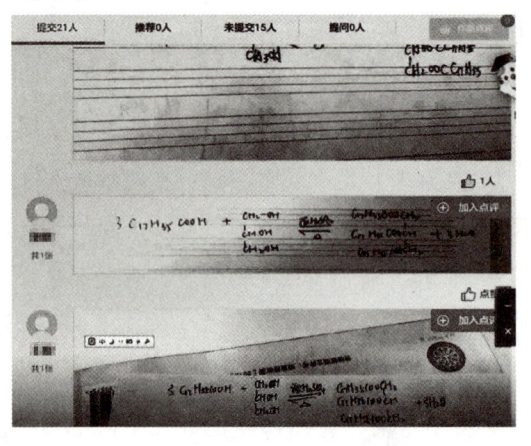

图 6-13　学生课堂练习作答情况

【案例评析】（张红　郑州市第四十七中学一级教师；杨长风　郑州市第四十七中学特级教师）

　　曹俊霞老师在分析课程标准和学生知识储备的基础上，设计了侧重学生发现的三个探究任务作为该节课的学习活动主体。这三个探究任务不仅难度和复杂度依次递进，而且随着知识点内容依次深入。通过三个探究活动，学生实现了"从组成上认识油脂的性质"到"从结构上认识油脂的性质"的过渡，体现了课堂教学的层次性。自主探究式学习活动强调学生独立自主地发现问题、提出问题、解决问题，但强调自主不等于放任学生自由发挥。曹老师设计的每个探究活动都前有铺垫，后有总结，目的明确，要求具体，活动过程中既充分发挥了学生在学习过程中的主动性，又给予了学生有目的、有方向的思考空间。在智慧课堂信息化平台的支持下，曹老师组织学生有序开展了三个探究活动，学生的动手操作和知识理解相结合，在完成任务时也提高了独立解决问题和团队协作能力。总体上看，该节课充分发挥了学生的主观能动性，促进了学生的意义建构，培养了学生勇于创新的科学探究精神，符合化学学科的核心素养培养要求。

6.3.3　多样化课堂互动

　　多样化课堂互动是师生围绕教学目标的实现，通过多样的互动形式、多元的互动内容等调动课堂教学中的主要参与主体，形成彼此间良性交互作用的动态发展过程。[①] 根据不同的维度分类，互动包含不同的形式。例如，根据互动主体的构成来进行分类，课堂互动可以分为教师个体与学生个体之间的互动（师生互动）、教师个体与学生群体之间的互动（师组互动/师群互动）、学生个体与学生个体之间的互动（生生互动）、学生群体与学生群体之间的互动（组组互动）、学生个体与学生群体之间的互动（生组互动）、教师与技术媒介之间的互动（师机互动）、学生个体/群体与技术媒介之间的互动（生机互动）等多种形式。[②] 多样化课堂互动在落实因材施教过程中有着重要的价值和意义：一方面，它有助于教师组织开展多种形式的教学活动，如新知讲授、成果展

---

① 钟启泉：《"课堂互动"研究：意蕴与课题》，载《教育研究》，2010(10)。
② 吴康宁：《教育社会学》，355～356页，北京，人民教育出版社，1998。

示、小组交流合作、同伴互评、模拟实验探究等，可提高课堂教学的针对性和有效性；另一方面，它又发挥了学生的主体性，为每个学生都提供了充分展示自己学习潜能的机会，提高了学生的课堂参与度。在传统的课堂教学环境中，由于班级规模大、教学资源有限、互动技术限制等原因，课堂互动可能存在互动形式单一、互动频次较低、互动深度较浅、互动反馈不及时等问题，难以照顾到班级中不同认知风格和水平的学生，阻碍了因材施教在课堂教学中的有效落实。[①]

人工智能、大数据等智能技术丰富了多样化课堂互动的形式和内容，为因材施教的实现提供了全方位的技术支撑。智能技术支持的多样化课堂互动整体呈现出互动形式丰富化、互动内容富媒化等特征，不仅可以帮助教师实时了解班级的共性特征和学生的个体差异，开展生生、师生、师组、组组等多种形式的互动交流（如随机选人、抢答、讨论、截屏分享、投票、拍照分享、屏幕广播等），提升学生的参与度；还可以支持分享文字、图片、音视频等多种媒体的互动内容，适应不同学生的学习风格和学习需要，提升学生的学习效率。此外，教师还可以结合互动过程中班级整体和个别学生的互动表现，灵活调整互动的次数和时长，提升学生参与课堂互动的机会和深度，促进课堂教学的个性化。一般来说，教师可以依托智慧课堂信息化平台，通过以下环节开展多样化课堂互动：第一，多样化课堂互动设计。教师分析课标和教材，结合班级整体学情和学生个体学情，设计学生达成教学目标所需的课堂互动形式、流程和资源。第二，多样化课堂互动实施。组织学生展开多种方式的互动，并结合课堂互动过程性数据的留存与分析，及时精准了解学生的知识掌握、小组协作、课堂参与度等方面的差异。根据不同学生的互动情况，及时采取巩固性或弥补性措施，提升互动的深度和适切性。本部分通过两个典型案例来呈现智能化课堂实施中的多样化课堂互动过程。其中，案例6-3-6《各种各样的花》侧重于反映自然学科的多样化互动情况，如科学探究中的自主探究和成果展示等。案例6-3-7"Knives and forks are used for most Western food"侧重于反映社会学科的多样化互动情况，如阅读写作中的小组

---

① 李亚文：《基于录像分析下的初中数学课堂互动研究——以两位数学教师的课堂教学为例》，硕士学位论文，陕西师范大学，2013。

交流合作和同伴互评等。

案例 6-3-6

四年级《各种各样的花》多样化课堂互动

本案例节选自广东省深圳市龙华区桂花小学教师叶晓红的《各种各样的花》。① 该节课是教科版四年级科学下册《新的生命》单元的第二课。学生在第一课已经以油菜花为例完成了对一朵花的观察，对花的构造有了初步的认识，并初步会用表格统计自己的研究成果。《义务教育小学科学课程标准（2017年版）》指出："要重视实验教学，努力创设适宜的学习环境，促进学生积极参与、主动探究，引导学生做好每一个实验。教师要加强实践探究过程的指导，注重引导学生动手与动脑相结合，增强学生问题意识，培养他们的创新精神和实践能力"。结合课标要求和学生学习基础，该节课的教学重点是让学生能够掌握完全花和不完全花、单性花和两性花、雌花和雄花等概念，并且能够通过小组合作探究学会分辨各种各样的花。在实际教学过程中，教师开展了多种形式的课堂互动，帮助学生了解花的特征。

一、多样化课堂互动的设计

本班学生已经对油菜花的构造有了一定的了解，但对于花的构造的多样性以及作用仍比较陌生，科学探究能力和意识仍有待加强。在该节课中，为使学生能够更好地开展科学探究，教师借助智慧课堂信息化平台的"画廊""点赞""投票""拍照分享""屏幕广播""连线游戏""分类游戏"等多样化的平台功能，开展师生互动、师组互动、生生互动、组组互动、生机互动等多种形式的课堂互动，帮助学生了解花的特性，使学生能够通过分组观察、记录、汇报百合花、牵牛花、南瓜花、秋海棠花等的构造，探究理解完全花与不完全花、单性花和两性花的概念，学会分辨完全花和不完全花、雌花和雄花、单性花和两性花。该节课的主要互动设计具体如下表所示。

---

① 为了更加清晰地反映本案例的主题思想，节选时作了适当调整。

表 6-3 《各种各样的花》的课堂互动设计

互动环节	互动形式	互动设计意图
展示导入	师组互动	利用"画廊"功能展示学生小组作品,通过"点赞"功能给表现好的小组即时激励,增强学生探究花的多样性的兴趣,以便更好地开展科学探究。
	组组互动	各小组通过平台参与"投票",选出最喜欢的花,提升学生课堂参与的积极性,加深学生对花的多样性的认识。
实验探究	师生互动	通过"屏幕广播"功能播放油菜花结构图和实验指导视频,吸引学生注意力,引导学生科学规范地开展探究活动。
	生机互动	学生在探究过程中,通过"资源搜索"功能查看教师上传的实验指导视频,提升合作探究学习的效率。
	师组互动	使用"拍照分享"功能上传小组探究过程图片,提升不同小组学生探究学习的积极性和专注度。
汇报交流	组组互动	小组代表通过"拍照分享"功能上传并分享探究成果,使每个小组都能参与到探究交流中。
	师组互动	教师使用"对比讲解"和"屏幕广播"等功能,突破座位限制,使每个学生都能对比看到不同小组的观察记录表,参与到探究学习中。通过补充讲解重点知识,解决小组认知冲突,巩固改善学生探究学习的成果。
趣味练习	师生互动	通过"随机选人"功能,使每个学生都有公平参与的机会,引导学生参与互动,总结运用所学。
	师生互动	应用"分类"和"连线游戏"功能,激发学生的学习兴趣,引导学生运用知识,巩固探究学习成果。
总结归纳	师生互动	通过"截屏分享"功能,将总结的思维导图发送给学生,辅助学生总结复习知识。
	生生互动	学生在"班级空间"给同学的作品点赞、评论,提升合作探究学习的趣味性,巩固学习成果。

二、多样化课堂互动的实施

教师借助智慧课堂信息化平台,在"展示导入""实验探究""汇报交流""趣味练习""总结归纳"等环节开展了多样化的课堂互动活动,具体实施过程如下。

1. "展示导入"环节的师组互动和组组互动

首先,教师利用平台的"画廊"功能展示了各小组作品,七个小组的代表分别介绍了各组手抄报的内容和主题，有介绍玫瑰花的，有介绍蝴蝶花的，有介绍桂花的，有介绍牵牛花的，有介绍桃花的……教师既照顾到了每个小组的学生，又引导学生通过观察自己及他人的作品，直观地了解了花的多样性。各小组分享结束后，教师发起"投票"，请各小组选出最喜欢的作品。经过投票，第四小组和第七小组得到了最高票数，教师为第四小组和第七小组分别点赞，给予即时激励，激发了学生的学习热情。

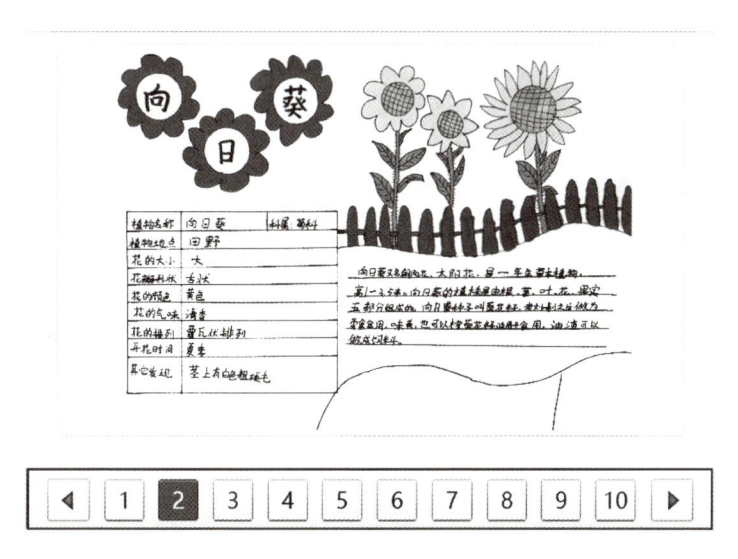

图 6-14　利用"画廊"功能展示学生的手抄报

接着，教师播放了不同花朵开放的视频。在视频播放过程中，教师引导学生思考："同学们，结合我们上节课学过的油菜花的结构，思考一下，你发现了什么？"通过观看花的介绍视频，同学们探究花的多样性的兴趣被进一步激发，有的说："香蕉花是黄色的。"有的说："每朵花开放的方式都不同。"有的说："每朵花的花蕊都在最里面。"……教师及时进行了总结："同学们说得都特别好，据科学家不完全统计，世界上有 45 万多种花，今天我们就来学习各种各样的花，一起来看看不同的花的构造有什么不同呢？"引导学生进入科学实验探究的主题学习。

2."实验探究"环节的师生、师组和生机互动

教师先是通过平台的"屏幕广播"功能展示了油菜花的结构图，突破了座位的限制，使坐在不同位置的学生都清晰地观察到图片，复习巩固了上节课

学习的知识——油菜花包含萼片、花瓣、雄蕊、雌蕊，其中雄蕊和雌蕊是花的花蕊部分。接着，教师播放了视频《如何开展实验探究》，向同学们介绍了在开展实验探究的过程中要注意的事项——小花可以用放大镜观察，观察过程中不要影响他人，实验结束后要收拾好实验用品等，使每个学生都熟悉了规范开展科学实验探究的方法。

视频播放结束后，教师将各组要观察的花和探究任务卡发给各小组。各小组按照要求开展观察探究，结合需要在学生终端实时检索和观看实验视频资源。教师在指导过程中，将表现好的小组的探究图片拍照上传分享至白板，并给予表扬。这不仅提升了学生开展探究学习的积极性，而且给予了学生被教师关注和表扬的积极情感体验，使每个小组的学生都认真参与到了合作探究学习中。

3."汇报交流"环节的师组互动和组组互动

首先，教师结合刚才各小组的探究情况选择小组代表上台分享："老师发现各个小组观察得都很仔细，特别是第七小组，他们一起观察，一起填写记录表，一起商量是有雄蕊还是雌蕊。下面请第七小组同学给大家汇报观察结果。"

第七小组的小组长将本组的记录表拍照上传，并通过平台的"屏幕广播"功能分享至白板，使全班学生都参与到了讨论交流中。小组长上台汇报了该小组的观察和记录结果："喇叭花有萼片、花瓣、雄蕊和雌蕊。黄蝉花没有萼片，只有花瓣、雄蕊和雌蕊。百合花也是只有花瓣、雄蕊、雌蕊，没有萼片。南瓜花有萼片、花瓣、雌蕊，没有雄蕊。秋海棠花有萼片、花瓣、雄蕊和雌蕊。"

教师引导其他小组进行点评和补充："其他小组有没有跟他们不一样的结果？"第一小组通过平板拍照上传分享记录表，与第七小组对比呈现，并汇报："我们认为所有的花都有萼片、花瓣、雄蕊和雌蕊。"第二小组补充汇报："百合花没有萼片。"第三小组补充汇报："有花瓣、雄蕊和雌蕊。"第六小组补充汇报："我们同意第二小组和第三小组说的，百合花没有萼片，有花瓣、雄蕊和雌蕊。"教师结合各小组的观察记录表数据，通过平台的"划词搜索"功能查找到百合花的图片并同屏分享，及时引导："我们来查一查、看一看百合花的结构。对，同学们说对了，百合花没有萼片，有花瓣、雄蕊和雌蕊。"

接着，第四小组补充汇报："黄蝉花有萼片、有花瓣。"第五小组补充汇报："黄蝉花还有雄蕊、雌蕊。"教师通过大屏及时展示黄蝉花的结构图："同学们认为黄蝉花有没有萼片呢？让我们一起观察一下吧。"通过观察，学生发现黄蝉花有萼片，有花瓣，有雄蕊，有雌蕊。

最后，各个小组结合刚才的讨论修改和完善自己的观察记录表并拍照提交。教师帮助学生完成知识建构和学习，引导各小组结合花的不同结构，理解不完全花、完全花、单性花、两性花、雄花和雌花的概念与特征。

图 6-15 教师通过师生互动引导学生理解不同花的概念

4."趣味练习"环节的师生互动

教师先在教室大屏上呈现分类游戏，分类游戏中有单性花和两性花两个不同颜色的水桶。教师通过平台随机选人，请两名学生将水桶下面的花拖动到相应的桶里面。学生作答完毕后，教师给予了表扬和小组点赞，并请学生说出原因，引导全班学生一起巩固了单性花和两性花的概念。

教师又在教室大屏上呈现连线游戏。通过随机点名，教师请一名学生完成了练习。学生作答正确后，教师请学生说出原因，并结合学生的作答情况引导全班学生一起巩固了完全花、不完全花、单性花、两性花的概念。游戏互动有效激发了学生的学习兴趣，引导学生运用知识解答问题，巩固了探究学习的成果。

5. "总结归纳"环节的师生互动和生生互动

教师带领学生一起用思维导图总结该节课学习的完全花与不完全花、单性花和两性花、雌花和雄花的知识，并将导图截屏分享给学生。结合教师的思维导图，每个学生都用思维导图总结梳理了该节课学习的内容，并拍照上传至"班级空间"，学生在"班级空间"中相互点赞、评论，既提升了合作探究学习的趣味性，又巩固了学习成果。

三、多样化课堂互动的实施效果

结合学生提交的观察记录表数据，教师发现不同小组通过协作和沟通讨论，在不同观点的碰撞过程中，完成了观察记录表的修改和完善，掌握了百合花、喇叭花、黄蝉花、南瓜花、秋海棠花的不同构造。根据学生总结的思维导图数据，七个小组都理解和掌握了完全花与不完全花、单性花和两性花、雌花和雄花的概念和特征。整节课课堂气氛活跃，学生回答问题积极踊跃，在智慧课堂环境下以小组协作形式，完成了观察、探究、汇报活动，达成了设定的知识目标。另外，通过小组合作和汇报，学生的合作能力、科学探究能力和表达能力也得到了不同程度的提升。

【案例评析】（古兴东　深圳市龙华区中心小学高级教师）

实物观察课有时候在课堂上实行起来比较困难，一般都将学生带到野外进行，但到野外又有局限，教师难以对学生进行整体的教授。在智慧课堂信息化平台的支撑下，叶晓红老师将花的实物和网络富媒体资源进行了有机的融合展示，为学生在课堂上探究实践打开了一扇大门。她通过平台丰富多样的互动工具，开展了多种形式的课堂互动，不仅没有打乱教学环节的流畅性和紧凑性，还有效地诱发了学生学习的主动性，帮助学生在轻松有趣的氛围中高效完成了小组观察探究和成果展示汇报，充分体现了智慧课堂在提升科学学科教学质量、促进学生综合能力提升和培养科学素养方面的优势。

四年级学生正处在从小学低年级到高年级过渡的关键时期。在教学过程中，叶老师结合学生的认知发展规律，通过平台的"画廊"和"屏幕广播"功能，展示了每组学生的手抄报等作品，关注了每个学生的情感体验，并组织"投票"给予学生积极的反馈，激发了学生的成就感，有效调动了学生的积极性和学习热情。叶老师将平台的"投票""随机点名"等功能与传统的师生问答相结合，既关照了学生的性格差异，也照顾了学生的认知水平，使每个学生都参与到了小组观察和探究的活动中，增强了课堂互动的质量和效率。此外，教师通过平台的"对比讲解"功能使学生在对话与协作中完成了成果汇报展示，使每个学生都直观清晰地看到了记录表中的异同，帮助不同水平的学生完成了对花的构造的多样性理解，促进了学生合作探究能力和表达能力的提升，培养了他们的创新精神和实践能力。

案例 6-3-7

九年级"Knives and forks are used for most Western food"多样化课堂互动

本案例节选自安徽省合肥市第四十五中学芙蓉分校英语教师朱慧娟的"Knives and forks are used for most Western food"。[①] 该节课是外语教学与研究出版社九年级英语下册第六模块第二单元的一节英语读写课，主题是"Eating Together"（共享美食）。在完成了前一单元的听说活动后，教师开展本单元的读写活动，为学生提供同一主题的不同呈现和语言输入方式。结合《义务教育英语课程标准（2011 年版）》中对英语课程的人文性要求和学生已有的学习情况，该节课的主要教学目标是让学生通过阅读文本，习得有关西方餐具及餐桌礼仪的英文表达，并能够仿照阅读材料中的句式表达，写作介绍中国的餐桌文化，理解中西方文化异同，提高对语言的运用能力，完善英语多元思维。为了提升语言学习的效率，教师借助智慧课堂信息化平台实施了多样化的课堂互动，引导学生积极表达和深入理解中西方餐饮文化的差异。

一、多样化课堂互动的设计

语言学习需要学生在交际中通过语言内容的输入和输出，完成基础语言知识和技能的训练。因此，英语教学中的课堂互动设计非常重要。通过前一单元听说活动的学习，学生已经对该节课的内容有所了解。精心设计丰富的课堂教学互动，有助于提升学生对该节课知识的学习兴趣，进而提升学生的学习效率和水平。借助智慧课堂信息化平台，教师通过"连字游戏""抢答""讨论""屏幕广播""学生讲解"等功能设计了多样化的课堂互动活动，让学生理解中西方文化的差异。例如，通过阅读课文"Do as the Romans do"，了解西方

[①] 为了更加清晰地反映本案例的主题思想，节选时作了适当调整。

餐桌文化，掌握有关西方餐具及餐桌礼仪的词句表达和文章结构；通过写作练习"When in China, do as the Chinese do"，仿照阅读文本中的句式表达，实现学以致用。具体课堂互动设计如下表所示。

表 6-4 "Knives and forks are used for most Western food"的课堂互动设计

互动环节	互动形式	设计意图
导入	师生互动	通过平台推送"连字游戏"，激发学生的学习兴趣，锻炼学生的词汇组合能力。结合学生的作答数据，引出教学主题。
略读	师生互动	用"抢答"功能调动学生积极性，引导学生找出能概括文章主旨的句子。 用"屏幕广播"功能讲解关键句式和文章结构，引起每个学生的重视和注意，巩固学生知识输入，为后续写作输出做好积累。 用"讨论"功能发布讨论题目"Eating in the West"（西方的饮食），组织学生输出观点，巩固已学餐桌礼仪知识和词汇。 结合学生在平台的讨论数据，通过"聚焦"功能选取代表性观点进行点评讲解，精准辅导学生理解文章写作策略和结构。
	生生互动	在讨论区通过"点赞""评论"等功能与同学进行互动，提升语言学习趣味，在交流中锻炼词句表达。
精读	师组互动	通过"抢答"功能，引导小组学生主动思考，归纳总结"when to eat""how to eat""what to eat/say"等相关的句式表达，用"小组PK"功能对回答准确的小组给予积分奖励，提升学生的积极性和参与度。
	师生互动	通过"屏幕广播"功能对学生的答案进行批注讲解，补充阅读文本中未提及但常用的西方餐饮知识，使不同位置的学生都能在教师的引导下掌握重点写作句式，总结出阅读和写作的策略，为知识的运用打好基础。
拓展	师生互动	通过"屏幕广播"功能对比讲解中西方文化图片，引起学生重视，辅助学生树立正确的文化观，理性、客观地对待文化差异。
	师组互动	通过"小组PK"功能调动学生参与讨论的积极性，引导学生积极勇敢地表达对中西方餐饮文化的理解。
写作	师生互动	通过"屏幕广播"功能讲解文章结构图，帮助学生复习巩固重要的写作策略。通过"截屏分享"功能将写作题目和文章结构图发送给所有学生，便于不同程度的学生及时查看，思考写作思路，提升写作效率。
	生机互动	学生通过"课堂笔记"功能查看教师分享的题目和资源，与小组同学沟通写作思路，提升写作效率。

续表

互动环节	互动形式	设计意图
作文批改和评价	师生互动	通过"随机分组"功能将每两个学生分为一组。通过"截屏分享"功能将作文评分细则分发给学生,便于学生规范互评,并在互评的过程中进一步提升自我写作水平。
	师组互动	通过"随机选人"功能选取小组进行作文讲评,调动学生小组协作的责任感和积极性,激发学生的学习动力。
	组组互动	小组代表通过"学生讲解""屏幕广播"等功能对本小组的作文进行讲评,其他小组同学补充,发挥学生主体性,提升每个学生课堂参与的积极性和深度,引导学生熟练应用写作知识。
总结	师组互动	通过"小组PK"功能公布得分最高的小组并颁奖,激励学生进一步巩固所学知识。
	师生互动	通过"截屏分享"功能将课堂笔记发给学生,便于不同程度的学生巩固复习。

二、多样化课堂互动的实施

教师借助智慧课堂信息化平台的"连字游戏""抢答""讨论""屏幕广播"等功能开展了多样化的课堂互动,具体实施过程如下。

1."导入"环节的师生互动

教师通过智慧课堂信息化平台向每位学生推送"连字游戏",并计时30秒。每个学生都在自己的平板上圈出了所有单词并提交了答案,不仅有效参与到了学习中,而且锻炼了词汇组合能力。待学生完成后,教师将学生提交的答案展示在大屏幕上,并结合学生作答的数据进行讲解,引出该节课阅读文本的主题"Do as the Romans do(入乡随俗)"。

2."略读"环节的师生互动和生生互动

首先,教师利用"计时器"发起倒计时,组织学生用2分钟时间略读文章并找出能概括文章主旨大意的段落与句子。学生在平板上阅读并标注,教师循环指导。

当系统倒计时至1分钟时,全部学生完成任务。教师及时发起"抢答",请学生回答能够概括文章段落主旨的句子。在全班24名学生中,有15名学生参与抢答。第一位抢答成功的学生回答完毕后,教师给予了该学生所在小组1个积分奖励。教师再次发起"抢答",请学生总结文章结构。10名学生参与抢答,教师同样给予抢答成功的学生所在小组1个积分奖励。

图6-16　学生参与"抢答"

然后,教师结合学生作答情况,用电子笔在平板上标注讲解每个段落主旨句的关键词和句式,用"大白"卡通形象类比文章结构的"beginning""body"和"ending"三个部分,帮助学生梳理总结文章的总—分—总结构,并通过"屏幕广播"推送给每个学生,巩固学生知识输入,使每个学生都能掌握表达策略,为后续写作输出做好积累。

接着,教师在智慧课堂信息化平台发起讨论——"当提到 eating in the West 时,我们想到了什么?"要求学生在规定时间内将自己的答案写在讨论区并提交。24名学生结合已经学习的餐桌礼仪知识和词汇,在讨论区踊跃发表了不同的观点"mouth、hot、pot…",有的学生还对同学的观点进行了点赞、评论。

最后,结合学生在平台的讨论数据,教师使用平台的"聚焦"功能展示了其中具有代表性的答案,进行了针对性讲解,辅导不同程度的学生进一步巩固梳理了文章的写作策略和结构。

图6-17　学生在讨论区发表观点

3."精读"环节的师生互动和师组互动

教师组织学生精读第2段，并发起抢答——"请学生找出其中描述 when to eat 的语句，归纳其句式用法。"学生被分为四个小组，各小组学生都踊跃参与，第一小组的代表说出了"(Lunch) is usually eaten at…"和"It is usually to have (lunch) at…"；第二小组的代表说出了"(Dinner) is served around…"教师对学生的答案给予了肯定，并通过智慧课堂信息化平台的"小组PK"功能给第一小组2个积分奖励，给第二小组1个积分奖励。

接着，教师为每个小组分发了一个信封，里面装有一些餐具。教师在大屏上呈现了常用的西餐餐具和中西方美食，引导学生精读第4段并找出段落中关于"how to eat"的语句。教师发起"抢答"，每组回答完毕后，教师通过"小组PK"功能及时给予每组积分奖励。第三小组答出了"(Knives and forks) are used for…和…is eaten with a (spoon)"，获得了两个积分；第四小组答出了"There is some food which you can eat with your fingers."，获得了一个积分。之后，教师通过平台的"屏幕广播"功能对学生的答案进行批注讲解，补充了阅读文本中未提及但常用的西方餐饮知识，使不同位置、不同程度的学生都在教师的引导下掌握了重点的写作句式和用法。

最后，教师引导学生精读第3、5、6、7段，完成"归纳第3、5、6、7段的行文顺序""根据第3、5、6段推测第7段主旨大意""找出并归纳 what to eat/say 句式的用法"等任务。教师将各组的答案呈现在大屏上，通过"屏幕广播"功能批注讲解，引导学生总结出"what to eat/say"句式的用法有"It is polite to say…""You will be expected to…"和"It is not polite if you…"。此外，教师引导学生思考了第3、5、6、7段的行文顺序，总结了使文章具有条理性的阅读和写作策略：可以按照一定的逻辑组织材料，如按时间顺序"at the start of the meal""during the meal""at the end of the meal"和"after the meal"。

4."拓展"环节的师生互动和师组互动

教师通过两张图片引导学生明晰了"If we are talking about the difference of tables, we are talking about different cultures."的含义。

之后，教师发起"小组PK"，引导学生讨论了"So, what should we do

when we are talking about different cultures?"各小组学生都积极表达了对中西方餐饮文化的不同理解，如第二小组代表提出了"We should respect and accept cultural differences."，第一小组代表提出了"We should cherish and develop our own culture."。教师给予了各小组1积分奖励，并通过"屏幕广播"功能对学生的答案进行对比讲解，使每个学生都能树立正确的文化观，保障在写作时能传达正确的价值取向。

5. "写作"环节的师生互动和生机互动

教师通过"屏幕广播"功能讲解文章结构图，引导学生系统复习了三个重要的写作策略；并通过"截屏分享"功能将写作题目和文章结构图发送给了每一个学生，供不同程度的学生及时查看，思考写作思路。在写作过程中，有的学生通过"课堂笔记"功能搜索查看了教师分享的题目和资源，并与小组同学及时沟通，提升了写作效率。

6. "作文批改和评价"环节的师生互动、师组互动和组组互动

教师通过"随机分组"功能将学生每两人分为一组，通过"截屏分享"功能将评分细则分享给学生，指导学生规范互评。小组同学按照教师分享的作文评分细则要求对已经完成的作文进行互相批改。学生互评完成后，教师邀请每组一位同学代表开启"学生讲解"，在平板上批改作文并说明批改理由，批改过程通过"屏幕广播"功能分享到学生终端和教师终端。

在小组代表讲评过程中，其他小组同学也都积极参与、同步思考，针对该小组未发现的单复数错误、标点错误和同类句式表达等问题给予了必要的补充，如"spoon"是可数名词，应该写作"spoons"等。教师及时给予点评和指导，辅助学生有针对性地修改文章和巩固知识。通过同伴互评，各小组学生都参与其中，从"评价者"的角度及时了解了其他同学的作文在写作素材、文章结构、句式以及语法等方面的亮点，进一步提升了自己的写作水平。

7. "总结"环节的师生互动和师组互动

教师带领学生一起复习巩固了该节课的重点内容，并通过"截屏分享"功能将作文批注等课堂笔记分享给每个学生，便于学生巩固复习。此外，结合"小组PK"的数据，教师公布了该节课得分最高的小组并颁发了书籍奖励，激励学生进一步巩固所学知识，提升自身读写水平，打牢英语学习的基础。

三、多样化课堂互动的实施效果

从整节课来看，学生积极参与讨论，充分协作互助，基本掌握了文章阅读和写作的策略，积累了介绍餐桌文化的常见词汇和句式结构，树立了多元的文化思维，基本能够准确写作介绍中国餐饮文化的作文。从智慧课堂信息化平台的数据来看，班级学生在不同互动环节积极参与，整体参与度为100%，24名学生参与了不同环节的抢答和头脑风暴讨论。从小组最终积分来看，第一小组获得了8个积分，第二小组获得了6个积分，第三小组获得了4个积分，第四小组获得了5个积分。通过"屏幕广播""学生讲解"等功能开展精准点评、重点讲解和写作练习的效果显著，学生提交的24份作文文章结构都比较合理，均灵活运用了课上讲解的"when to eat""how to eat""what to say"和"what to do"的典型句式和词汇表达，实现了该节课重难点知识的掌握和迁移应用。

【案例评析】(钱莉娜　合肥师范学院外国语学院副教授)

语言的学习离不开大量的输入和输出，需要学生在交际中学习语言、应用语言，形成输入和输出的知识学习闭环。朱慧娟老师借助智慧课堂信息化平台，呈现了一节优秀的信息技术与英语教学深度融合的课例。在该节课中，朱老师通过提供多样的互动形式与实时的精准辅导、点评，营造了既轻松愉快又积极争先的课堂气氛，使每个学生都积极地参与到了课堂学习中，较好地完成了该节课的学习目标，助力了因材施教的落实。

朱老师的这节课与传统的英语课堂教学相比有两个显著的特征。第一，学生的互动很深入，主体性得到了有效发挥。讨论式学习、协作式学习是新课程倡导的重要学习形式。在传统课堂上，受时间和空间的影响，学生的讨论和协作往往非常有限。智慧课堂的多样化课堂互动功能使学生可以随时随地充分讨论，互动更深入。"连字游戏"功能既激发了学生课堂参与的热情，又巧妙引入了教学主题。"抢答"功能为每个学生提供了参与课堂互动的机会，"小组PK"功能大大激发和提升了学生的学习积极性和学习动力。"讨论区"功能提升了每个学生的课堂参与度，让学生充分发表了自己的观点。通过"学生讲解"功能开展的同伴互评，更是有效提升了学生的主体性，发挥了学生在评价中的积极作用，不仅加深了学生与学生之间的了解和互助，让学生获得了帮助他人的成就感，而且让学生在互评互讲中实现了文章结构、句式表达等语言知识的输出应用。第二，该节课的教学反馈很及时，个别辅导很有效。及时的反馈能更有效地促进学习。在传统课堂上，教学反馈往往依靠教师的巡视或经验来判断，存在明显的随意性和滞后性。智慧课堂借助网络系统和大数据分析，第一时间反馈学情，为课堂教学带来了极大的便利，辅助教师及时提供精准辅导，满足不同学生的个性化学习需要。朱老师通过及时查看学生关于"eating in the West"的讨论观点，及时了解学生的作文写作情况，开展精准点评和重点讲解，帮助每个学生都掌握了常见词汇、句式结构和文章写作策略，并通过"截屏分享"功能推送写作题目和教学资源，辅助学生完成作文写作训练。

6.3.4 实时化测评反馈

实时化测评反馈是教师在课堂中组织开展多种形式的实时测评，诊断学生知识掌握程度和技能水平，并依据即时生成的反馈数据，干预、调整后续教学活动的过程。它有利于教师及时发现课堂教学中出现的问题，进行有针对性的难点精讲、弱点消除和重点提升，从而提升课堂教学的针对性和时效性。如果缺乏智能高效的测评反馈技术手段，教师在进行实时化测评反馈时可能会面临以下问题。一是测评试题编制效率不高。在编制试题的过程中，教师缺乏精准的学情数据支持，主要凭借自身主观经验在海量的资源库中进行对比、筛选，不利于快速编制课堂检测试题。二是测评反馈不及时、不全面。教师在测评过程中难以全面关注到每位学生的答题表现，测评结束后的手动批改工作也耗时费力，难以快速生成测评反馈信息，不利于及时了解学生的课堂掌握情况。三是课堂测评后的教学调整时效性不高。在传统课堂教学中，教师主要借助实物教具、纸质资源开展教学活动，难以高效、便捷地调整教学进程和教学策略。

智慧课堂信息化平台为教师提供了资源推荐、智能批改、数据分析等手段方法，有力支持了实时化测评反馈的题目编制与批改，能够帮助教师及时干预、调整后续教学活动。在智慧课堂信息化平台的支持下，教师在开展实时化测评反馈时，可以进行更加高效的操作。第一，智能编制测评试题。教师可以根据学生个体特征、教学目标和教学内容特点，确定测评试题的难度和类型，并借助平台中"智能组卷""智能搜题"等功能，智能高效地编制出类型多样、针对性强的测评试题。第二，及时批改反馈。在测评过程中，教师可利用平台中"屏幕巡视""拍照分享""纸笔互动"等功能，关注学生的答题过程，从而进行必要的指导和进度把控。在测评结束后，学生用智能学习终端点击提交或拍照上传答案，教师利用平台实现客观题、部分主观题的自动批改，或快速人工批改，提高批改效率。批改完成后，平台将实时自动生成课堂测评分析报告，内容包括班级整体和学生个人的测评完成情况、得分情况、答题用时，以及每题答错人数、具体名单等，帮助教师直观、全面地了解学生在课堂测评中的真实情况。第三，精准调整后续课堂教学。依据课堂测评结果，教师可以借助平台中的资源推荐工具、学科教学工具、互动平台等，精准、高效地调整预先的教学设计，干预学生的学习过程，提升教学的针对性。在课堂上开展实时化测评反馈，以及测评反馈后的教学策略、教学资源、教学环节时间分配等方面的优化调整，有助于教师进行更加精准的教学，从而提高学生知识理解的深度、技能应用的水平和学习过程的精准性。案例 6-3-8《波的衍射和干涉》从促进知识理解深度的角度、案例 6-3-9 "Body Language"从促进语言技能应用的角度、案例 6-3-10《动物儿歌》从促进汉字书写的角度，展示了教师进行实时化测评反馈对学生学习效果的提升过程。

案例 6-3-8

高二年级《波的衍射和干涉》实时化测评反馈

本案例节选自山西省大同市第三中学校物理教师董丽君的《波的衍射和干涉》。[①] 该节课是人教版物理选修 3-4 第十二章《机械波》中的第四节教学内容。学生经过该章前三节的学习，已经理解了机械波传播与质点振动的关系，知道了机械波的概念、波长、波速、频率、图像等基本知识。在此基础上，学习该节课中衍射和干涉这两个机械波的特有现象，可以帮助学生在分析实际运动现象的过程中，强化理解和具体应用抽象的理论知识。《普通高中物理课程标准（2017 年版 2020 年修订）》对该节课的要求主要有"通过实验，了解波的

---

① 为了更加清晰地反映本案例的主题思想，节选时作了适当调整

干涉与衍射现象""用波动演示器显示波的叠加""观察音叉双臂振动激发的水波干涉现象"等。该节课的教学目标主要有：认识衍射现象，知道明显衍射现象的条件；了解波的叠加原理；知道干涉现象，了解发生干涉现象的条件与干涉图样。为了及时检测学生的知识掌握情况，提升课堂巩固训练的针对性和时效性，该节课借助智慧课堂信息化平台进行了实时化测评反馈。

一、编制波的衍射和干涉课堂测评试题

教师在课前通过智慧课堂信息化平台发布了预习试题。预习情况表明，学生已经基本掌握衍射、叠加和干涉等相关概念，但对波的衍射和叠加的基本规律掌握得还不够熟练，需要进行有针对性的重点教学。为了进一步了解教师的教学效果和学生的课堂掌握情况，教师编制了波的衍射和干涉的课堂测评试题，计划在课堂教学后进行实时化测评。教师结合该节课的教学目标，以"波的衍射""波的叠加""波的干涉"为关键词，在智慧课堂信息化平台教学资源库中筛选出六道课堂测评试题，分别是难度标签为"较易"的第1、2题，难度标签为"一般"的第3、4题和难度标签为"较难"的第5、6题。具体内容如下。

1. 如图所示，S_1、S_2为水波槽中的两个波源，它们分别激起两列水波，图中实线表示波峰，虚线表示波谷。已知两列波的波长分别为λ_1、λ_2，且$\lambda_1 < \lambda_2$，图示时刻a点为两列波的波峰与波峰相遇，则以下叙述中正确的是（　　）。

A. a点的振动始终加强

B. a点的振动始终减弱

C. 因为$\lambda_1 < \lambda_2$，所以a点的振动不遵守波的叠加原理

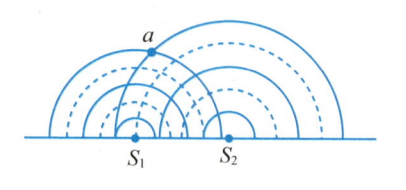

D. a点的振动遵守波的叠加原理

2. 关于机械波的干涉和衍射，下列说法正确的是（　　）。

A. 有的波能发生衍射现象，有的波不能发生衍射现象

B. 产生干涉现象的必要条件之一，就是两列波的频率相等

C. 只有障碍物的尺寸与波长相差不多或小得多时，才能发生衍射现象

D. 在干涉图样中，振动加强区域的质点，其位移始终保持最大

3. 如图所示，S_1、S_2为水波槽中的两个波源，它们分别激起两列水波，图中实线表示波峰，虚线表示波谷。已知两列波的波长分别为λ_1、λ_2，且$\lambda_1 > \lambda_2$，

图示时刻 P 点为两列波的波峰与波峰相遇,则下列选项不正确的是( )。

A. P 点有时在波峰有时在波谷,振动始终加强

B. P 点始终在波峰,不可能在波谷

C. 因为 $\lambda_1 > \lambda_2$,所以 P 点的振动不遵守波的叠加原理

D. P 点的振动遵守波的叠加原理,但并不始终振动加强

4. 下列说法正确的是( )。

A. 只有横波能发生衍射,纵波不能发生衍射

B. 波长比孔的宽度小得越多,则波的衍射越明显

C. 声波能发生衍射现象,光不能发生衍射现象

D. 声波易发生明显的衍射现象,光不易发生明显的衍射现象

5. 两个频率相同、振幅均为 A 的相干波源在水面上传播产生干涉现象,某时刻波的干涉图样如图所示,其中实线和虚线分别表示两列波的波峰和波谷。下列说法正确的是( )。

A. 质点 M 和 N 的振幅相等

B. 质点 M 和 Q 的振幅相等

C. 此时质点 Q、M 振动加强,再过半个周期,质点 P、N 振动加强

D. 质点 M 振动一个周期,其路程为 $8A$

E. 两列波到达 N 点的相位差不随时间变化

6. 某同学用双缝干涉实验仪测量光的波长,如图 1 所示。

(1)实验中选用的双缝间距为 d,双缝到像屏的距离为 L,在像屏上得到的干涉图样如图 2 所示,分划板刻线在图 2 中 A、B 位置时,游标卡尺的读数分别为 x_1、x_2,则入射的单色光波长的计算表达式为 $\lambda =$ _____。

(2)分划板刻线在某条明条纹位置时游标卡尺如图 3 所示,则其读数为 _____ mm。

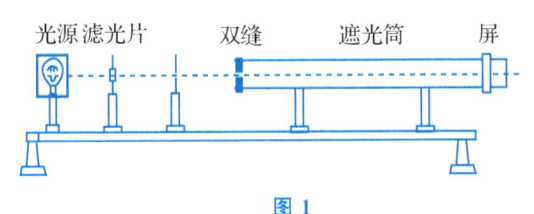

图1　　　　图2　　　　图3

二、全班推送和自动批改测评试题

在课堂教学的"检测巩固"环节，教师借助智慧课堂信息化平台中"全班作答"功能，将编制好的课堂测评试题推送给全班学生，并通过"计时器"设置了10分钟倒计时。倒计时结束时，教师先利用平台上"停止作答"功能结束作答，再借助平台的智能批改技术进行自动批改，即时生成测评结果分析报告。报告显示：

1. 全班45位学生有1位未能及时提交，提交率为97.78%。

2. 班级平均用时7分钟34秒，最短用时5分钟04秒，最长用时9分钟53秒。

3. 每道题的得分率存在差异。其中，第1、2题的得分率分别为93.33%和95.56%，第3、4题的得分率分别为84.44%和91.11%，第5、6题的得分率分别为82.22%和77.78%。数据表明，经过该节课的学习，学生已经较为熟练地掌握了波的衍射、叠加、干涉的基本原理，但在干涉的产生条件和图样的应用方面仍存在难点和薄弱点。

三、基于测评结果及时优化调整现有教学资源

基于测评结果，教师组织学生以合作交流的形式订正了课堂测评中的第1、2、4题，重点讲解了得分率较低的第3、5、6题。在讲解这三道高频错题的过程中，教师通过提问、观察的方式，重点关注了答错学生的反馈。另外，教师还根据测评结果对后续的巩固练习题进行了优化调整，使学生得到了更符合其知识掌握水平的针对性训练。教师优化后的巩固练习题弱化了与波的衍射相关的训练题目，强化了波的叠加和干涉规律应用的训练题目。巩固练习题共有三道，其中第1题为较易难度，考查波的叠加；第2题为一般难度，主要考查波的干涉；第3题为较难难度，考查波的干涉图样。教师借助平台的"分组作答"功能，将三道巩固练习题分别推送给不同的学生，同时将教学课件推送给全班学生，组织其进行自由复习。优化调整后的巩固练习题内容如下。

1.(多选)如图所示表示两列相干水波的叠加情况，图中的实线表示波峰，虚线表示波谷。设两列波的振幅均为5cm，且在图示的范围内振幅不变，波速和波长分别为1m/s和0.5m，C点是BE连线的中点，下列说法正确的是（　　）。

A. C、E 点都保持静止不动

B. 图示时刻 A，B 两点的竖直高度差为 20cm

C. 图示时刻 C 点正处在平衡位置且向水面运动

D. 从图示的时刻起经 0.25s 后，B 点通过的路程为 20cm

2. 如图所示，S 是水面波的波源，x、y 是挡板，S_1、S_2 是两个狭缝（$SS_1 = SS_2$，狭缝的尺寸比波长小得多），试回答以下问题：

①若闭上 S_1，只打开 S_2，会看到什么现象？

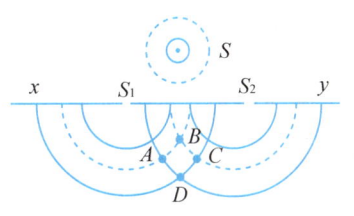

②若 S_1、S_2 都打开，会发生什么现象？

③从两个狭缝 S_1、S_2 传播的两列波在某一时刻的图形如图所示，若实线和虚线分别表示波峰和波谷，那么在 A、B、C、D 各点中，哪些点振动最强，哪些点振动最弱？

3. 利用光的干涉，两台相距很远（几千米）联合动作的射电望远镜观察固定的射电恒星，可以精确测定大陆板块漂移速度。模型可简化为如图所示的双缝干涉，射电恒星看成点光源 S，分布在地球上不同大陆的两个望远镜相当于两个狭缝 S_1、S_2，它们收到的光满足相干条件，汇集两望远镜信号的接收器相当于光屏。设某时刻光屏上 P 点到 S_1、S_2 的距离相等，S 到 S_1、S_2 的距离也相等，当 S_2 向上远离 S_1 时，下列说法中正确的有（　　）。

A. P 点接收到的干涉信号先变强

B. P 点接收到的干涉信号先变弱

C. 干涉条纹间距发生改变

D. 干涉条纹间距不变

四、实时化测评反馈效果分析

课堂巩固练习题的作答情况显示，学生的答题正确率有了明显的提升，三道巩固练习题的得分率分别为 88.89%、93.33% 和 91.11%。这表明，教师通过该节课的实时化课堂测评，准确地发现了学生在课堂学习中的难点和

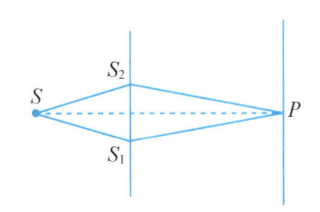

薄弱点，并通过优化调整后续教学资源，有效提升了学生课堂巩固练习的针对性和效果。

【案例评析】(祁永新　大同市教育科学研究中心副主任)

教师了解学生课堂学习情况的时效性关系着教师当堂发现问题、解决问题的效率和效果。在该节课的教学中，董丽君老师将智能测评技术与及时优化教学资源进行了有效融合，充分发挥了测评指导"教师教"与"学生学"的作用和价值，实现了课堂训练的"对症下药"，提高了课堂巩固训练的针对性。具体表现在两个方面：第一，董老师根据实时化测评反馈的结果，及时掌握了学生的知识学习情况，明白了学生"对在哪里""错在哪里"，避免了因"错而不知"而枉费精力的现象。第二，董老师对课堂教学进行了精准化的调整，不仅重点讲解了高频错题，重点关注了答错的学生，还对教学资源进行了优化调整，让不同层次的学生都能在课堂中得到固强补弱的课堂练习，从而获得适合自己的发展。总之，董老师借助智慧课堂信息化平台，通过实时化测评反馈为学生提供了更适合自己的巩固训练，实现了因材施教的目的，提高了课堂效率。

案例 6-3-9

高一年级"Body Language"实时化测评反馈

本案例节选自湖北省武汉市第二十（民族）中学英语教师朱晓云的"Body Language"。[①] 该节课是人教版必修 1 第四单元"Learning about language——Discovering useful structures"的一节英语语法课。《普通高中英语课程标准（2017 年版 2020 年修订）》中与该节课语法知识内容相关的要求有："在语篇中理解和使用动词-ing 形式作句子中的定语、状语和补语。"课前学情表明，虽然学生已经能够在阅读文章时识别出分词作状语的情况，但大多数学生在实际的输出应用中的表现不理想，语言应用水平较低，甚至有些学生会因惧怕犯错而抵触使用这个新学的语法。该节课借助教师在莎士比亚故乡的埃文河与学生参观江滩的录像进行激趣导入，利用听、看、说、写等方式对分词作状语的应用进行了多种形式的训练。该节课的教学目标是让学生在生动、有

---

① 为了更加清晰地反映本案例的主题思想，节选时作了适当调整。

趣的语境中，掌握现在分词作状语的七种类型(时间、方式、伴随、原因、条件、让步、结果)，并能在书面表达中正确使用现在分词结构。在智慧课堂信息化平台的支撑下，教师利用课堂中的实时化测评反馈，及时了解了学生对于动词 doing 形式的应用水平，从而调整后续教学环节的时间分配，提高了学生语言技能训练的针对性。

一、编制 doing 作状语测评试题

教师借助智慧课堂信息化平台资源库，编制了 doing 作状语的课堂测评试题，以此了解班级学生对 doing 作状语的具体类型的掌握程度。测评试题如下。

判断下列句子中 doing 作状语的具体类型，如时间、方式、伴随、原因、条件、让步、结果状语。

(1) *Hearing* the news, they immediately set off for the station.

(2) Not *knowing* his address, I can't write to him.

(3) The child slipped and fell, *hitting* his head against the door.

(4) *Keeping* on your feet, you will make yourself more tired.

(5) He lay in bed, *reading* a novel.

(6) *Living* miles away, he attended the lecture.

(7) *Using* a stick, the painter drew a picture on the ground in ten minutes.

二、课中推送与自动批改测评试题

教师在课堂教学中通过智慧课堂信息化平台将上述测评试题推送至每位学生的智能学习终端，并用"计时器"开始 3 分钟倒计时，要求学生在规定时间内完成并提交。在答题过程中，教师监控学生的做题速度、答案修改情况等。在学生完成提交后，教师利用平台进行自动批改。结果显示：测评试题作答提交率为 100%，七道题全部答对的同学占比 81.48%。其中，第(1)(2)题得分率为 100%，第(3)题得分率为 92.59%，第(4)(6)题得分率为 85.19%，第(5)题得分率为 88.89%，第(7)题得分率为 81.48%。

实时化课堂测评结果表明，学生已经基本明确了 doing 作状语的含义和类型，教师不需要在后面的教学环节中带领学生详细分析 doing 作状语的时间、方式、伴随、原因、条件、让步、结果状语七种具体类型。因此，教师将后续环节的教学重点聚焦于在实际语境中进行 doing 作状语的应用练习。

三、基于测评结果及时调整后续教学环节的时间分配

1. 缩减了教师精讲语法的时间

教师通过平台推送教师精讲环节的练习题，题目要求为："Read the short passage and appreciate doing as adverbial"。在完成任务的过程中，教师不再详细讲解"the passage related to the riverside park"中每个句子的含义，而是通过"屏幕发送"的方式，将语篇内容展示到每个学生的智能学习终端上，组织学生齐读语篇。在学生齐读结束后，教师以随机点名的方式让学生讲解语篇中红色字体在句子中充当的语法成分，既节约了课堂时间，也训练了学生对该语法点的识别速度。

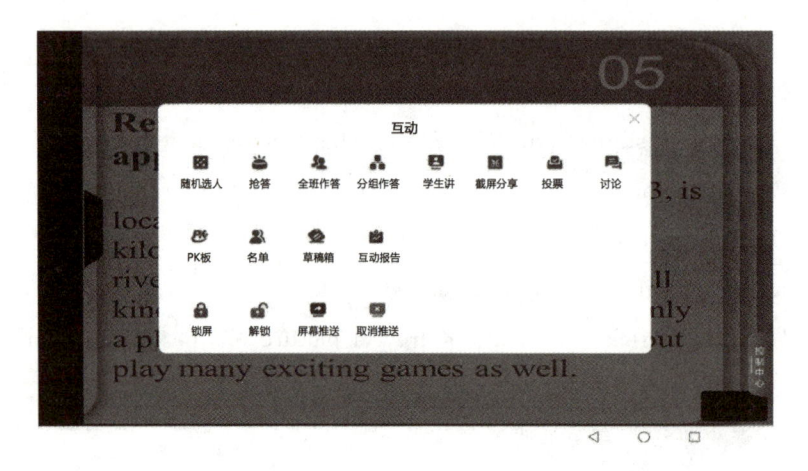

图 6-18 "屏幕发送"展示 the passage related to the riverside park

2. 延长了学生语言输出训练的时间，强化了对语言输出效果的点评

教师通过平台向学生推送情境练习题，题目要求为："Write a composition with the help of the videos and key words on your message board… An interesting sports meet in the riverside park, using as many doing forms as possible"。在学生选择写作主题前，教师先借助平台为学生推送四个有关现实生活场景的短视频，并提供关键词进行提示。四个视频的场景分别为：A. jump rope 跳绳；B. kicking shuttlecock 踢毽子；C. people paddle a big ship 众人划桨开大船；D. tug of war 拔河。学生根据自己的兴趣爱好和生活经验，选择

其中一个视频进行观看后，再开展写作活动，进行 doing 作状语的写作训练。通过推送视频和关键词，延长了学生进行写作主题选择和思考行文内容的时间。但是"磨刀不误砍柴工"，适当延长该环节的时间，有助于学生在熟悉的情境中巩固 doing 作状语的用法，将书本上学到的语法知识与现实生活联系起来。当学生作答提交后，教师利用"作品点评"功能标注出优秀或错误的句子，延长了 3 分钟时间对学生输出的句子或结构进行点评，并通过点评亮点的方式，鼓励测评中作答出错的学生积极参与发言。

四、实时化测评反馈效果分析

从课堂教学效果来看，教师基于测评结果进行课堂教学环节时间的调整，有效提高了学生对于 doing 作状语的语言技能训练效率。具体来说，在缩短语篇精讲时间的情况下，学生能够更快速地对该语法点做出识别；在适当延长写作主题选择和思考行文内容时间的情况下，学生的写作内容更切合主题，学生发言更加积极，且能造出更多优秀的例句，输出更多 doing 作状语的句子。这表明课堂中的实时化测评反馈取得了良好的效果，帮助教师有针对性地开展了教学活动，使班级同学在充分理解 doing 作状语的用法上，真正做到了"学以致用"。

【案例评析】（胡华柱　武汉市江岸区教研室教研员）

朱晓云老师通过精心设计的测评习题精准评估了学生对 doing 作状语的知识掌握和应用情况，并据此对后续的课堂教学进行调整，使课堂重心更聚焦语言运用，使教学更具针对性。这种调整将目标、内容等相关信息高效传达给了学生，提高了学生在教师专业指导下处理、精加工信息的效率，达成了预期的教学目标。例如，朱老师在讲解 doing 作状语的基本知识之后，通过测评检测了学生对该知识的理解层次、应用水平。基于课堂测验结果，朱老师在环节四中大胆调整了课前的教学预设，对语篇输入环节进行了简化处理，不再细讲句子语法，直奔"应用 doing 作状语"写作，提高了语言训练的针对性。此外，朱老师还把音频、视频、图片等智慧课堂信息化平台的富媒体教学资源应用于课堂教学的各个环节中，将课堂与学生的日常生活相联系，打破了传统英语课的沉闷。

案例 6-3-10

一年级《动物儿歌》实时化测评反馈

本案例节选自安徽省淮南师范附属小学山南校区语文教师杨露的《动物儿歌》。[①] 该节课是部编版小学语文一年级下册识字（二）的第一课。识字（二）中的生字大部分是形声字，该单元的学习有助于学生掌握形声字的构字规律，为后续的语文学习打下基础。《义务教育阶段语文课程标准（2011 年版）》中对一、二年级学生在识字与写字方面的要求主要有："喜欢学习汉字，有主动识字、写字的愿望""掌握汉字的基本笔画和常用的偏旁部首，能按笔顺规则用硬笔写字，注意间架结构。初步感受汉字的形体美""努力养成良好的写字习惯，写字姿势正确，书写规范、端正、整洁"。一年级学生的思维方式以形象思维为主，教师需要利用简单、直观的教学资源进行教学。该节课的教学重点主要是：学生借助汉语拼音、课文彩图和生活经验，认识"蜻、蜓"等 12 个生字；会写"欢""迷""运"等 7 个生字。为确保教学目标的达成，该节课在智慧课堂信息化平台的帮助下，开展了实时化测评反馈，提高了一年级学生汉字教学的针对性。

一、"迷""运"等汉字书写笔画笔顺的实时化测评设计

在一年级起步阶段，教师既要关注学生练字的数量，也要关注学生练字的质量。具体来说，教师要详细指导学生掌握写字的基本笔画、笔顺规则，要求学生尽量写好、写整洁每个字和每个笔画，养成良好的写字习惯。一年级学生具有较强的好奇心和表现欲，通过开展写字测评进行点评、鼓励，可以激发学生识字、写字的兴趣。由于一年级学生的学习基础较弱，加上汉字书写的笔画笔顺过程性特点，教师难以利用传统测试题的方式进行检测。因此，教师借助智慧课堂信息化平台对汉字书写轨迹的记录功能，设计了新的课堂测评反馈活动，用于检测学生"迷"和"运"二字的书写情况，以及对包含"辶"的半包围结构汉字的书写掌握情况。

二、汉字书写测评与反馈的实施过程

教师首先组织学生开展"自由说"和"一齐说"，回忆写字规范口诀："身

[①] 为了更加清晰地反映本案例的主题思想，节选时作了适当调整。

正、肩平、脚着地，一尺一拳和一寸"。然后，利用平台的"随机选人"功能，检查学生对口诀的记忆情况，并使用"拍照分享""屏幕广播"功能，检查和反馈学生写字姿势的实际情况。结果表明，同学们全部熟练掌握了写字规范口诀，并能保持规范的书写姿势。接着，教师在课堂教学的"活动四：学写生字"环节中，在黑板上板书"迷"字的写法，要求学生在此过程中用手指跟随教师，进行笔顺练习，熟悉"迷"的语音、笔顺、偏旁和结构。教师继续板书"运"字，再次组织学生一边用手指比画，一边齐读，练习读音和笔顺。

在学生学习完成之后，教师组织学生利用智能学习终端的"纸笔作答"功能，在田字格中书写"迷"和"运"，并自动上传。在书写过程中，教师通过智慧课堂信息化平台对学生的书写轨迹进行了过程关注。书写完成后，教师通过智慧课堂信息化平台对学生的书写结果进行查看，结果发现：有6.00%的同学对"迷"字的笔顺书写不正确，有21.21%的同学对"运"字的笔顺书写不正确，其中最突出的问题是"辶"的间架结构书写不正确，需要进行针对性的教学调整和指导。

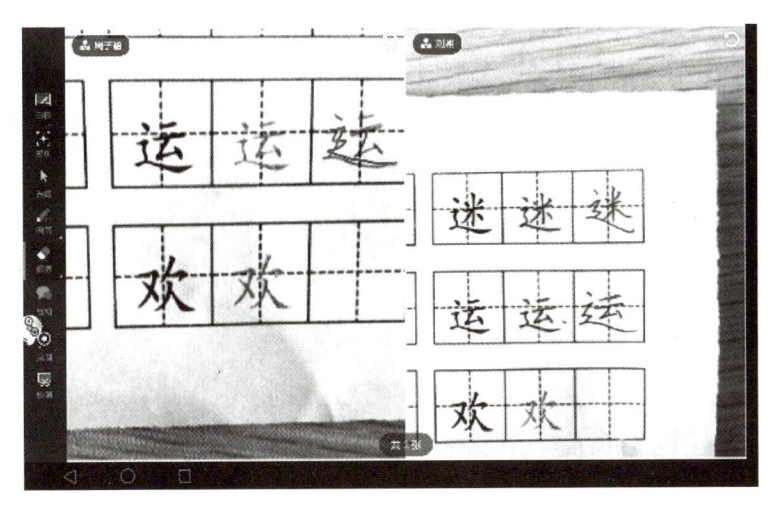

图6-19 部分学生的"迷""运"书写情况

三、基于测评结果补充丰富新的汉字动画教学资源

从课堂测评结果分析中可以看出，班级中的部分学生仍需进一步练习"迷""运"的笔画笔顺，特别是带有"辶"半包围间架结构的字。针对这种情况，教师通过智慧课堂信息化平台快速检索、及时补充，并向学生推送了针对性

学习资源,帮助学生进行了针对性的巩固训练。具体实施过程如下。

1. 借助智慧课堂信息化平台"云资源",为"迷"字书写不正确的学生,补充推送"迷"字学习的 H5 交互动画,组织学生在观看后进行书写练习。

2. 借助智慧课堂信息化平台"云资源",为"运"字书写不正确的学生,补充推送"运"字学习的 H5 交互动画,组织学生在观看后进行书写练习。

3. 借助智慧课堂信息化平台"云资源",为全班同学补充推送包含"辶"的汉字书法视频,组织学生进行观赏,强化学生对包含"辶"半包围间架结构的字的感知。

图 6-20　基于测评结果补充推送的"运"字 H5 交互动画

四、实时化测评反馈效果分析

学生巩固训练后的结果显示,在及时补充新的教学资源后,全体学生均能做到规范书写"迷""运",观赏包含"辶"半包围间架结构的汉字书法视频增强了学生汉字学习的积极性。由此可见,该节课不仅及时补充推送了直观有趣的 H5 交互动画,让学生实现了自主播放、把握学习进度,还及时补充推送了生动的汉字书法视频,让学有余力的学生进一步感受到了汉字的魅力,提升了自身的人文素养。该节课通过开展实时化课堂测评,精准找到了学生的薄弱点,尊重不同学生间的差异,让全体学生都能在原有基础上获得进步,提高了课堂教学的针对性。

【案例评析】(胡静　淮南师范附属小学山南校区副校长)

《动物儿歌》是一首有趣的儿歌，编者把它编入识字单元，其用意显而易见。如何在既定时间里完成教学任务，既让每个学生都达成识字写字目标，又能使学生保持"对汉字学习有浓厚的兴趣"，是亟需破解的难题。在传统识字教学中，"反复练习""死记硬背""照搬教材"等教学形式忽视了学生的情感体验和思维培养，容易让学生对识字学习产生厌恶的情绪。对于低年级的孩子来说，有趣的画面、悦耳的音乐、儿童化的语言、活泼有趣的游戏等，都是激发学习兴趣的有效手段。杨露老师在该节课中借助智慧课堂信息化平台开展了实时化测评反馈，让信息技术与语文教学相互碰撞，激起了高效能火花，真正做到了"以评价促提升""以评价促发展"。

纵观整节课，智慧课堂信息化平台中的互动工具和资源推送工具，为教师高效开展识字、写字教学活动提供了全方位的支持，语文要素和人文素养双线并驱，教学目标达成度很高。具体表现在两个方面：一是在该节课的实时化测评反馈中，杨老师通过智慧课堂信息化平台对学生的书写过程进行了关注，突破了传统课堂教师无法顾及全班学生的局限性。这既有利于教师及时了解学生写字中的真实情况，有的放矢地进行指导和组织巩固训练；也在实践中强化训练了学生的书写姿势。二是针对学生在课堂上表现出的不同写字问题，杨老师及时补充了新的汉字动画教学资源，布置了不同的练习任务，有效提升了识字、写字效率，也确保了不同学生都能获得相应的发展，有效激发了学生识字、写字的兴趣，让学生在愉悦、自由的氛围中学会学习、学会求知、学会发展。

▶ 6.4　个性化作业辅导

6.4.1　个性化作业布置与批改

个性化作业布置与批改是教师依据每个学生课堂学习的差异情况，个性化编排并分层推送作业内容，最终实现作业的高效批改和针对性反馈的过程。

个性化作业布置与批改对因材施教有重要意义，有助于教师在课堂教学结束后，为每位学生"量体裁衣"，提供难度分层、类型多样、满足学生不同学习需求和个性化发展的作业。此外，它还关注每位学生的作业完成过程和质量，帮助教师及时、精准地了解学生的知识点掌握情况和技能训练情况，发现学生作业中的疑难点和亮点，进而实施分层评价和针对性巩固训练。在传统的作业布置与批改过程中，教师往往会遇到一些问题，不利于因材施教，如作业内容不丰富、类型不多样、难度不适宜、题量不合理、批改不及时、反馈不全面等，这些都会降低课后作业在知识巩固、技能提升、促进学生个性发展等方面的价值。

智慧课堂信息化平台是集作业编排、发布、作答、批改、数据统计与分析和资源推送等功能于一体的创新平台。教师借助智慧课堂信息化平台，进行布置和批改个性化作业的主要流程如下。第一，了解学生课堂学习情况。课堂教学结束后，教师可通过平台分析学生的课堂表现情况，如互动次数、课堂检测结果等，了解学生在课堂学习掌握程度、学习习惯、态度倾向等方面的差异。第二，设计、发布个性化作业。教师根据学生差异分层编排出不同难度、多种题型的作业，如选择、判断、填空、简答、口语题等，并设置分值、评分标准、完成时间、提交形式等作业要求，最后在班级、小组或个人等不同范围内发布作业。学生可以利用平台进行在线作答和提交，也可以通过传统纸笔作答后进行拍照上传。在作答过程中，教师可以查看平台中的相关数据，进行作答过程监控，了解每位学生的具体表现。第三，批改作业，反馈结果。基于不同的作业题型和形式，教师可以选择平台自动批改或快速手动批改，也可以开展教师自批、学生自批、小组长批、组内互批等多种批改方式。在作业反馈方面，教师可以借助平台实时生成的作业报告，全面、精准、直观地了解学生作业中的不足之处和亮点，通过平台的多种方式向学生、家长反馈作业批改结果，包括一键打回、订正、典型作业收藏、优秀作业分享、点评、作业报告分享等。学生可以利用平台自动生成个人错题集，查看优秀作业，从而提高学习效率。案例 6-4-1《罗斯福新政》体现了教师根据课堂教学情况进行个性化作业布置的过程，案例 6-4-2 "where's my schoolbag?"体现了教师利用智慧课堂信息化平台进行作业智能批改的过程。

案例 6-4-1

高一年级《罗斯福新政》个性化作业布置与批改

本案例节选自重庆市璧山中学历史教师易丽花的《罗斯福新政》。① 该节课是人教版高中历史必修 2 第六单元第二课的内容。第六单元主要讲述资本主义经济政策调整的原因、内容、影响，其中经济政策调整的内容包括"临危受命""实施'新政'"和"摆脱危机困境"三目，主要介绍了美国政府在面临空前经济大危机的情况下，第一次大规模地实施国家干预经济政策，不仅使美国的经济危机得到缓解，也为他国经济政策的实施提供了参考。依据班级学生实际情况，该部分的教学分为两个课时，该节课为第一课时，教学重点是罗斯福新政的背景与内容。在该节课的教学中，教师通过设置课堂探究、当堂演练、合作学习、分组检测等环节，对重难点知识进行了有效的讲解和延伸。课后，为进一步检测学生对重难点知识的掌握情况，提高学生对罗斯福新政相关知识的学习效果，教师借助智慧课堂信息化平台布置了个性化作业，并进行了智能化批改。

一、了解学生课堂学习情况

在课堂教学中，教师组织学生完成了两道检测题，以此来了解学生对重难点知识的掌握情况。第(1)题检测学生对罗斯福新政背景、内容和效果的掌握情况；第(2)题考查学生结合史料分析罗斯福新政的能力。检测题具体内容如下。

(1)(10 分)阅读下列材料：

材料一：罗斯福在就职演说中说："只要国家仍处在危急存亡的关头，我就要求国会授予我应付危机的那种唯一的最后手段——广泛的行政权，使我可以向紧急状态宣战，就像真正有敌人入侵时一样。"

——罗斯福就职演说

材料二：罗斯福"新政"是在大危机威胁美国的形势下，试图在资本主义范围内对其中某些弊病加以改革，以保证资本主义的稳定与发展。……"新政"作为挽救 1929—1933 年资本主义经济大危机的救急药方，其直接效果虽

---

① 为了更加清晰地反映本案例的主题思想，节选时作了适当调整。

不十分显著，但却留下了深远的影响。

——摘自吴于廑、齐世荣《世界史·现代史编》

请回答：

①20世纪30年代，罗斯福总统是在怎样的背景下推行"新政"的？

②"新政"取得了什么效果？

(2)(10分)阅读下列材料：

材料：1932—1934年，政府投入180亿美元修了13000个运动场、1000个机场、800个医院、2500所学校、100个水电站、20万亩国家公园，种了2亿棵树。

——改编自2019年安徽中考模拟卷

有人说，发放救济款要比大规模兴建工程更经济更省钱。如果你是罗斯福的经济顾问，请结合史料并回答：

①你会赞同发放救济款还是政府大规模兴建工程？为什么？

②你如何说服罗斯福采纳你的意见？

两道题每题满分均为10分，课堂检测结果如下：第(1)题平均得分为7.2分，有15位学生低于6分，占比32.61%；第(2)题平均得分为6.5分，有19位学生低于6分，占比41.30%；两题得分均低于6分的学生有7位，占比15.22%。通过课堂检测结果可以看出，班级部分学生对罗斯福新政知识体系的理解略显不足，史料结合能力有待进一步提升。

二、设计、发布个性化作业

因此，教师在课后借助智慧课堂信息化平台的"云资源库"，编排了两道个性化作业，以便学生开展针对性的巩固练习。第(1)题重点训练学生梳理罗斯福新政知识的能力，第(2)题重点训练学生史料结合、分析问题的能力。教师通过智慧课堂信息化平台作业系统，将两道题的作业分值各设定为10分，并进行分层推送：向课堂检测中第(1)题得分低于6分的15位学生发布第(1)题作业；向课堂检测中第(2)题得分低于6分的19位学生发布第(2)题作业；向课堂检测中两题得分都不低于6分的19位学生发布第(1)、(2)题作业，并要求学生自选一题进行作答。作业具体内容如下。

(1)(10分)从思维导图、短视频或其他你喜爱的作业形式中任选一种，完成对罗斯福新政主要内容、特点和成效的梳理。

(2)(10分)阅读下列材料,回答问题。

材料一:黑色星期四(Black Thursday)是指1929年10月24日(星期四)美国华尔街股市的突然暴跌事件。1929年10月29日是星期二,这天的纽约股市暴跌达到极点,因此也有人用"黑色星期二"来指这次事件。这一天,纽约股票市场崩溃,资本主义世界经济大危机由此开始。

材料二:《全国工业复兴法》规定了公平竞争法则,要求各工业企业确定生产规模、价格水平和市场分配等。同时规定,工人有权组织起来,可选派代表与雇主进行谈判,签订集体合同;雇主必须遵守最高工时和最低工资限额……罗斯福新政从一开始就遭到一部分资本家的反对,报纸上连篇咒骂罗斯福是"向富人敲竹杠",说罗斯福天天都吃"烤百万富翁"。而罗斯福则说:"作为一个国家,我们拒绝了任何彻底的革命计划……我们依靠的是旧民主秩序的新应用。"

材料三:过去政府保证的基本人权是说,你可以自由地去争取你自己的幸福,至于争取得来,争取不来,政府管不了,竞争的结果是,你失败了,你破产了,你没饭了,这些不是政府要管的事情。现在把政府的职能转变过来了,在经济上的保障,就是说,不饿死人也是政府的职能了,这个最低的保障就是,无匮乏的自由变成了基本的人权。这一点,我觉得在美国的观念上是一个很大的革命。

——资中筠谈罗斯福新政"大国崛起解说词"

请回答:

①依据材料一,说说罗斯福新政的背景。

②依据材料二,概括罗斯福吃"烤百万富翁"的具体表现。结合所学知识,谈谈罗斯福所说的"旧民主秩序的新应用"指的是什么。

③依据材料三,说说美国政府在保障方面采取了哪些措施,其重要历史意义是什么。

三、批改作业,反馈结果

在学生进行作答的过程中,教师通过查看智慧课堂信息化平台中的"作业提交率""答题用时"等数据,及时了解每位学生的做题进度和用时情况,实现对作业完成过程的监控。从作业实际完成情况来看,本次作业在规定时间内的提交率为100%，其中有6位学生在1小时内提交，18位学生在3小时内提交，22位学生在4小时内提交。教师借助智慧课堂信息化平台对提交的作业进行了智能批改。第(1)题的平均得分为8.2分，最高分9.8分，最低分7.5分。第(2)题的平均得分为8.4分，最高分9.5分，最低分7分。班级学生对知识梳理的偏好存在差异，选择了思维导图、表格、提纲、视频、简笔画等不同方式进行知识梳理。另外，本次作业中出现了一些优秀作业，教师将这些作业分享至"班级空间"，并组织学生进行了讨论和点赞，充分发挥优秀作业的示范作用。教师还组织学生在平台的"班级空间"中进行了讨论，鼓励学生自由发言，并提出了"查看纸质文史资料""在媒体平台检索相关资料"等建议，补充总结了史料结合的方法和技巧。教师还对学生作答不准确的地方进行了标注，并建议其从新政的指导理论和领导机制层面进行思考，对个人答案进行补充、完善。

图 6-21　优秀作品："罗斯福新政"主题思维导图

四、个性化作业布置与批改的效果分析

　　该节课的个性化作业布置与批改的结果表明，这种方式有效促进了学生薄弱知识点的突破，强化了不同学生对罗斯福新政知识体系的理解，提高了学生史料结合的能力。学生用自己喜欢或擅长的方式完成作业，包括拍摄短视频、制作思维导图等，体现了学生在完成作业过程中的自主性和积极性。此外，学生的作业得分和在"班级空间"里的讨论热情也表明，个性化作业提高了学生的作业积极性，及时点评作业也能够引发学生的思考、讨论，并使课后作业在最大程度上发挥其价值。

【案例评析】（夏军　重庆市璧山中学高级教师）

课后作业是课堂教学的补充，易丽花老师充分利用智慧课堂信息化平台，展示了智能技术在个性化作业布置中的优势。一是快速了解课堂学习效果，聚焦课后作业需求。易老师通过平台及时发现了学生在对罗斯福新政内容的体系化理解以及结合史料、分析新政特点等方面需要提升，因此易老师融合了客观知识和理性思辨，将作业重点放在了训练学生史料结合能力上，作业内容更有针对性。二是作业形式灵活多样。纸笔作业是传统作业的主流形式，信息技术、数字化教学与历史课堂的高效融合，可以让学生用自己喜欢或擅长的方式去梳理课文主要内容，有利于激活学生思维，彰显个性，如视频作品突出了当代中学生的信息素养和多媒体意识，思维导图、手抄报等作品则体现了学生归纳概括、迁移整合的思维能力。三是作业的及时批改与反馈。传统作业的反馈，经常受到时空、时效的限制，不利于学生及时进行订正、改进。易老师通过智能技术，以多种方式进行立体化反馈，突破了时空限制，提升了作业的效益。例如，优秀作业的及时共享，能够帮助学生发现亮点，激发改进的灵感。"班级空间"在线讨论，为学生提供了展示自我、提升自我的平台，让不同水平、不同性格的学生都可以表达自己，获取知识。

案例 6-4-2

七年级"Where's my schoolbag?"作业智能批改

本案例节选自安徽省蚌埠市蚌埠实验中学英语教师张伟的"Where's my schoolbag?"。[1] 该节课是人教版英语七年级上册第四单元第三课时的内容。课后，为进一步考查学生单词发音、利用第一人称写作以及对冠词、人称代词、助动词等语法知识的掌握情况，教师根据本课的教学重点，利用智慧课

---

[1] 为了更加清晰地反映本案例的主题思想，节选时作了适当调整。

堂信息化平台布置了27个单词的口语题、1道作文题、10道客观题。三项作业的提交率均在96%以上，作业整体提交情况较好，教师对个别没有按时提交作业的学生进行了及时跟进。

一、口语题作业智能批改

平台对口语题的智能批改结果显示：满分100分，全班平均分89.83分，最高分94.30分，最低分77.37分，班级整体作答情况良好。教师通过全班学生口语练习的智能评测结果，了解了全班的单词发音掌握情况，并根据全班学生对每个单词的得分率准确了解了学生掌握较好和较差的单词。例如，egg(93.75%)、strawberry(95.83%)和so(95.83%)这三个单词的得分率普遍较高，表明学生的掌握情况较好；ice-cream(64.58%)、pear(66.67%)和How about…?(66.67%)这三个单词和短语的得分率相对较低，表明学生的掌握情况较差，需要重点关注。

此外，教师通过点击学生详情了解了每位学生的单词发音情况。通过查看学生的发音是否达标和单词跟读是否合格的智能测评结果，教师精准掌握了不同学生单词发音的准确度、流畅度和完整度，并开展个性化的辅导和反馈。如图6-22所示，李同学的智能评测结果显示，李同学对"chicken""dinner"和"fruit"这三个单词的发音未达标，需要进一步加强练习。教师结合李同学的学习薄弱点针对性推送了单词发音视频。

单词	是否达标	单词跟读	听音选词	英译中	中译英	单词拼写
chicken	未达标	合格	--	--	--	--
dinner	未达标	合格	--	--	--	--
so	已达标	优秀	--	--	--	--
fruit	未达标	合格	--	--	--	--
vegetable	已达标	优秀	--	--	--	--
food	已达标	优秀	--	--	--	--
bread	已达标	良好	--	--	--	--

图6-22 李同学的单词发音智能测评结果

二、作文题作业智能批改

平台对作文题的智能批改结果显示：满分 15 分，全班平均分 12.45 分，最高分 14 分，最低分 7 分，平均用时 13 分 59 秒。教师利用智慧课堂信息化平台的班级高频错误统计图，了解了学生书写作文时的共性错误。此次作文中学生出现的共性错误包括：句子成分残缺(9 个)、书写不规范(7 个)、词性错误(5 个)、从句错误(4 个)、冠词错误(3 个)、动词形式错误(2 个)、动词及物错误(1 个)、主谓一致错误(1 个)、句子成分错误(1 个)、名词单复数错误(1 个)、中式英语(1 个)，每个错误类型都有具体的展示与解析。如图 6-23 所示，书写不规范方面，平台智能标记了"telephot""friendy""underthe"等单词的拼写错误，使教师的讲评更加有的放矢。

书写不规范　7个

① In the photo, Have my friendy in my room, The telephot on the desk, it is red.

解析：
[书写不规范]telephot书写不规范,推荐修改为telephone。

解析：
[书写不规范]friendy书写不规范,推荐修改为friends/friend/friendly。

② A baseball is underthe chair, too.

解析：
[书写不规范]underthe书写不规范,推荐修改为under the。

图 6-23　全班学生的作文书写不规范详情图

教师根据每位学生的作文练习报告反馈和学生拍照上传的作文书写手稿，精准把握了每位学生的实际语言应用情况，如学生作文的智能点评、学生正确使用的高级表达和学生的易错点、薄弱点等。如图 6-24 所示，王同学的作文得分为 12 分，其中有两处语法错误，"I lot it in the school library."句子成分残缺，"It's on the table is red."从句错误。平台根据学生的语法错误提供了智能解析。

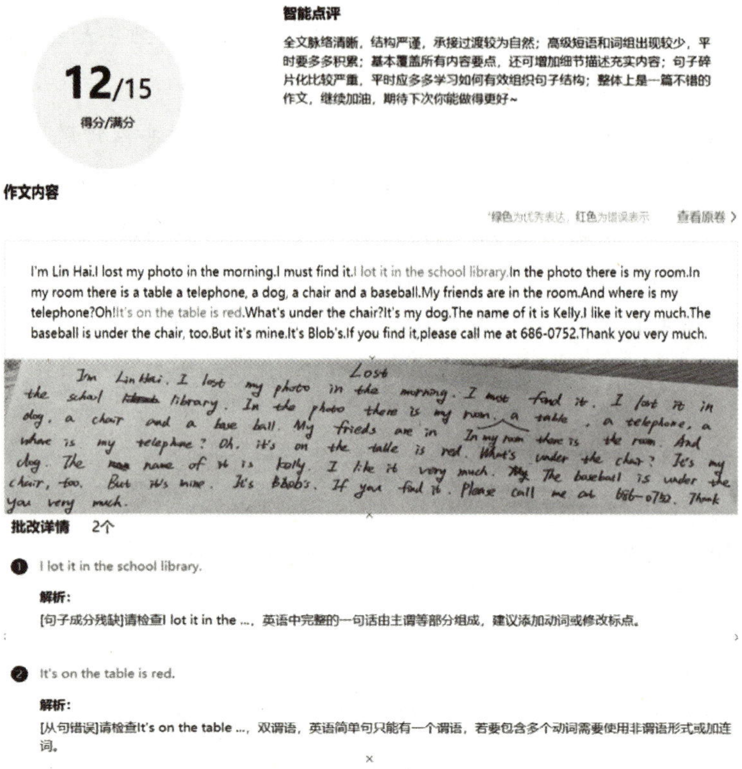

图 6-24　王同学的作文练习报告

三、客观题作业智能批改

平台对客观题的智能批改结果显示：满分 100 分，全班平均分 75.51 分，最高分 100 分，最低分 20 分，平均用时 3 分 14 秒。学生作业成绩分布方面，成绩为"优秀"（得分率 90%～100%）的有 16 人，成绩为"良好"（得分率 80%～89%）的有 12 人，成绩为"及格"（得分率 60%～79%）的有 16 人，成绩为"不及格"（得分率 0%～59%）的有 5 人。为了解全班学生的知识掌握程度，教师查看了每道题的得分率和作答详情。如图 6-25 所示，第 2 题、第 3 题和第 9 题对学生来说相对较难、得分率比较低，表明学生在助动词和省略方面掌握较差，是学生的易错点和薄弱点，教师在施教过程中需要对相应的语法和题目进行重点关注。

图 6-25　全班学生的客观题作答报告

四、实践效果

智慧课堂信息化平台对不同类型的英语作业进行了智能批改，提升了教师的作业批改效率。平台自动生成的作业报告能够帮助教师准确掌握学生整体和个体的英语学习情况，有的放矢地抓住薄弱知识点和对知识点掌握得不好的学生，解决全班学生的共性问题和不同学生的个性问题。作业智能批改可以帮助教师提高课堂教学的针对性，提升学生的口语表达能力、语法知识的应用能力以及英语综合能力，增进学生英语学习的积极性和兴趣。

【案例评析】（王强　安徽省蚌埠市蚌埠实验中学校长）

英语作业有口语作业、作文、客观题等多种形式，张伟老师充分利用智慧课堂信息化平台，将智能技术运用到各形式的英语作业批改中，充分发挥了智能技术在英语个性化作业批改中的优势。在本案例中，张伟老师根据本节课的教学重点，借助智慧课堂信息化平台布置了相关的习题，并利用智慧课堂信息化平台对口语题、作文题、客观题等不同类型的英语作业进行了智能批改。

基于对学生答题数据的采集，智慧课堂信息化平台生成了本次作业的批改报告。张老师基于该报告准确掌握了学生整体和个体的作业情况，精准抓住了全班学生的共性问题和不同学生的个性问题，支撑精准辅导和答疑的高效开展，其积累的数据为后续的作业布置、阶段性复习和总复习指明了方向。学生也可以在提交作业后通过平台及时查阅自己的作业批改结果，及时发现自己在本次作业中的不足，向教师或者同学寻求帮助，实现作业的沟通和交流价值，也提升学生的独立学习能力。作业的智能批改既帮助教师通过数据及时、精准、全面地了解学生的作业情况，也促进学生通过作业了解并弥补自己的不足，有助于实现课堂教学的有效延伸，让教学和学习过程更完整。

6.4.2 智能辅导与答疑

智能辅导与答疑是教师依据学生的课堂知识掌握情况，通过智能技术手段对学生进行个性化辅导与答疑，从而帮助学生解决课堂学习中存在的疑惑、巩固所学知识的过程。由于班级学生在知识经验和认知能力等方面存在差异，面对同样的学习任务，不同学生的掌握程度和理解程度不尽相同，所存在的疑惑点也不一样，要想保证每位学生都取得较好的学习效果，教师有必要开展针对性的智能辅导与答疑。智能辅导与答疑是落实因材施教的重要一环，能够使学生得到即时化、个性化的辅导，有助于提高学生的学习热情和自主学习能力，消除学生的学习薄弱点，巩固学生的学习成效。教师在传统的辅导与答疑过程中，由于时间、空间等客观因素的限制，可能存在辅导覆盖面小、答疑不及时等问题。例如，教师仅凭自身经验可能难以准确判断每一位学生的辅导需求，在这种情况下实施的辅导和答疑可能是片面的和被动的。另外，教师有时候因为辅导和答疑任务量大，不能及时解答每个学生的疑难问题，可能会影响学生的学习积极性。

在智慧课堂教学中，教师可以及时了解每个学生的课堂知识掌握情况，向每个学生推送适切的个性化辅导资源，再结合不同学生的学习反馈，提供针对性答疑。借助智慧课堂信息化平台，教师开展智能辅导与答疑的一般过程是：第一，了解学生的辅导与答疑需求。教师可以基于学生课后作业分析的结果，全方位了解每个学生对知识的掌握情况，找出共性问题与个性问题，为个性化辅导和答疑提供支撑。第二，准备课后辅导资源。借助平台，教师既可以将重难点、高频错题的讲解过程录制成微课资源备用，也可以根据学生的答疑需要，在资源库中查找、筛选所需的文本、图片、音视频等资料，制作成针对性、个性化的辅导资源。第三，分层推送辅导资源，及时解答学生疑惑。教师可以结合不同学生的知识掌握情况，将辅导资源定向推送给不同的学生，并为学生解答课堂学习和课后作业过程中遇到的疑问。另外，学生也可以自己利用智能答疑助手、智能搜题等功能主动获得个性化的辅导和帮助。案例 6-4-3《宋元时期的科技与中外交通》展示了教师借助智慧课堂信息化平台开展智能辅导与答疑的过程。

案例 6-4-3

七年级《宋元时期的科技与中外交通》智能辅导与答疑

本案例节选自广东省深圳市罗湖中学历史教师罗曼宁的《宋元时期的科技与中外交通》。[①] 该节课选自人教版历史七年级下册第二单元第 13 课，主要介绍了宋元时期的重要科技发展成果和当时发达的国内外交通状况。教学重点是活字印刷术、指南针、火药的发展过程和影响，难点是如何尝试进行关于宋元时期的完整论述。该节课采用了学生课前分组"备课"、课中小组合作呈现、组间辩驳提问的教学方式，基本达成了预定的教学目标。在课后，教师布置了由选择题和简答题组成的课后作业，巩固了学生对该节课教学重难点的学习成果。但是，教师也发现学生在课堂学习和课后作业中存在一些问题和不足。因此，教师借助智慧课堂信息化平台及时开展了针对性的辅导与答疑，帮助学生固强补弱。

一、基于课后作业了解学生的辅导和答疑需求

教师通过智慧课堂信息化平台发布课后作业，课后作业由七道题目组成，其中六道选择题，一道历史知识论述题。选择题重点巩固强化学生对活字印刷术、指南针、火药三大发明的发展过程和影响的理解。作业结果显示，第 1、3、4、5 题正确率均高于 90%，第 2、6 题正确率较低，分别为 60.47%、51.17%。而这两道题均是结合史料，分析宋元时期科技的发展，这表明班级中部分学生不能准确理解史料的意思，教师需要对学生进行史料分析方法辅

[①] 为了更加清晰地反映本案例的主题思想，节选时作了适当调整。

导。第7题是完成宋元时期科技发展与交通的论述，训练学生在限定时间内概括总结宋元时期共同特征的能力。第7题答题结果显示，有46.51%（20人）的学生得分评价是"及格"或"有待及格"，得分不高的主要原因是论据中缺乏史料支撑；有11.63%的学生（5人）没能在规定的7分钟内完成提交，经了解发现，欠缺论述的方法是学生难以按时完成作业的主要因素。这表明，教师需要对学生进行历史知识论述方法，尤其是史料结合方面的辅导。课后作业具体内容如下。

1. 下列内容属于宋元时期我国领先世界的科技成就的是（　　）。

　　A. 指南针应用于航海事业　　　B. 造纸术的发明

　　C. 火药开始用于军事　　　　　D. 发明雕版印刷

2.《金史》中有"声如雷震……人与牛皮皆碎迸无迹，甲铁皆透"的战争场景描绘，对此解释不正确的是（　　）。

　　A. 战争场面惨烈　　　　　　　B. 火药已应用于军事战争

　　C. 火药的使用改变了战争结局　D. 火药威力巨大

3. 宋元时期，中外交通发达，交往频繁。下列有关宋元时期的中外交通叙述不正确的是（　　）。

　　A. 中外交通发达的前提是宋元时期造船和航海技术有了发展

　　B. 中国的创造发明对亚非国家的社会、经济发展起了重要作用，同时西方的药物、天文历法等也传到中国

　　C. 陆路和海路交通的畅通，使中外经济、文化和科技的交流进一步发展

　　D. 可通往日本、高丽等国家和地区，远至波斯湾及东非海岸

4. 学习完《宋元时期的科技与中外交通》一课后，请你判断下列哪一场景符合历史史实（　　）。

　　A. 号炮一响，曹操率领伏兵杀敌

　　B. 岳家军使用火药武器同金军作战

　　C. 鉴真东渡的船上使用了指南针导航

　　D. 玄奘阅读活字印刷的《金刚经》

5. 关于宋元时期中外交通发达的原因与表现的表述，不正确的是(　　)。

A. 宋代航海技术进步，海上贸易频繁

B. 元朝建立后，陆路和海路交通范围进一步扩大

C. 宋元时期陆上丝绸之路成为通往西方的交通要道

D. 宋朝时，海上丝绸之路进入鼎盛时期

6. "印刷术、火药和指南针这三种东西，已改变了世界的面貌。"对此材料解读不准确的是(　　)。

A. 三大发明促进了中国社会的转型

B. 印刷术推动了世界文化的发展

C. 指南针为发现新大陆创造了条件

D. 火药加速了欧洲封建制度的崩溃

7. 请根据提示，写出论点、论据和结论，完成宋元时期的论述。

论点：宋元时期是一个_____的时期

论据：①_____

②_____

③_____

结论：_____

二、准备课后辅导资源

教师依据课后作业分析结果，借助智慧课堂信息化平台，实时录制了《高频错题讲解》《完整论述历史知识方法指导》等微课，并在平台资源库中筛选出《宋元及明初海上丝路探源》(节选)等文本材料和《宋元时期发达的造船和航海技术》等视频，为不同学生准备了针对性的辅导资源。具体过程如下。

1. 录制微课

在对课后作业进行智能批改后，教师使用智慧课堂信息化平台的"AI录课"功能，实时录制了选择题第2、6两题的讲解过程，制作成《高频错题讲解》微课，并将其发送给答错的学生，供学生自主学习、订正。教师还结合学生写作实例讲解了简单论述历史知识的方法和技巧，并制作成《完整论述历史知识方法指导》微课，供学生观看。

2. 筛选课后辅导资源

七年级学生对宋元时期的科技与中外交通相关史料的储备存在差异。为帮助学生积累更多的史料，提升史料结合的能力，教师在智慧课堂信息化平台资源库中，以"宋元时期的科技与中外交通"为关键词，筛选出王剑波的《宋元及明初海上丝路探源》节选材料和《宋元时期发达的造船和航海技术》视频等资源，帮助学生通过阅读文本和观看视频，拓展宋元时期科技发展和中外交通的史料知识，学习专家进行史料结合的方法和角度。

三、推送辅导资源，及时解答学生疑惑

为进一步对学生的薄弱环节进行训练，有针对性地解答学生疑惑，教师借助智慧课堂信息化平台向课后作业第2、6题答错的学生，推送了微课《高频错题讲解》，向第7题得分评价为"及格""有待及格"或未提交的学生，推送了微课《完整论述历史知识方法指导》。教师还通过平台将王剑波的《宋元及明初海上丝路探源》节选材料和《宋元时期发达的造船和航海技术》视频推送给所有学生，既为表现待提升的学生提供了拓展提升的资源，也帮助表现好的学生积累了更多史料。教师还借助智慧课堂信息化平台对学生进行了及时的答疑，高效解决了学生在观看辅导资源和完成课后作业中遇到的问题。例如，有学生在观看辅导资源过程中，通过班级空间提出了"造船术和航海技术与三大发明有什么关系"的疑问。对此，教师及时组织学生在平台的"班级空间"中讨论该问题，并对学生的观点进行点评和总结，从而完成了对学生的答疑。

四、智能辅导与答疑效果分析

在该节课中，教师借助智慧课堂信息化平台，通过录制微课、筛选文本资料和视频资源，为不同需求的学生提供了不同的辅导资源，强化了学生对宋元时期科技与中外交通的理解，提高了学生挖掘史料、引用史料支撑论点的能力。学生课后作业订正完成率和质量较高，其中订正率为97.67%。教师还通过不同的方式进行答疑，对学生提出的问题进行及时响应，共有32位学生在班级空间讨论中发言积极，这表明很好地调动了学生的学习积极性。

【案例评析】(刘素霞　深圳市罗湖中学办公室主任)

罗曼宁老师通过智能辅导与答疑凸显了"论从史出"学习理念在历史教学中的价值，培养了学生重视史料、深挖史料的素养。罗老师将智慧课堂与历史课教学课前、课中、课后各个环节进行了深度融合，有效联结了学生的过往练习经验、课堂学习经验、课后作业训练经验，提升了课后辅导与答疑的智能性、针对性。罗老师充分发挥了智慧课堂的微课制作优势，基于课后作业答题结果，制作了《高频错题讲解》和《完整论述历史知识方法指导》等微课资源。另外，罗老师还筛选了相关辅导资源，一起推送给学生，把学生课中学习的难点、薄弱点与课后辅导进行了衔接，联通了学生的过往经验和当前个性化需求，增强了历史学习方法的操作性、实践性。罗老师还借助智慧课堂信息化平台对学生的个性化典型问题直接进行指导、反馈，给学生留出订正、提升的时间，指明修改方向。对学生的共性典型问题在"班级空间"里群商共议，让每个学生都有独立、勇敢表达的机会和平台。

▶ 6.5 多元化学习评价

6.5.1 多维度学习效果分析

多维度学习效果分析是采集学生学习过程和结果的表现数据，并从学习风格、投入程度、学业成绩等维度进行分析，全面评价学习效果的过程。教师通过查看易理解、可视化的多维度学习效果分析报告，可以及时了解学生学习进展、学习情绪状态、学业成绩等方面的情况。据此，教师可以对学习有困难的学生进行识别、警示和干预，通过提供学习反馈和建议，采取针对性教学措施，帮助学生制定和获得个性化、精准的教育教学服务，落实因材施教。多维度学习效果分析对教师的数据采集和分析工具提出了较高的要求，如果缺乏智能便捷的数据采集和分析工具，不仅会制约学习效果分析的效率，也可能导致数据分析的维度单一、时效性不强，难以有效支撑对学生的全面评价，不利于开展针对性的干预和调整。

借助智慧课堂信息化平台，教师可以智能采集、分析学生学习全过程的表现数据，包括学习过程、学习结果，多角度分析、评价学习效果，为针对性干预和调整提供及时有效的参考。教师通过智慧课堂信息化平台开展多维度学习效果分析的主要过程有：第一，多维度采集数据。平台提供了多样的评价工具和评价资源，可以"全方位、全过程、全保真地伴随式采集"学生在课前、课中、课后学习中的过程数据，包括学习历史数据和课前预习测评数据、课堂实时测评和互动交流数据、作业和辅导反馈数据等[1]，涵盖了学习过程（学习风格、投入程度）数据和学习结果（学业成绩、口语测评成绩等）数据。第二，多角度分析数据。平台为教师提供了动态评价服务、差异化评价服务、过程性评价服务、总结性评价服务，可以辅助教师对所采集的数据进行智能分析，形成具体的学习过程分析结果。教师根据分析结果，可以对学生某一种或多种能力进行针对性评价，为通过评价促进学生全面而有个性的发展打开突破口。第三，快速生成多维度学习效果分析报告。教师在课时或单元教学过程中，通过平台汇总、分类、整理过程数据分析结果，实时生成多维度、多标准的学习效果分析报告，从而精确、科学、具体地反映学习过程和学习结果，为教师改进教学、家长提升家庭教育质量等提供可视化依据。例如，在学习过程方面，教师可以通过课后综合报告等分析报告，了解学生的作业用时、写作时间段、任务学习时长等学习风格数据，掌握学生的学习进步增量、活跃度、投入程度、努力度、完成度等学习投入数据，从而了解学生的学习状态，在教学中更好地"识材"、更精准地"施教"。在学习结果方面，教师可以通过横向和纵向的学习结果数据分析，对学生成绩做出全面、客观、发展性的评价。案例6-5-1《八年级数学多维度学习效果分析》从学生学习过程和学习结果数据分析的角度，描述了教师对学生在阶段时间内的数学学习效果进行多维度分析，并采取针对性教育教学措施的过程。

案例 6-5-1

八年级数学多维度学习效果分析

本案例由青岛市西海岸新区实验初级中学数学教师朱宝彬提供[2]，从多个维度分析了八年级（二）班学生在2020—2021学年第一学期9月至11月数学学科的学习效果。在该时间段内数学学科的主要教学内容是北师大版数学八年级上册的前四章：勾股定理、实数、位置与坐标、一次函数。为了全面了

---

[1] 殷世东：《形成性评价与人的身心和谐发展》，载《现代远距离教育》，2011(2)。
[2] 为了更加清晰地反映本案例的主题思想，节选时作了适当调整。

解班级学生在该时间段内的学习效果，改进后续教学策略，教师借助智慧课堂信息化平台开展了多维度学习效果分析，具体过程如下。

一、多维度数据采集

教师通过智慧课堂信息化平台查看学生的学习结果性数据和过程性数据。结果性数据方面，主要以11月举行的期中考试情况为主；过程性数据方面，主要包括学生的平时练习情况、作业情况、课堂互动情况、平台资源使用情况、课后自主练习与交流情况等。每个方面的数据又包含班级整体的数据和学生个人的数据。具体来说，教师主要查看了以下数据。

1. 期中考试情况：主要包括班级整体方面的期中考试平均分、优秀率、合格率、年级排名，以及学生个人方面的得分情况、班级排名、排名变化情况等。

2. 平时练习情况：主要包括学生平时练习的得分率、排名、成绩走势等。

3. 作业情况：主要包括学生作业的提交情况、订正情况、用时情况等。

4. 课堂互动情况：主要包括学生在回答问题、提问、小组活动等课堂互动活动中的参与程度。

5. 平台资源使用情况：主要包括学生通过平台学习资源的次数、时长、条数等。

6. 课后自主练习与交流情况：主要包括学生课后的自主练习情况、课后与教师和同学之间的学习交流情况等。

二、多维度学习效果分析过程

1. 期中考试情况

教师通过智慧课堂信息化平台查看了本班的期中考试报告。报告显示，本班期中考试平均分为83.49分，比年级平均分78.38分高5.11分；优秀率（试卷得分率为80%～100%）为46.94%，比年级优秀率35.71%高11.23%；合格率（试卷得分率大于60%）为69.39%，比年级合格率66.93%高2.46%。班级平均分在全年级22个班级中排名第2，对比上学期期末考试的年级排名，整体学业成绩比较稳定。同时，系统智能预警了成绩出现大幅度退步的学生，例如，韩同学此次期中考试班级排名第26，与上学期期末考试的第7名相比，退步了19名，需要教师重点关注。

2. 平时练习情况

平台自动统计的数据显示，本班在该时间段内平时练习的总体得分率为83.36%。在历次练习中，得分率最高96.08%，最低57.36%，得分率高于70%的练习次数占该时间段内练习总次数的90.32%。数据表明，本班练习得分情况虽然偶尔有所波动，但是整体较为稳定，说明学生在平时练习时较为积极认真。

3. 作业情况

根据作业数据统计结果，该时间段内教师共布置了37次数学作业，学生的作业总体提交率为87.32%，其中有84.89%在教师设置的规定时间内提交，2.43%为延迟提交，作业的总体提交率和按时提交率均高于本年级人均水平。但是本班整体的作业订正率为48.72%，其中有16名同学的订正率为0，说明学生及时订正作业的良好习惯需要加强。

4. 课堂互动情况

平台数据显示，本班学生在该时间段内的课堂互动整体参与度为72.75%，在全年级22个班级中排名第7。在学生个人方面，以韩同学为例，如图6-26所示，该同学参与课堂互动的次数共计31次，班级排名第37，而且每日参与课堂互动的次数起伏较大，说明该同学总体课堂互动表现较为一般。在其参加的45次课堂互动中，包含了30次全班作答，1次随机选人，在提问、抢答、投票等其他课堂互动中参与次数均为0，说明韩同学仅参与了教师主导的集体课堂互动，没有参与体现个人观点的个性化课堂互动，需要教师后续进行专门关注。

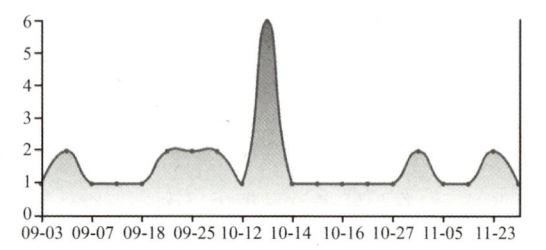

图 6-26 韩同学的课堂互动情况

5. 平台资源使用情况

在该时间段内班级人均学习平台资源157个，年级排名第10；人均观看微课35个，年级排名第8。数据表明，本班相对于同年级其他班级，利用平台资源进行学习的积极程度相对较高，但仍有提升的空间。

6. 课后自主练习与交流情况

从课后自主练习的答题数量来看，本班在该时间段内的人均自主答题数量为37个，在全年级排名第14。从课后学习交流情况来看，全班学生在该时间段内利用平台发起提问的次数仅为8次，年级排名第17。数据表明，班级整体在课后进行自主练习和交流的意识不足，需要教师后续加强引导。

三、实践效果

结合此次期中考试成绩，借助智慧课堂信息化平台，通过多维度学习效果分析，教师既掌握了班级整体学习情况，又了解了学生个体学习情况。在班级整体方面，学业成绩比较稳定，在作业提交、课堂互动、平台资源使用方面都表现较好，但在作业订正、课后自主练习与交流等方面还需要加强。在学生个体方面，以韩同学为例，作为一名成绩大幅度退步的学生，表现为学习主动性较差，学习高度依赖教师的组织和要求，需要后续重点关注和正面指导。本次多维度学习效果分析对班级整体和学生个体的学习具有诊断和调节作用，教师也以此为依据，对后续教学进行了针对性调整，进一步落实了因材施教。

【专家点评】(高华　青岛西海岸新区实验初级中学数学学科组组长)

"课堂革命"的总原则是以人为本、以生为本、以学为本。青岛西海岸新区实验初级中学一直秉承以评价促进学生全面发展，以评价促进教师不断成长的新课改评价理念。在本案例中，朱宝彬老师在智慧课堂信息化平台的帮助下，全面分析了学生9月至11月的学习效果，体现了立足过程、促进发展的新课改评价理念，发挥了多元化学习评价的"指挥棒"价值，促进了学生全面而有个性的发展，也促进了教师进行更加科学和全面的教学反思。

朱老师通过智慧课堂信息化平台，实现了对学生学习过程和结果的数据伴随式、多维度采集与分析，对班级整体和学生个体在期中考试情况、平时练习情况、作业情况、课堂互动情况、平台资源使用情况、课后自主练习与交流情况等方面进行多维度学习效果分析，体现了评价的客观性、全面性原则。同时，在可视化的多维度学习分析数据的支持下，朱老师根据平台的预警信息及时干预和调整学生学习规划、内容、方法，体现了评价的导向性和发展性原则，实现了通过多元化学习评价促进学生全面而个性发展的目的。

6.5.2 学生综合素质评价

学生综合素质评价是为了促进学生全面而有个性的发展，围绕思想品德、学业水平、身心发展、艺术素养和社会实践等评价内容，对学生的德智体美劳全面发展状况进行测量与分析的重要方式，是"发现和培养学生良好个性的重要手段"①。学生综合素质评价能够真实、动态地记录学生在各个方面发展过程中的表现和具体变化，清晰展示学生的优良个性和不足之处。学生综合素质评价可以采用不同的评价标准，尽可能地激励学生展示最能代表自己发展状况的表现，从而促进学生的个性化发展。评价主体可以是教师、家长、同伴、学生本人，评价方式可以是他评、互评、自评。结合多个角度、多个主体进行评价，可以促使教师、家长、学生形成教育合力，打破唯分数论，用多把尺子衡量学生，帮助学生发挥自身优点和长处，明确不足和努力方向。由于学生综合素质评价需要收集较多的素材，以及对素材进行评审，因此操作过程较为烦琐，通常评价者的工作负担较重。在传统的综合素质评价过程中，有些学校没有制定明确的评价指标体系，教师对评价材料的审核和赋分存在一定的主观性和封闭性，影响了评价结果的客观性和公平性。另外，如果评价之后的报告生成不及时，多个评价主体之间沟通和互动不顺畅，也会影响评价教育功能的发挥。

针对传统综合素质评价过程中的问题，学校可以借助智能技术，建立一套科学有效、操作便捷的智能化学生综合素质评价系统，辅助自身的综合素质评价工作。智能技术在学校综合素质评价过程中的主要过程如下：第一，个性化构建评价指标体系。由于综合素质评价涉及学生发展的多个方面，加之国家、地方和学校对综合素质评价的要求不断提高，不同学校之间的综合

---

① 《教育部关于加强和改进普通高中学生综合素质评价的意见》，http：//www.moe.gov.cn/srcsite/A06/s3732/201808/t20180807_344612.html，2020-09-26。

素质评价工作存在差异。借助智能化学生综合素质评价系统，学校可以结合自身实际情况，构建个性化评价指标体系，并将评价指标体系及其考核要求录入系统当中，快速形成个性化的评价方案。第二，多样态数据采集与监管。在数据采集方面，评价主体借助智能技术，可以在电脑端、移动终端等设备上，通过项目填报、数据上传、问卷量表填写等途径，高效录入多种类型的数据，包括文本、音视频、图像等，从而提高评价效率，降低教师工作负担。在数据监管方面，智能技术支持对数据进行智能审核，自动分析和判断是否需要对提交的数据进行过滤或预警，从而提高了上传数据的安全性。此外，智能技术还支持学校在公示评价结果中设置公示时间、范围、内容等，帮助教师、家长、学生及时获取评价结果信息，并进行反馈、点评或质疑。教育主管部门和学校管理人员也可以随时查看和监督学校各年级、各班级的任务完成情况，进一步保障评价结果的客观性和时效性。第三，快速生成评价报告。智能技术可以支持评价主体对收集到的数据材料进行多种方式的赋分管理，包括等级赋分和分数赋分等。学校可以通过系统有针对性地选择展示不同的评价内容模块，自动生成评价报告，让不同的评价主体快速了解学生德智体美劳各方面的发展情况。此外，学校还可以将校级评价系统与省级平台进行联通，高效快捷地同步评价报告至省级平台，作为中、高考录取参考依据。在案例6-5-2中，南京师范大学附属中学借助智能化学生综合素质评价系统，记录了学生的综合素质全面发展过程，并依据评价结果与反馈，开展了针对性教育教学活动和管理实践，从而形成教育合力，帮助教师发现和培养学生的优良个性。

案例 6-5-2

南京师范大学附属中学学生综合素质评价

本案例由江苏省南京师范大学附属中学（以下简称南师附中）提供。[①] 南师附中是江苏省综合素质评价首批改革试点学校。学校以学生"健康生长、人人卓越"为育人目标，遵从"每天进步一点点"的个性化生长驱动原则，通过开展多样化学习方式的探索，实施关注整体视域下每一个学生发展的精英教育，

---

① 为了更加清晰地反映本案例的主题思想，节选时作了适当调整。

构建了学生三年一体化的学生综合素质评价机制。学校结合国内外学生评价系统的学习与研究，聘请教育专家指导，研制出一套能够彰显南师附中特色，具有科学性、丰富性、兼容性、高品质性、可参考性等特征的学生综合素质评价方案。近年来，经过实践，学校的学生综合素质评价形成了如下特点：一是评价数据采集全面、客观、智能，详细真实地记录了学生综合素质发展的过程与水平；二是评价过程公开、透明、科学，准确地反映了学生在德智体美劳各方面的真实情况；三是评价结果反馈灵活、可靠，有力保障了评价的教育功能发挥。学校借助智能化学生综合素质评价系统，开展学生综合素质评价的主要过程如下。

一、明确自身需求，构建评价体系

依据《教育部关于加强和改进普通高中学生综合素质评价的意见》和《江苏省普通高中学生综合素质评价实施方案》等相关政策文件，结合当下学校发展与学生发展的目标和新课程新高考改革的要求，从课程设置与相关能力培养的匹配性考虑，建立了具有学校特色的学生综合素质评价指标体系。该指标体系设置了思想品德与公民素养、学习水平与课程修习、体育运动与身心健康、审美素养与艺术特长、创新能力与社会实践5个一级指标；涵盖爱党爱国、劳动实践、国际视野、心理健康等19项凸显学校文化基因、彰显学校办学特色和育人目标的二级指标；以及全科阅读、理科探究实验、梦想基金、大学先修课程、免修学科、航校课程等70余项操作性强、可信性高的三级指标。学校紧扣一级指标的5项内容，结合时代和教育的发展，对二级、三级指标的内容和表现形式进行迭代更新，体现了促进学生德智体美劳全面发展的基本精神，渗透了尊重生命存在与差异的理念，有利于发挥学生的自主性、独特性和创造性，从而引领学生成为以天下为己任，具有健全人格、独立人格和创造人格的人。根据以上评价指标体系和评价工作实际情况，学校建设了智能化学生综合素质评价系统，并在系统建设中充分留白，以满足国家对研学旅游、劳动教育等方面不断提高的要求。

二、伴随式采集，过程性评价

学校通过智能化学生综合素质评价系统的评价工具，新建评价采集方案和确定数据采集要点（三级指标），并发布采集任务，记录学生课堂内外德智体美劳各方面的表现数据。数据采集要点既包括综合素质发展的基本要求，也包含创新能力、实践能力等方面的诉求，确保了评价数据的体系化和完整性。例如，高二年级在思想品德与公民素养方面设置的采集要点包括国防民防项目、党团活动、国际游学经历、日常常规等；在学习水平与课程修习方面的采集要点包括各学期学科期末考试成绩、必修课学习表现、选修课学习表现、学科特长与表现、航校课程等；在体育运动与身心健康方面的采集要点包括体质健康测试成绩、体育课堂表现、体育特长、心理健康教育、期末总结与自我陈述等；在审美素养与艺术特长方面的采集要点包括合唱、艺术课课堂表现、审美与艺术领域代表作品等；在创新能力与社会实践方面的采集要点包括生涯课程表现、社会实践与志愿服务、科技创新活动经历、专利等。

学校借助智能化学生综合素质评价系统对评价数据进行伴随式采集，既能提高评价数据采集的效率，也能保证评价的客观真实。一方面，教师、学生可以用自己的账号以多种方式进行数据采集和上传，家长则可以使用学生的账号进行数据填报和查询，从而提高数据采集的效率和时效性。例如，师生、家长可以通过网页、南师附中微信公众号等途径进入系统，通过拍照上传、音视频资源库上传、文本输入等方式，记录学生在课堂学习、社会实践等方面的表现。另一方面，教师利用系统的智能预警、实时公示、相互监督等功能，对上传数据进行智能审核与研判，增强评价过程的可控性，确保上传数据的客观公正。例如，智能评价系统既支持教师通过电脑端和移动端对上传数据进行审核，并设置公示范围、内容和时间，保护学生隐私，也支持人工智能对数据进行智能预警，还支持其他师生实名或匿名地对系统"成长圈"公示的内容提出质疑。

学校管理人员通过智能化学生综合素质评价系统可以实时监督各年级、各班级、各评价主体的评价任务完成情况，并通过发布评价建议或要求进行评价过程的监管、督促，保证评价的质量和效率。例如，管理人员可以查看2019—2020学年下学期，高二年级60个评价任务的整体完成情况以及每个班级的评价详情。

三、快速生成学生综合素质评价报告

在智能化学生综合素质评价系统的支持下，学校的学生综合素质评价工作有效地整合了多部门、多平台的信息资源，实现了与学籍系统、毕业生评语库、志愿者服务填报系统、成绩分析系统、心理健康测试系统、课堂行为分析、全科阅读评价等多端口实时数据传输。学校可以及时获取系统自动生成的评价报告，包括学生个人档案、各年级评价整体报告等，并以此为依据在课堂教学、引导示范、学校管理等方面，采取针对性措施，促进学生发挥优势、弥补不足，实现全面而有个性的发展。具体来说，一是教师通过将学生课堂行为表现及时录入系统，并直接体现于评价报告中，可以有效指出学生的课堂表现问题。例如，语文教师把课堂听讲情况、课堂参与度、作业完成情况等数据直接上传至系统，并对学生课堂表现进行等级评价，可以让学生全面了解自身课堂学习状态，并进行调整。二是家长、学生基于评价报告，可以全面了解学生的真实表现情况，从而有计划地安排课外、校外实践活动，更好地彰显学生的个性，发挥学生的特长，而不仅仅聚焦于学业成绩，有利于促进学生的全面发展。例如，家长查看评价报告中学生期末总结与自我陈述，可以知道孩子内心的感受和想法，有利于更加全面地了解孩子、帮助孩子，实现家校共育。三是学校基于数据的年级对比、班级对比，可以发现不同年级、班级在各项指标上的差异，了解教育教学上的具体优势和不足，使学校管理与评价更为客观。例如，在2019—2020学年下学期，高二年级共计完成成长记录8905条，包括思想品德与公民素养2379条、学习水平与课程修习4273条、体育运动与身心健康709条、审美素养与艺术特长140条、创新能力与社会实践1404条。在思想品德与公民素养上，单个班级的最多记录次数是220条，最少是108条。

学校的学生综合素质评价指标涵盖了江苏省综合素质评价指标体系的所有内容。另外，学校的智能化学生综合素质评价系统实现了与省综评填报平台的端口对接，可以智能生成、上传符合省平台要求的评价报告，为高考录取提供真实可靠的参考依据。

• 各班表现情况

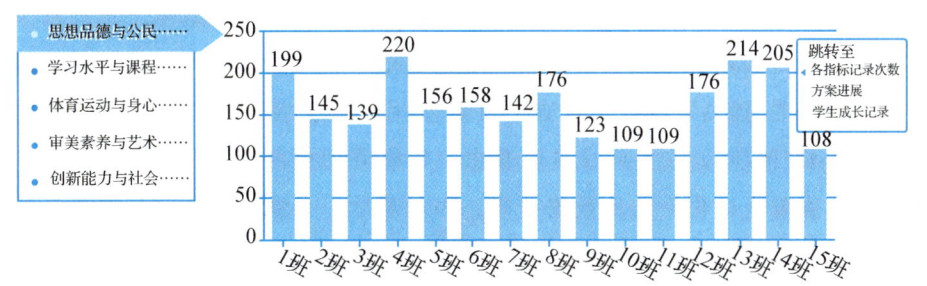

思想品德与公民……
学习水平与课程……
体育运动与身心……
审美素养与艺术……
创新能力与社会……

跳转至
各指标记录次数
方案进展
学生成长记录

注：截至当前，在反映学生综合素质的所有指标上，如在思想品德与公民素质上，各班学生已完成的记录条数如上图所示。记录次数最少的班级为：15班；记录次数最多的班级为：4班。

图 6-27　不同班级的各项指标记录情况

四、评价结果反馈与改进

根据智能化学生综合素质评价系统的反馈结果，在 2019—2020 学年下学期，学校针对高二年级各班级学生的表现情况，指导师生共同采取了一系列的针对性干预和调整措施，有效帮助了学生认识自我、发展自我、突破自我，推动了学生全面而有个性的发展。例如，谋划开展丰富多彩的体育活动，保障足够的体育锻炼时间，组织才艺竞赛等多种形式的文艺活动，促进学生在体育运动与身心健康、审美素养与艺术特长方面的发展等。师生之间围绕评价报告反映出的优良个性和不足之处，进行了约 1000 次的针对性沟通交流，内容涵盖心理健康、习惯培养、假期安排、体育与艺术特长培养等多个方面。

【案例评析】（金玉　江苏省电教馆副馆长）

教育的首要任务是培养德智体美劳全面发展的人，综合素质评价系统就是通过对学生全面发展状况的观察、记录、评价，提高教育教学质量，促进学生全面健康成长的工具。南师附中的学生综合素质评价系统具有"科学体系、诚信记录、动态量化、过程评价"的特点，包括 5 项对应国家要求的一级指标、19 项凸显学校文化特色的二级指标以及 70 余项可信度高、操作性强的三级指标，基本涵盖了学生校内外全过程的发展轨迹。从学校管理的维度看，南师附中的学生综合素质评价系统特别注重质性与量化的互通、真实性与科学性的互融、统一性与个性的互补；从学生成长的维度看，系统通过行为记录、过程积累等基于大数据评价模型的建立，与学生生涯指导相结合，能够实现对学生的全面发展精准描绘，让评价更具发展性和前瞻性。

　　学生综合素质评价系统的成功与否取决于其在实践中的效果。南师附中在学生综合素质评价系统的建设与应用过程中，强调"闭环"的操作，通过将评价管理分为"计划""执行""检查""行动"四个阶段，实现了周而复始、螺旋上升的评价"闭环"。在实际操作过程中，学校通过校内研讨、校企合作等多种方式，在智能评价系统的数据处理、内容展示、一键通知等方面取得了较大发展，克服了评价内容抽象、难以具体操作的困难，减轻了评价负担，保障了评价工作的长期性和稳定性，有利于形成学生综合素质培养"共生体"，从而帮助学生发挥特长优势、弥补薄弱不足，找到适合自己的发展路径。

第7章　因材施教相关产品及行业趋势

智能技术助力因材施教需要依托相应的技术产品，把具体产品作为技术载体，形成科学"识材"、精准"施教"的有效手段，为促进教育教学变革创新，实现学习者的全面而有个性的发展提供支撑。本章以智能教育领域知名企业在教育部备案的教育 APP 及其典型产品为研究对象，从因材施教相关企业图谱梳理、相关产品现状分析、相关产品类型分析等方面对智能教育领域与因材施教紧密相关的产品进行深入分析，并阐述行业发展趋势。

▶ 7.1　因材施教相关企业图谱

近年来，随着智能教育的国家政策、市场声量、用户态度等外部条件不断利好，互联网巨头、教育类企业、智能技术提供商、云计算/大数据服务提供商等，紧跟教育智能化、个性化、多样化的发展方向，纷纷布局与因材施教相关的业务，涌现出一批因材施教相关企业。

依据前文对因材施教内涵及其所包含的三个层级的界定，判定具体的因材施教相关企业及产品的主要参考依据为：①可提供学生差异分析功能——能基于智能技术进行学情数据分析、评估与预测学生知识与能力、掌握学生个体差异性特点，进行科学识材；②可提供个性化教与学服务——能基于智能技术创设适切性教学情境，支持精准化教学、个性化作业、个性辅导与答疑等，实现精准施教；③可助力学生全面而有个性的发展——能基于智能技术进行多维度学习效果分析和综合评价等，助力发展评价。若产品的功能可以满足以上依据中的一个或几个指标，则将其判定为与因材施教紧密相关的智能教育产品；若企业开展了因材施教相关产品的业务，则判定该企业为因

材施教相关企业。

基于以上判定依据，结合智能教育领域相关企业近几年的业务布局、企业服务类型、教育应用场景、核心产品的主要功能等，本节将因材施教相关企业分为基础服务提供商、智能技术服务提供商、因材施教服务提供商三大类，绘制出因材施教相关企业图谱，如图 7-1 所示。

图 7-1　因材施教相关企业图谱

注：企业排名不分先后，企业列举不完全。

1. 基础服务提供商

最底层为基础服务提供商，主要包含智能硬件提供商、云计算提供商、大数据服务提供商。其中智能硬件提供商立足智能硬件优势逐渐向教育场景渗透，且部分细分产品领域已经有相对头部企业出现，如以希沃交互大屏为立足点进入智能教育市场的视源股份；以互联网、交换机等网络产品为起点，扩展到无线教学课堂与云课堂产品的锐捷网络等。现阶段硬件普及基本完成，市场增量空间有限，未来硬件市场红利或有赖于与智能技术的深度融合应用。云计算与大数据服务提供商依赖数据积累、数据标注等优势，可通过数据分析、机器学习等手段，实现学习情况分析、学习路径规划等因材施教功能。由于云计算与大数据服务对技术要求较高，因此行业门槛高，越来越被巨头企业垄断。

2. 智能技术服务提供商

中间层为智能技术服务提供商,其前期主要通过单一领域技术优势占位,后期逐渐向智能行业多领域扩展,再依托先进的智能技术优势发力各个教学场景,抢占智能教育领域市场份额,逐渐向智能教育服务提供商转变。智能技术服务提供商在"智能技术助力因材施教"领域的具体表现为:从智能语音测评、拍照搜题、智能写作批改等单场景应用向智慧课堂、大数据精准教学、自适应学习等多场景过渡。如科大讯飞、先声智能、驰声科技等企业早期以提供智能语音技术为主,逐渐向提供综合智能技术服务转变;商汤科技、旷视科技等早期以图像识别为起点,逐渐布局多领域、多方向的智能技术;百度、腾讯等传统互联网巨头,基于较为成熟的技术平台,通过开放 API 接口等形式实现前沿智能技术向教育领域的输出。

3. 因材施教服务提供商

最上层为因材施教服务提供商。总体看来,当前因材施教服务提供商的因材施教业务布局正处于从辅助教学的外围层(如题库、测评等),向提升教学质量和效果的核心层(如规划学习路径、智能教学助理、侦测能力缺陷等)过渡的阶段。从各应用场景来看,当前各类因材施教相关产品基本覆盖教、学、考、评、管等全场景,智慧课堂、大数据精准教学、在线教育、智能题库、自适应学习、学习机、教育机器人、智能批改、智能考试、智能口语评测、学生综合素质评价、走班排课等细分场景均有典型代表企业。此外,还涌现出一批全场景服务提供商,如科大讯飞、好未来等,这类企业充分发挥其技术与生态优势,将智能技术与教育深度融合,提供全场景教学应用与服务,实现了教学全流程数据的贯通。

▶ 7.2 因材施教相关教育 APP 现状分析

自 2019 年 11 月教育部办公厅印发《教育移动互联网应用程序备案管理办法》以来,截至 2020 年 1 月底,教育部先后公布了三批教育 APP 备案名单,共完成 1928 个教育 APP 备案(首批 152 个、第二批 476 个、第三批 1300 个)。

在此之后，教育部不再专门公布教育 APP 的备案名单，教育 APP 经住所地所在省级教育行政部门核验通过后上传至教育移动互联网应用程序备案管理平台。人们可通过该平台在线查询教育 APP 备案信息。鉴于智能教育市场产品种类繁多、标准缺乏的现状，我们无法获取全面、严谨的因材施教相关产品统计数据，本节选取教育部公开发布的前三批教育 APP 备案名单中的 1928 个教育 APP 作为样本，重点分析智能教育市场中因材施教相关教育 APP 的现状。

根据前文因材施教相关产品的判定依据对 1928 个教育 APP 样本进行详细筛选统计，结果显示：与因材施教紧密相关的教育 APP 共有 561 个，占样本总数的 29.10%，总体占比较少。可见，虽然智能教育领域的各类商家纷纷呼吁要顺应因材施教的发展趋势，但是从目前教育 APP 整体市场现状来看，涉及因材施教的具体业务布局还处于起步阶段。下面具体分析这 561 个因材施教相关教育 APP 涉及的学段、学科、用户、细分场景等。

7.2.1 学段维度分析

从学段维度来看，在 561 个因材施教相关教育 APP 中，K12 教育学段的 APP 占比最大，达 85.03%，共计 477 个；高等教育及其他学段的 APP 较少，分别有 20 个、64 个。具体分布情况如图 7-2 所示。

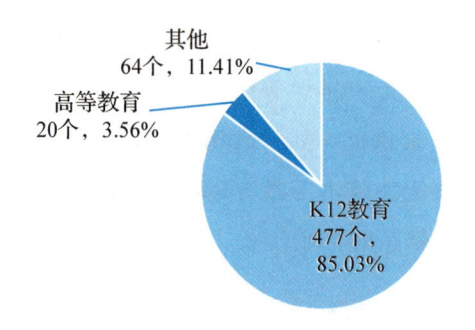

图 7-2 各学段因材施教相关教育 APP 占比情况

注：图中"其他"代表涉及成人教育、特殊教育等，以及不针对特定学段的 APP。

将 K12 教育学段进一步细分为学前教育、义务教育和高中教育三个学段进行数据统计分析，结果显示：涉及义务教育的 APP 最多，有 427 个；排名第二的是涉及高中教育的 APP，有 376 个；涉及学前教育的 APP 相对较少，有 102 个。具体如图 7-3 所示，图中涉及学前教育、义务教育、高中教育三个学段的各项数据有所交叉。

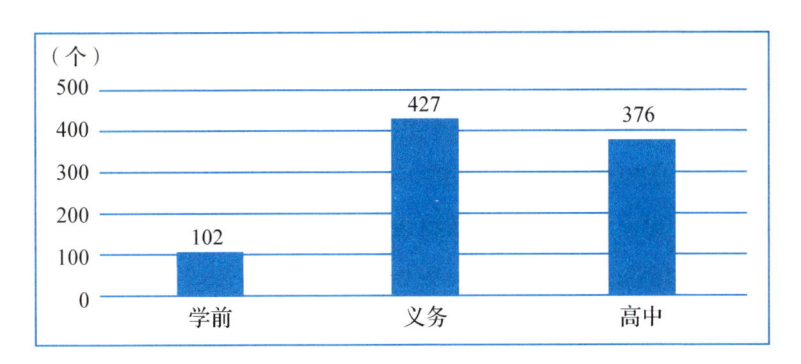

图 7-3 K12 教育各学段因材施教相关教育 APP 数量对比

实际上，在 K12 教育学段的 477 个 APP 中，大部分 APP 覆盖其中两到三个学段，共 386 个，占比 80.92%；仅涉及单一学段的 APP 较少，有 91 个，占比 19.08%。进一步分析可见：在 386 个覆盖多学段的教育 APP 中，覆盖义务教育到高中教育的最多，有 295 个；在 91 个单学段的教育 APP 中，义务教育的最多，有 41 个。具体如图 7-4 所示。

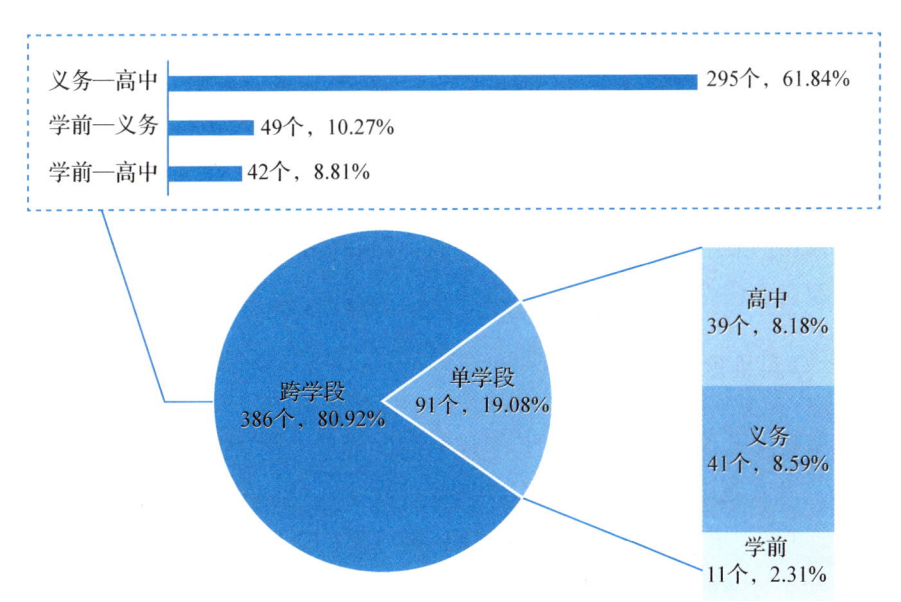

图 7-4 K12 教育领域因材施教相关教育 APP 学段分布情况

基于以上数据统计，目前，K12教育学段是各类教育APP商家重点部署因材施教业务的学段，其中义务教育阶段的教育APP市场占比较大。此外，K12教育领域的因材施教相关教育APP不再只面向某一个单一学段，呈现出覆盖学段更广、教育内容更丰富多元的特点。打破学段界限，小、初、高一体化发展成为K12教育领域因材施教相关产品的一大发展趋势。

首先，K12学段作为教育"入口"，市场需求旺盛，拥有巨大的客群基数，且具有年龄跨度大、周期长、延续性强等特点，备受资本青睐。根据国家统计局编制的《中国统计年鉴2020》数据，目前我国各级各类学校在校生有29074.1万人，其中，K12教育学段在校生有22520.7万人，占比高达77.46%；义务教育阶段的在校生有15388.4万人，占K12教育学段在校生总数的68.33%。另据统计，2020年教育行业融资事件有200余起，总融资额达643.33亿元，其中K12教育领域总共融资约437.50亿元，占总融资额的68.01%，领跑其他细分赛道。[①]

其次，智能技术赋能K12领域，抓住孩子12岁前的"黄金起跑线"来因材施教，抓住了市场的核心需求。2019年，科技部新一代人工智能发展研究中心发布《智能教育创新应用发展报告》，提出智能教育即将进入因材施教阶段，目前主要有智能批改、拍照搜题、智能测评、智能题库、分级阅读和自适应学习六大产品形态。报告对涉及上述六大产品形态的77家公司进行了统计分析，结果显示：K12赛道的智能教育公司数量最多，占比高达60%。

最后，在线教育行业当前仍处于抢占市场的阶段[②]，早期尽量拓宽业务范围、扩大用户群，而后再向垂直领域深耕，是各大教育APP商家抢占市场份额的典型商业模式。

7.2.2 学科维度分析

从学科维度来看，在561个因材施教相关教育APP中，覆盖多个学科的APP所占比重超过了一半，达65.60%，共计368个；单学科的APP所占比重为34.40%，有193个。进一步统计分析可见：在单学科的APP中，英语

---

① 相关数据根据"黑板洞察"等网络公开数据整理、计算得出。
② 李春莲、张敏：《在线教育企业密集上市融资 边亏损边烧钱抢占市场》，载《证券日报》，2019-10-31。

学科的 APP 数量最多，有 132 个；语文学科、数学学科的 APP 较少，分别有 33 个、12 个；其他单学科的 APP 共有 16 个。具体如图 7-5 所示。

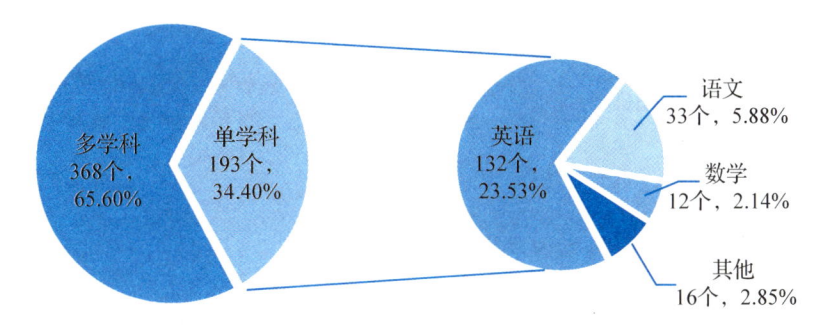

图 7-5　因材施教相关教育 APP 学科分布情况

注：图中"多学科"代表覆盖多个（超过两个）学科，以及没有设置特定学科界限的 APP；"其他"代表除语文、数学、英语以外的单学科的 APP。

此外，在 561 个与因材施教紧密相关的教育 APP 中，语文、数学、英语三学科的教育 APP 中具体的因材施教功能布局如表 7-1 所示。

表 7-1　涉及语文、数学、英语三学科的教育 APP 的因材施教功能布局

学科	涉及因材施教的功能	代表产品
语文	• 阅读数据记录 • 多维度阅读评价 • 学情监测/分析 • 生成学情报告 • 个性化推荐阅读内容/课程/训练 • 分级阅读 • 定制学习计划	弘衍阅读、掌阅课外书、河小象趣味识字、出口成章、心田花开在线、裤兜语文
数学	• 智能题库 • 拍照搜题 • 学情分析与诊断 • 智能批改 • 错题本自动生成 • 学习内容个性化匹配	狸米学习、有道数学、悠数学、达达数学

续表

学科	涉及因材施教的功能	代表产品
英语	• 学情分析 • 智能批改 • 智能匹配班型/课程 • 智能口语评测 • 智能成绩预测 • 分级阅读 • 个性化推荐学习/阅读内容	新东方云教室、VIPKID 英语、流利说英语、流利说雅思、腾讯英语君、AI 听说、E 听说、雪地阅读、读伴儿分级阅读

基于以上分析，目前在智能教育市场中，因材施教相关教育 APP 呈现出打通学科壁垒、促进学生全面发展的趋势；英语学科是面向单学科的因材施教相关教育 APP 布局的主要赛道。

一方面，近年来智能技术支持下的跨学科课程受到市场热捧。智能技术的发展推动了教育形态的革新，学习者中心代替教师中心，以学定教、因材施教的个性化教育成为可能。智能教育新形态下教学内容体系将发生显著变化，课程将从分科走向综合，以往森严的学科壁垒将被打破，越来越多的跨学科课程被推行，其中尤以 STEAM 课程为代表。[1] 教育 APP 商家显然也抓住了这一趋势来布局因材施教市场。

另一方面，英语学科用户群体基数大，相关技术较为成熟，场景适配性强。一是英语学习者的年龄跨度较大，从幼儿到成人均有英语学习的需求，英语学科的教育 APP 具有较大的用户基数；二是英语语言学习因其学习内容轻量化、国际化的特点，较为适合与技术融合，且英语学习涉及的语音识别、语音评测等智能技术发展相对成熟，技术渗透率高；三是英语学科在教育场景中的适配性较强，可与教、学、考、评等多个场景匹配，可覆盖智能批改、拍照搜题、智能测评、智能题库、分级阅读和自适应学习等因材施教相关智能教育产品形态。所以英语学科备受教育 APP 商家的青睐，成为因材施教相关教育 APP 布局的主要学科赛道。

---

[1] 杨宗凯、吴砥、陈敏：《新兴技术助力教育生态重构》，载《中国电化教育》，2019(2)。

7.2.3 用户维度分析

从因材施教相关教育 APP 面向的用户对象来看，在 561 个 APP 中，有 406 个 APP 面向单一用户群体，占比 72.37%；有 106 个 APP 面向多个用户群体，占比 18.90%；还有 49 个 APP 不针对特定群体，占比 8.73%。进一步统计分析显示：在面向单一用户群体的 406 个 APP 中，面向学生群体的数量最多，有 301 个；其次是面向教师群体的，有 75 个；面向家长群体的较少，有 30 个。在面向多个用户群体的 106 个 APP 中，同时面向学生、教师用户群体的最多，有 42 个；其次是同时面向学生、教师和家长用户群体的，有 32 个；同时面向学生、家长用户群体的有 28 个；同时面向教师、家长用户群体的有 4 个。具体如图 7-6 所示。

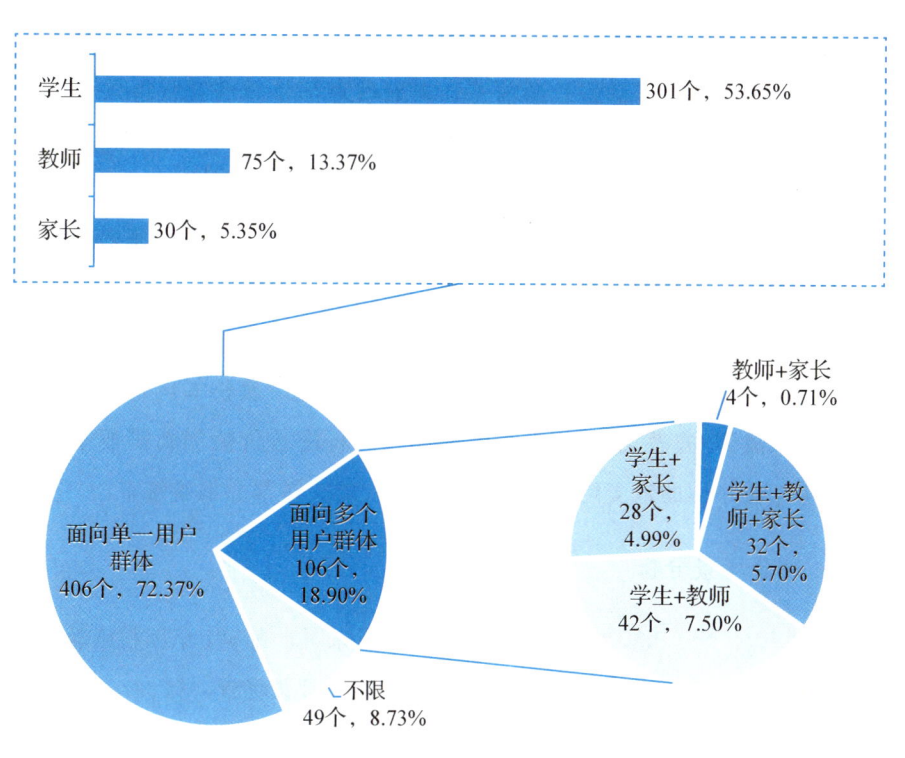

图 7-6 因材施教相关教育 APP 面向用户情况

注：图中"不限"包括类似有道口语、弘衍阅读等不针对特定人群的教育 APP。

第 7 章 因材施教相关产品及行业趋势

基于以上数据统计结果，目前作为因材施教受众的学生群体，与作为因材施教主要实施者的教师群体，是智能教育领域因材施教相关产品的主要目标用户。多用户端的教育 APP 初露头角。部分企业在原有学生端 APP 的基础上，进一步开发出家长端、教师端等多个用户端，可满足不同用户群体的个性化需求，同时加强了家校互通，致力于多方协同助力实现对学生的因材施教。例如，科大讯飞的智学网-学生版、智学网-教师版、智学网-家长版，小盒科技的小盒学生、小盒老师、小盒家长等。少数企业开始积极拓宽产品用户群，开发出同时面向学生、家长、教师及教育管理者的教育应用产品，如北京孔明科技的大力 AI 辅导、上海思来氏的小思徽章等 APP。可见，教育 APP 商家正在顺应因材施教发展的趋势，来合理布局相关业务。

一方面，从教育本身的发展阶段来看，教育正从以教师为中心的传统教育模式向以学生为中心的连接教育模式转变，学生是"材"的主体，对学生的精准理解是成功开展因材施教的前提。未来教育不仅会继续坚持以学生为中心的教育教学理念，而且会不断强化学生在教育教学活动中的主观能动性，发挥学生的主动探索精神，提高学习的效率与质量。

另一方面，教师是"施教"的主要主体，充分认识和理解教师是实现教育规模化和个性化的统一、开展因材施教、提供适应性学习服务的基本前提。[1] 有效的教育离不开家长与学校教师的默契配合，因材施教教学模式的开展也不例外。智能技术的发展，打通了家校互通的管道，家长不再是教育的旁观者，也逐渐成为"施教"的主体。实现现代化因材施教价值创新需要学校、家庭、学生三位一体的默契配合，少了任何一方的支持都会举步维艰。[2]

7.2.4　细分场景分析

从备、教、学、改、考、评、管等细分场景来看，在 561 个因材施教相关教育 APP 中涉及学习场景的最多，有 482 个；其次是评价场景，有 437 个；再次是教学场景，有 322 个。具体如图 7-7 所示，图中各个细分场景数据有所交叉。

---

[1] 杨宗凯：《个性化学习的挑战与应对》，载《科学通报》，2019(Z1)。
[2] 黄靖：《浅谈实现现代化因材施教价值创新的策略研究》，见《2019 全国教育教学创新与发展高端论坛论文集》（卷十一），178～179 页，2019。

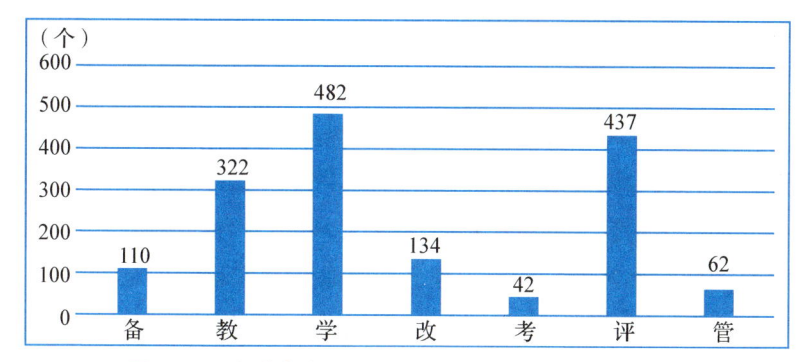

图7-7 因材施教相关教育APP涉及各类教学场景情况

实际上，在561个APP中，大部分APP同时涉及多个教学环节的应用场景，占比达90.20%，共计506个；涉及单一应用场景的APP有55个，占比9.80%。进一步统计分析发现：在涉及多个应用场景的506个APP中，同时涉及"教＋学＋评"三个场景的APP占比最高，有142个；其次是涉及"学＋评""教＋学＋改＋评"这两类组合场景的APP较多，分别有96个、40个。在涉及单一应用场景的55个APP中，涉及学习场景的最多，有16个。具体如图7-8所示。

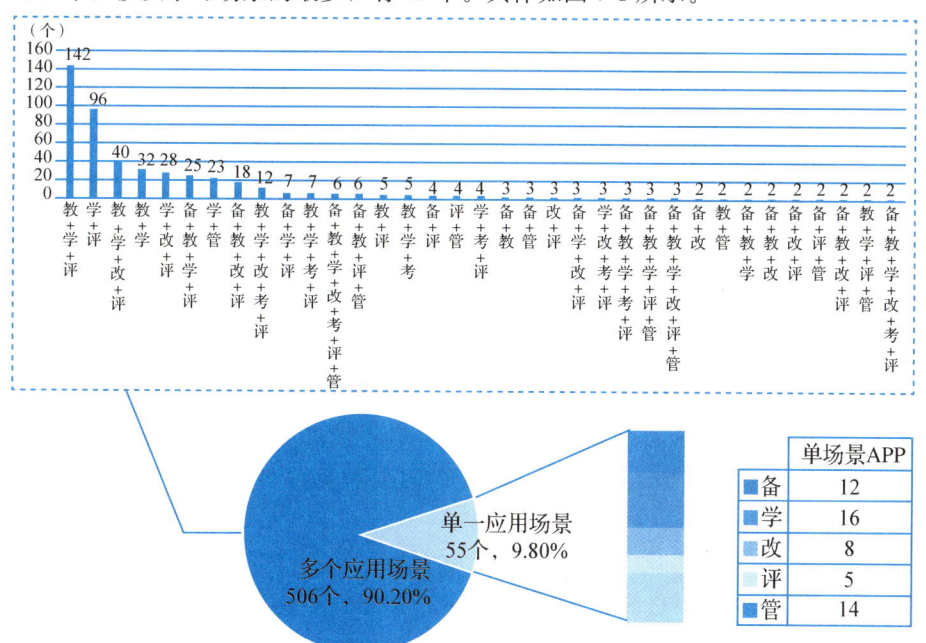

	单场景APP
备	12
学	16
改	8
评	5
管	14

图7-8 因材施教相关教育APP涉及单一应用场景与多个应用场景情况

注：图中"单一应用场景"指仅涉及一个教学环节的APP，"多个应用场景"指涉及多个教学环节的APP。

基于以上数据统计结果，目前因材施教相关教育 APP 的应用场景主要聚焦在教、学、评场景。不断拓展智能技术在教学全流程中渗透的广度和深度，乃至贯穿"备—教—学—改—考—评—管"完整教学闭环以及因材施教三个层级的完整闭环，成为因材施教相关教育 APP 的重要发展方向。

首先，教与学是教学全流程的核心环节。以学习者为中心，运用大数据、人工智能等智能技术对学习者的过程性数据进行智能评测，是智能技术助力因材施教实现科学"识材"与精准"施教"的基础。所以教、学、评成为因材施教相关教育 APP 的主要应用场景。

其次，因材施教是一个持续动态的过程，要注意学生发展的连续性和整体性，最终实现个体的差异化多元发展[1]，教育 APP 商家布局多场景融合乃至贯穿教学全流程的智能教育产品与因材施教形成三个层级完整闭环的目标相契合。

最后，虽然在利用智能技术助力实现因材施教的过程中，技术上多维度贯通和细分领域大融合成为发展趋势；但就目前的发展现状来说，应用场景尚未形成完整的教学闭环，商家更多的是顺应这一发展趋势，基于各自的优势先从个别领域入手形成小闭环，如"教＋学＋评""教＋学＋改＋评"闭环等，再不断向其他场景扩展，最终形成完整闭环。

▶ 7.3 因材施教相关产品类型分析

本节将教、学、考、评、管等场景中的因材施教相关产品分成 16 大类，选取了 64 个典型产品，并探索总结出了各类典型产品的因材施教相关特征，绘制出教学全流程中因材施教相关产品类型图谱（见图 7-9）。

---

[1] 张建辉：《明确"因材施教"促进个体发展》，载《福建基础教育研究》，2019(11)。

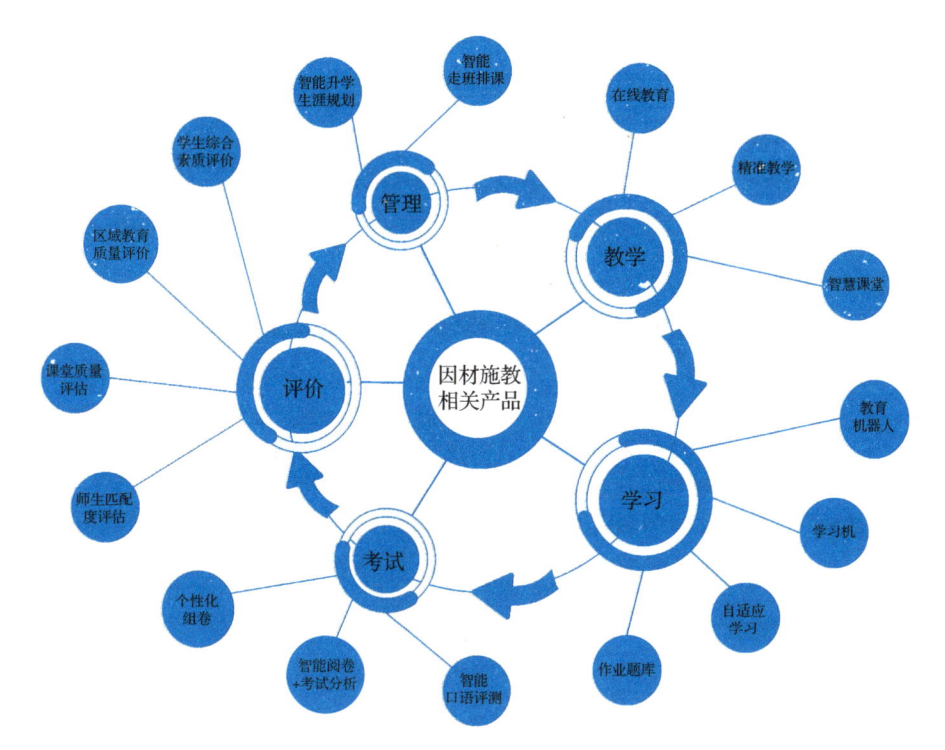

图 7-9　因材施教相关产品类型图谱

7.3.1　教学方面

　　教师教学是教学全流程的核心环节，在教学场景中教师能否做到对学生精准施教，是实现因材施教的关键。教育信息化 2.0 时代的到来，将大数据、人工智能等新一代信息技术引入教学中，打破了传统大班教学中对学生实行"一刀切"教学的僵局，逐渐实现差异化精准教学，使学习者获得更优质的学习服务。[①] 数据与技术驱动下的个性化精准教学模式逐渐清晰。教学场景下与因材施教紧密相关的产品可分为智慧课堂、精准教学、在线教育三大类型，各个类型产品的因材施教相关特征及典型产品如表 7-2 所示。

---

① 王亚飞、李琳、李艳：《大数据精准教学技术框架研究》，载《现代教育技术》，2018(7)。

表 7-2　教学场景下因材施教相关产品类型分析

产品类型	因材施教相关特征	典型产品
智慧课堂	利用大数据分析及可视化、学情分析、实时交互等智能技术，有效连接课前、课中、课后教学全过程，通过课前预习与测评反馈，实现以学定教；在课中实时检测和互动交流，实现精准施教；在课后通过智能化作业推送和微课式答疑，实现个性化辅导。①	• 科大讯飞畅言智慧课堂 • 上海易教智慧课堂 • TEAM Model 智慧教室 • 天喻智慧课堂 • 天闻数媒 AI 课堂 • 希沃易课堂
精准教学	以大数据分析及可视化、学情分析、个性化推荐等技术为手段，在精准分析学生学业现状的基础上，对教学目标进行精准定位、对教学内容进行精准定制、对教学活动进行精准设计、对学生学习表现进行精准评价进而帮助教师精准"施教"。	• 爱云校大数据精准教学服务 • 极课大数据精准教学服务平台 • 极课云大数据精准教学管理系统 • 科大讯飞大数据精准教学系统
在线教育	利用学情分析、数据统计与可视化、个性化推荐等智能技术分析学生学情，结合学科知识体系，智能匹配班型或教师，为学生提供个性化学习方案，动态规划学生学习路径。	• 沪江网校 • 学而思网校 • 洋葱学院 • 掌门 1 对 1 辅导 • 智学网校 • 作业帮直播课

注：典型产品排序以企业产品名称的拼音首字母为序（下同）。

7.3.2　学习方面

教育部《教育信息化 2.0 行动计划》提出要"以信息化引领构建以学习者为中心的全新教育生态"，以学习者为中心的教育理念成为学界与业界的共识，学习者的个性化诉求也日益受到重视。智能教育作为新时代教育信息化的领航者，其基本原则之一就是根据学生的个体差异和需求为其提供个性化的学

---

① 刘邦奇、吴晓如：《智慧课堂：新理念 新模式 新实践》，71 页，北京，北京师范大学出版社，2019。

习服务[1]，这也是践行因材施教的内在要求。以学生为主体的学习场景逐渐成为因材施教相关产品的核心赛道。学习场景下与因材施教紧密相关的产品可分为作业题库、自适应学习、学习机以及教育机器人四大类型，各个类型产品的因材施教相关特征及典型产品如表 7-3 所示。

表 7-3　学习场景下因材施教相关产品类型分析

产品类型	因材施教相关特征	典型产品
作业题库	通过数据统计与可视化、智能批改、个性化推荐等智能技术快速识别出学生的薄弱知识点，在给学生列举题目解析方法的同时提供"举一反三"的强化练习服务，并基于每个学生的答题情况自动生成个性化错题本，使学生不再采用"千人一面"的题海战术，使"千人千面"的个性化学习成为可能。	• 阿凡题拍搜 APP • 狸米学习 • 科大讯飞畅言晓学 • 小盒学生 • 猿题库
自适应学习	利用大数据分析及可视化、个性化推荐、自适应学习等智能技术对学生学情进行精准分析与诊断，根据学生的能力水平和学习偏好，向学生推荐多元化、个性化的学习资源，规划最适合学生的学习路径，其关注的核心是学习者的个体差异和个性需求，可实现学生的个性化学习。	• 高木学习 • 科大讯飞个性化学习手册 • Knewton • 松鼠 AI 智适应
学习机	通过指尖定位识别、OCR 文本识别、大数据分析及可视化等智能技术，实现语文、英语、数学等学科的书本指学、在线辅导、自主学习等，满足不同学生的个性化学习需求。	• 步步高家教机 S5 • 科大讯飞超脑学习机 X2 Pro • 新东方 OK 学习机 S4 Plus • 优学派-学生平板 Umix9
教育机器人	目前主要应用于儿童早教和 STEAM 教育，在幼儿园和家庭中使用较多，致力于解决教师和家长不能长时间陪伴和一对一针对性教育的问题，其和因材施教紧密相关的功能点主要有分级阅读、智能答疑等。	• 科大讯飞阿尔法大蛋 2.0 • 优必选悟空智能语音对话机器人

---

[1] 童名文、师亚飞、戴红斌等：《智慧学习环境中自适应学习系统动力机制研究》，载《电化教育研究》，2020(2)。

7.3.3 考试方面

考试是教学全流程的重要支撑场景，通常来说涉及组卷、监考、阅卷、考试分析等多项内容，往往会占用教师较多的时间和精力。[①] 智能技术赋能下的考试类教育产品不仅可以减轻教师负担，提高考试与测评的效率，还可自动生成考情报告，并基于报告分析结果个性化推荐改进方案与学习资源，助力因材施教的落地。考试场景下与因材施教紧密相关的产品可分为个性化组卷、智能阅卷+智能考试分析、智能口语评测三大类型，各个类型产品的因材施教相关特征及典型产品如表 7-4 所示。

表 7-4 考试场景下因材施教相关产品类型分析

产品类型	因材施教相关特征	典型产品
个性化组卷	通过大数据分析及可视化、智能组卷等智能技术，对内置的题库中已被结构化的数据进行分析、组合，为教师智能生成满足不同区域/学校/年级/班级学情的个性化试卷。	• 极课大数据智能组卷阅卷系统 • 科大讯飞智能组卷工具 • 七天网络智能组卷服务
智能阅卷＋智能考试分析	基于大数据分析及可视化、智能批改、智能阅卷等智能技术，帮助教师实现客观题及部分主观题的智能阅卷，并对相关考试数据进行考情分析，生成诊断报告，从而更好地指导教师/学校改进教学工作，实现个性化教学指导。	• 爱云校考试阅卷与分析诊断平台 • 科大讯飞智能云阅卷系统 • 海云天科技考试服务云平台 • 山大鸥玛数字化网上阅卷综合管理系统
智能口语评测	通过语音识别、智能评测等智能技术，替代传统教师对学生的口语陪练、口语考试测评及评分统计等相关工作，从而提高教师的工作效率，实现口语自适应学习。	• 驰声听说在线 • 科大讯飞英语听说智能测试系统 • 讯飞 E 听说 • 雅思智学 • 英语流利说

---

① 刘邦奇、吴晓如：《中国智能教育发展报告》，132 页，北京，人民教育出版社，2019。

7.3.4 评价方面

评价也是教学全流程中的重要支撑场景,该场景下能否达到实时精准分析与评价,是实现因材施教的重要影响因素。大数据、人工智能等技术的融入,突破了传统教学评价方式的延后性、单一性、主观性等局限,为教学评价场景实现因材施教提供了大数据统计分析及可视化、智能评测、个性化推荐等多种技术实现路径。众多企业纷纷抢占风口,各类主打个性化评价功能的产品不断涌现。评价场景下与因材施教紧密相关的产品可分为学生综合素质评价、区域教育质量评价、课堂质量评估、师生匹配度评估四大类型,各个类型产品的因材施教相关特征及典型产品如表 7-5 所示。

表 7-5 评价场景下因材施教相关产品类型分析

产品类型	因材施教相关特征	典型产品
学生综合素质评价	利用大数据分析及可视化技术采集完整的过程性学生成长数据,多维度综合评价学生的全面发展情况,生成综合素质评价报告。	• 科大讯飞综合素质评价系统 • 米学综合素质平台 • 沐华清诚学生综合素质评价系统 • 全通综合素质平台
区域教育质量评价	基于区域考试数据,利用大数据统计分析及可视化等智能技术,生成区域教育质量评价报告,为区域教育主管部门了解区域教育发展现状、明确教育改革着力点提供科学依据。	• 必由学区域教育质量效能评价系统 • 科大讯飞教育质量监测系统 • 慕华尚测区域教育质量监测平台
课堂质量评估	通过表情识别、语音识别、行为分析、大数据分析及可视化等技术,全程动态捕捉、记录课堂行为数据,多维度评估课堂教学质量,生成课堂质量评估报告,从而助力提升课堂教学质量。	• 创视通人工智能课堂质量评估系统(AI-CQE) • 好未来 GodEye 课堂质量评估系统
师生匹配度评估	可基于大数据分析及可视化、智能评测、个性化推荐等智能技术,对学生、教师进行多维动态化测评,再为学生智能匹配合适的教师。	• iTutorGroupDCGS 动态课程生成系统 • 掌门教育 MIDES 多元智能动态测评系统

7.3.5 管理方面

管理是教学全流程的末端场景，主体主要是教育机构。目前，智能技术在管理场景中已经实现的产品形态主要有智能图书馆、考勤工作、招生和咨询管理、智能升学和生涯规划、智能分班排课和智慧校园安防等。管理场景下与因材施教紧密相关的产品可分为智能走班排课、智能升学与生涯规划两大类型，各个类型产品的因材施教相关特征及典型产品如表7-6所示。

表7-6 管理场景下因材施教相关产品类型分析

产品类型	因材施教相关特征	典型产品
智能走班排课	依托智能排课、智能分班、大数据分析及可视化等智能技术支持下的智能排课和走班考勤系统，自动生成针对不同教学场景的各种排课策略，为学校提供一键式智能走班排课服务，满足学生个性化选课需求，实现"一人一课表"。	• 好专业·新高考分班排课系统 • 课程帮走班排课系统 • 上海优学智能排课系统 • 晓羊教育智能排课解决方案 • 讯飞乐知行智能排课系统
智能升学与生涯规划	依托大数据分析及可视化、智能评测、个性化推荐等智能技术支撑下的评测系统，获取学生的各项数据，并从学生能力特质、自身学科水平、大学报考条件限制、职业发展等多个维度帮助学生解决选科、升学问题，提供个性化生涯规划服务。	• 课程帮生涯规划系统 • 科大讯飞智能生涯规划系统 • 平方创想教育科技申请方平台 • 未来教育FEG高考智能测评系统 • 51选校生涯规划教育平台

▶ 7.4 行业发展趋势及启示

纵观因材施教行业的总体发展趋势，从短期看，是促进智能技术与因材施教的深度融合，满足个性化教育需求；从长期看，是实现学生全面而有个性的发展，推动教育公平发展和质量提升。未来，政策的扶持、技术的推动、行业应用的不断深化等多重因素叠加，将助推行业稳定、快速发展。

7.4.1 政策理论引领：智能时代下因材施教拓展新内涵，政策引导探索新模式

近年来，我国教育政策对智能技术助力因材施教的探索与实践的扶持力度在不断加大。在走向智能时代的背景下，智能技术的发展丰富了因材施教的内涵。如何在新的技术环境下实现因材施教，需要不断进行探索与研究。

1. 顺应政策风向，因材施教发展迎来重要契机

因材施教行业的发展离不开政策环境。20世纪末以来，我国深入推进素质教育，深化基础教育课程改革，"因材施教"一直是国家教育政策中的目标和愿景。《国家中长期教育改革和发展规划纲要（2010—2020年）》强调要注重因材施教，第一次系统提出实施因材施教的具体要求。随着教育信息化进程的不断加快，近年来我国教育政策对智能技术助力因材施教的扶持力度也不断加大，从《教育信息化2.0行动计划》提出"构建网络化、数字化、智能化、个性化、终身化的教育体系"，到《中国教育现代化2035》提出"更加注重以德为先，更加注重全面发展，更加注重面向人人，更加注重终身学习，更加注重因材施教，更加注重知行合一，更加注重融合发展，更加注重共建共享"，再到陈宝生在2020年全国教育工作会议的工作报告中提出要促进教育信息化与因材施教深度融合，政策环境持续利好，因材施教的发展迎来重要契机。

2. 形成正确认识，把握因材施教时代内涵

虽然因材施教的思想历史悠久，在领导人讲话、重要会议和政策文件中经常出现，但目前人们对因材施教属性的理解还是多样化的。究其原因，因材施教的实践在不断发展，理论内涵也在不断修正与完善。因材施教是我国古代教育思想的精髓，在孔子时思想初步形成，在封建王朝千年的实践中不断被概括和提炼，近现代随着现代教育理论与实践的发展而丰富。在走向智能时代的背景下，大规模多样化创新人才的培养需求和智能技术的发展为因材施教注入新的内涵，也赋予了其新的时代意义。因此，我们要实现因材施教的愿景，就要准确把握因材施教的时代内涵。在理论方面要加强技术支持下的因材施教理论研究，正确认识智能时代的因材施教，探索技术支持下因材施教的教育理念与模式；在实践方面要帮助教师等教育主体尽快转变认知，提升人工智能素养和智能技术应用能力，树立智能时代因材施教的育人观和

方法论，以适应和面对智能时代的因材施教。

3. 落实因材施教，探索技术深度应用与融合新模式

人工智能、大数据等新一代智能技术在教育中的应用为因材施教愿景的实现奠定了基础，这是共识，但具体要如何去做？近年来国家相关政策对智能技术如何促进因材施教作出了规划。2019年10月教育部发布的《关于推荐遴选"基于教学改革、融合信息技术的新型教与学模式"实验区的通知》中指出要推动大数据在精准教学和评价方面的应用，实现教学数据联通，通过大数据分析发现教学中的困难与问题，推动因材施教。2020年11月，教育部科技司发布的《关于2020年度"智慧教育示范区"创建项目推荐遴选工作的通知》中指出要探索新型教学模式以推动信息技术与教育教学实践的深度融合，依托学习过程数据提高学生综合素质评价的精准性，构建数据互联融通的个性化教学支持服务环境。近两年，对于智能技术促进因材施教方面国家开始从宏观引领转向具体落实，对于地方进行智能教育实践、探索教育与技术融合新模式持积极鼓励态度，智能技术促进因材施教日益成为政策导向。

7.4.2 技术持续渗透：新兴技术与因材施教深度融合，千人千面愿景终将实现

不管是基于因材施教相关智能技术本身的成熟度还是其与教育场景的适配性，目前因材施教都处于与技术融合的初期。未来，随着5G、边缘计算、区块链、脑科学等新兴技术的快速发展，智能技术与因材施教的融合将不断深入，从外置型技术辅助走向内融型技术渗透，从而实现更加精确、客观、量化的个性化教育，为千人千面因材施教的实现奠定技术基础。

1. 增强学习者体验的技术——5G通信技术

从2012年世界无线电会议后，全球各国和组织纷纷开始投入5G的开发建设。我国2020年政府工作报告明确提出"加强新型基础设施建设，发展新一代信息网络，拓展5G应用"。由IMT-2020(5G)推进组发布的《5G概念白皮书》中指出，在5G关键技术领域，大规模天线阵列、超密集组网、新型多址和全频谱接入等技术，已成为业界关注的焦点。5G将从本质上创造一个全新的立体化数字环境，即5G将开启"智能+"时代；与物联网、云计算、人工

智能等智能技术携手，助力智能技术与混合学习、移动学习、项目学习、创客学习等新学习样态进行深度融合。2020年3月，国家发展改革委办公厅、工业和信息化部办公厅印发了《关于组织实施2020年新型基础设施建设工程（宽带网络和5G领域）的通知》，明确将"5G＋智慧教育"作为七大"5G创新应用提升工程"之一，提出在教育领域，"基于5G、VR/AR、4K/8K超高清视频等技术，打造百校千课万人优秀案例，探索5G在远程教育、智慧课堂/教室、校园安全等场景下应用，重点开展5G＋高清远程互动教学、AR/VR沉浸式教学、全息课堂、远程督导、高清视频安防监控等业务"。基于5G的智能技术，将促使传统的教学环境发生巨变，促使其向更加个性化、精准化、智能化、融合化的方向发展。[1]

2. 加速数据计算的技术——边缘计算

云计算和边缘计算都是近几年来为了解决数据的计算问题而兴起的数据计算方式。边缘计算允许本地设备实现数据处理中的多种控制，无须通过云端，极大地提高了数据处理效率。面向课堂的大数据综合评价，以及个人终端学习的个性化反馈，是边缘计算在因材施教领域的两个极具潜力的应用方向。结合边缘计算技术，搭建一个融合网络、计算、存储、应用核心能力的边缘服务器，并放置在靠近学生个人终端的课堂内部，可更加迅速和及时地实现基于课堂大数据的课程评价、教师评价、学生评价，也能更加快速地为学生提供更加精准与个性化的反馈。

3. 开放安全的数据记录技术——区块链技术

区块链是借由密码学串接并保护内容的串联交易记录，具有公平公开、弱中心化等特点。所有用户均可通过该技术实现自由访问以及信息的发送、接收，并完成交易。[2] 区块链应用于教育中的个体，可实现分布式、跨平台的个人学习轨迹追踪，并进行存储记录。学习轨迹的记录可用于个性化学习，通过对全面采集后的数据进行分析可获得学习者的全方位"画像"，并据此挖掘出该学习者的学习习惯、学习偏好、学习优势、学习短板等，最后基于这

---

[1] 兰国帅、郭倩、魏家财等：《5G＋智能技术：构筑"智能＋"时代的智能教育新生态系统》，载《远程教育杂志》，2019(3)。
[2] 刘邦奇、吴晓如：《中国智能教育发展报告》，198页，北京，人民教育出版社，2019。

些特征实现精准"施教"。此外，在教学资源方面，借助区块链"智能合约技术"可降低资源共享成本，加速开放教育教学资源建设，提高资源共享效率。[①] 在学生个人信息安全方面，借助区块链"分布账本技术"记录学生的个人信息、学习成绩、成长记录等内容，分布式存储于教育教学系统中，可在保证信息真实安全的基础上实现共享。

4. 分析学习者认知状态的技术——脑科学技术

中国工程院院士韦钰指出，正确认识脑的发展规律，才能更好地"因脑施教"。从因材施教到"因脑施教"，脑科学的发展将带来从教育评价方式到教育干预与提升的手段和方法的变革。[②] 与因材施教这一教育基本原则相呼应的是，脑科学技术有助于发现学习者个体之间存在的差异，并在此基础上告诉教师应施以什么样的教学内容。[③] 用于教育研究的脑科学技术主要分为两类：一类是提供高分辨率脑活动空间信息的脑成像工具，如磁共振成像（Magnetic Resonance Imaging，简称 MRI）、正电子发射型计算机断层显像（Positron Emission Computed Tomography，简称 PET）、经颅磁（Transcranial Magnetic Stimulation，简称 TMS）等技术；另一类是精确记录脑在学习活动中随时间发生变化的工具，如脑磁图（Magnetoencephalography，简称 MEG）、脑电波（Electroencephalogram，简称 EEG）等技术。通过这些技术的应用，对学习者大脑进行测量与观察，评估学习认知能力与情感状态，可为学习者提供个性化学习困难干预矫正、大脑认知提升训练以及身心健康的综合评价。

以上新兴技术从技术赋能视角可助力实现因材施教，但是从人文伦理、教育应用的视角来看，学生个人数据采集涉及保密与隐私问题，且全过程数据记录对学生成长的影响也有待进一步探索，因此未来技术发展与因材施教的融合应用还需结合实际综合考虑。

7.4.3 行业应用深化：立足智能时代因材施教目标，打破边界的融合成发展潮流

目前因材施教行业尚处于发展早期，各企业业务之间存在同质化现象，

[①] 阮灿斌、朱贵涛：《区块链技术在教育领域的应用展望》，载《中小学数字化教学》，2020(4)。
[②] 刘邦奇、吴晓如：《中国智能教育发展报告》，195~196页，北京，人民教育出版社，2019。
[③] 马谐、王晓曦、杨舒涵等：《脑科学技术在教育研究中的功能与应用》，载《现代教育技术》，2019(7)。

产品层次相对较浅。随着各类企业对因材施教领域的不断探索，未来行业分工将进一步明确，产品服务将进一步跃进，从竞争中走向融合创新。立足因材施教"实现学生全面而有个性的发展"的目标，打破边界的融合将成为发展潮流。

1. 打破线上线下边界，OMO 融合发展成为常态

新冠肺炎疫情大大提升了全球在线教育的发展进程，线上教育相对于线下教育的主要优势在于其突破了空间和时间的限制，让学习更加便捷，可以促进优质教育资源共享，可以运用人工智能、大数据等智能技术自动完成个性化教学资源推送等。但也应该看到，线下教育具有学习氛围良好、临场感和互动性强等优势。所以兼具线上与线下形态的双师课堂等将会更为普及。在后疫情时代，融合线上与线下教学的教育 OMO（线上线下融合）模式将成为常态。2020 年 7 月 14 日，国家发展改革委、中央网信办、工业和信息化部等 13 个部门印发《关于支持新业态新模式健康发展 激活消费市场带动扩大就业的意见》，提出"构建线上线下教育常态化融合发展机制，形成良性互动格局"。线上线下教学的融合，一可以方便教育管理，实现教育数据的互联互通；二可以优化资源配置，让线上教育和线下教育各司其职，发挥其最大优势；三可以形成教学闭环，实现线上课前预习、线下课中集中讲解与线上课后总结提升的循环，提高学生的学习效果，助力因材施教的真正发生。

2. 打破学段学科樊篱，教育"大"产品备受青睐

在智能时代，适应个性化教育需要，跨学段、跨学科的教育产品将更受欢迎。一方面，随着智能技术与教育融合的深化，个性化的学习成为可能，智能教育新形态下的教学内容体系将发生显著变化，课程将从分科走向综合，传统的学科壁垒将被打破，越来越多的跨学科课程如 STEAM 等被推行；另一方面，传统学段仅按学年划分，不能体现学生真实的学习水平，分层教学与走班排课等教学模式主张打破班级与学段界限，强调根据学生在学习认知、能力和潜能等方面存在的差异，对学生进行分层或分类的针对性教学，"施教"更加精准。因此，未来的教育产品要能够打破学段学科藩篱，内容全面丰富的教育"大"产品将更受用户青睐。

3. 打通家校互通管道，多用户终端产品顺应潮流

有效的教育离不开家长与学校、教师的默契配合，要实现因材施教，课

堂的"施教"和家庭的"施教"同样重要。只有教师和家长通过家校互通进行深层次的沟通交流，才能更加全面深入地了解每个学生的学习情况与个性特征，从而共同为其定制更加适合的学习与发展路径。智能技术的发展，打通了家校互通的管道，家长不再是教育的旁观者，也逐渐成为"施教"的主体。智能技术支持下的家校互通正在成为新时代落实因材施教的重要途径，多用户终端的智能教育产品逐渐受到市场的欢迎。相关企业应顺应潮流，进一步开发个性化的、多用户终端的因材施教相关产品，使家校互联互通更加便捷高效，助力因材施教的真正落地。

4. 打造因材施教完整闭环，全场景综合解决方案成趋势

目前因材施教相关产品以教学、学习、评价为主要应用场景，尚未形成完整的教学闭环。因材施教相关企业多基于各自的优势先从个别领域入手形成小闭环，再不断向外延场景扩展。但随着教育信息化与因材施教融合的不断深入，打造贯穿"备—教—学—改—考—评—管"教育全场景的因材施教完整闭环，实现全流程数据流通，为区域、学校、教师、学生、家长等提供精准高效的优质服务，真正实现科学"识材"和精准"施教"，助力学生实现全面而有个性的发展，形成可以提供全场景服务的因材施教综合解决方案将是大势所趋。

附录　因材施教相关政策文件

序号	发文时间	发文机构	政策文件	直接/间接提及因材施教
1	1999年6月13日	中共中央、国务院	《关于深化教育改革全面推进素质教育的决定》	直接提及
2	2005年1月13日	教育部	《关于进一步加强和改进师德建设的意见》	直接提及
3	2008年9月1日	教育部、中国教科文卫体工会全国委员会	《关于重新修订和印发〈中小学教师职业道德规范〉的通知》	直接提及
4	2008年11月17日	教育部办公厅、民政部办公厅、中国残联办公厅	《关于开展全国特殊教育先进单位评选表彰活动的通知》	直接提及
5	2010年4月27日	教育部	《关于深化基础教育课程改革进一步推进素质教育的意见》	直接提及
6	2010年7月29日	中共中央、国务院	《国家中长期教育改革和发展规划纲要(2010—2020年)》	直接提及
7	2012年9月5日	教育部	《关于进一步加强中小学校督导评估工作的意见》	直接提及
8	2014年4月1日	教育部	《关于培育和践行社会主义核心价值观进一步加强中小学德育工作的意见》	直接提及
9	2015年7月22日	教育部、国家发展改革委、财政部、新闻出版广电总局、体育总局、共青团中央	《关于加快发展青少年校园足球的实施意见》	直接提及

续表

序号	发文时间	发文机构	政策文件	直接/间接提及因材施教
10	2015年8月21日	教育部	《特殊教育教师专业标准(试行)》	直接提及
11	2015年10月11日	教育部	《关于加强家庭教育工作的指导意见》	直接提及
12	2016年4月21日	国务院办公厅	《关于强化学校体育促进学生身心健康全面发展的意见》	直接提及
13	2016年6月27日	教育部办公厅	《全国青少年校园足球教学指南(试行)》	直接提及
14	2017年2月9日	教育部办公厅	《关于加强全国青少年校园足球改革试验区、试点县(区)工作的指导意见》	直接提及
15	2017年7月28日	国务院办公厅	《关于进一步加强控辍保学提高义务教育巩固水平的通知》	直接提及
16	2017年12月4日	教育部	《义务教育学校管理标准》	直接提及
17	2018年11月8日	教育部	《新时代中小学教师职业行为十项准则》	直接提及
18	2018年12月12日	教育部	《关于加强网络学习空间建设与应用的指导意见》	直接提及
19	2019年2月23日	中共中央、国务院	《中国教育现代化2035》	直接提及
20	2019年2月23日	中共中央办公厅、国务院办公厅	《加快推进教育现代化实施方案(2018—2022年)》	直接提及
21	2019年10月24日	教育部办公厅	《关于推荐遴选"基于教学改革、融合信息技术的新型教与学模式"实验区的通知》	直接提及
22	2020年6月17日	教育部	《关于加强残疾儿童少年义务教育阶段随班就读工作的指导意见》	直接提及

续表

序号	发文时间	发文机构	政策文件	直接/间接提及因材施教
23	2020年8月28日	教育部、国家发展改革委、财政部、广电总局、体育总局、共青团中央、中国足协	《全国青少年校园足球八大体系建设行动计划》	直接提及
24	2020年10月13日	中共中央、国务院	《深化新时代教育评价改革总体方案》	直接提及
25	2012年3月13日	教育部	《教育信息化十年发展规划(2011—2020年)》	间接提及
26	2016年1月14日	教育部办公厅、财政部办公厅	《关于做好2016年中小学幼儿园教师国家级培训计划实施工作的通知》	间接提及
27	2016年2月2日	教育部办公厅	《2016年教育信息化工作要点》	间接提及
28	2016年6月7日	教育部	《教育信息化"十三五"规划》	间接提及
29	2016年7月13日	教育部	《关于新形势下进一步做好普通中小学装备工作的意见》	间接提及
30	2016年9月19日	教育部	《关于进一步推进高中阶段学校考试招生制度改革的指导意见》	间接提及
31	2017年1月10日	国务院	《国家教育事业发展"十三五"规划》	间接提及
32	2017年2月6日	教育部	《义务教育小学科学课程标准》	间接提及
33	2017年3月24日	教育部、国家发展改革委、财政部、人力资源社会保障部	《高中阶段教育普及攻坚计划(2017—2020年)》	间接提及
34	2017年4月5日	教育部	《关于全面推进教师管理信息化的意见》	间接提及

续表

序号	发文时间	发文机构	政策文件	直接/间接提及因材施教
35	2017年7月8日	国务院	《新一代人工智能发展规划》	间接提及
36	2017年7月17日	教育部、国家发展改革委、民政部、财政部、人力资源社会保障部、卫生计生委、中国残联	《第二期特殊教育提升计划(2017—2020年)》	间接提及
37	2017年9月24日	中共中央办公厅、国务院办公厅	《关于深化教育体制机制改革的意见》	间接提及
38	2017年11月15日	教育部办公厅	《关于印发〈中小学幼儿园教师培训课程指导标准(义务教育语文学科教学)〉等3个文件的通知》	间接提及
39	2017年12月21日	教育部	《关于数字教育资源公共服务体系建设与应用的指导意见》	间接提及
40	2018年1月20日	国务院	《关于全面深化新时代教师队伍建设改革的意见》	间接提及
41	2018年4月13日	教育部	《教育信息化2.0行动计划》	间接提及
42	2018年4月16日	教育部	《网络学习空间建设与应用指南》	间接提及
43	2018年8月7日	教育部办公厅	《关于开展人工智能助推教师队伍建设行动试点工作的通知》	间接提及
44	2018年8月16日	教育部	《关于做好普通高中新课程新教材实施工作的指导意见》	间接提及

续表

序号	发文时间	发文机构	政策文件	直接/间接提及因材施教
45	2018年9月17日	教育部、科技部、财政部、中国科学院、中国社会科学院、中国科协	《关于实施基础学科拔尖学生培养计划2.0的意见》	间接提及
46	2018年12月28日	教育部、发展改革委、公安部、民政部、财政部、人力资源社会保障部、市场监管总局、广电总局、全国妇联	《中小学生减负措施的通知》	间接提及
47	2019年1月2日	教育部办公厅	《关于"智慧教育示范区"建设项目推荐遴选工作的通知》	间接提及
48	2019年3月20日	教育部	《关于实施全国中小学教师信息技术应用能力提升工程2.0的意见》	间接提及
49	2019年6月19日	国务院办公厅	《关于新时代推进普通高中育人方式改革的指导意见》	间接提及
50	2019年7月8日	中共中央国务院	《关于深化教育教学改革全面提高义务教育质量的意见》	间接提及
51	2019年9月19日	教育部、中央网信办、国家发展改革委、工业和信息化部、公安部、财政部、中国人民银行、市场监管总局、中国银保监会、中国证监会、国家知识产权局	《关于促进在线教育健康发展的指导意见》	间接提及

续表

序号	发文时间	发文机构	政策文件	直接/间接提及因材施教
52	2019年12月6日	教育部、中央组织部、中央宣传部、国家发展改革委、财政部、人力资源社会保障部、文化和旅游部	《关于加强和改进新时代师德师风建设的意见》	间接提及
53	2020年3月3日	教育部	《关于加强"三个课堂"应用的指导意见》	间接提及
54	2020年3月4日	教育部办公厅、财政部办公厅	《关于做好2020年中小学幼儿园教师国家级培训计划组织实施工作的通知》	间接提及
55	2020年5月11日	教育部	《普通高中课程方案(2017年版2020年修订)》	间接提及
56	2020年8月5日	教育部办公厅	《关于公布"基于教学改革、融合信息技术的新型教与学模式"实验区名单的通知》	间接提及